2020—2021年中国工业和信息化发展系列蓝皮书

2020—2021年
中国软件产业发展蓝皮书

中国电子信息产业发展研究院　编　著

张小燕　主　编

蒲松涛　贾子君　副主编

电子工业出版社
Publishing House of Electronics Industry
北京·BEIJING

内 容 简 介

本书在总结中国软件产业整体发展情况的基础上，从产业运行、行业发展、企业情况、重点区域、重点城市、特色园区、政策环境等多个维度，对2020年中国软件产业发展状况进行剖析，并对2021年中国软件产业发展趋势进行展望。

本书可为中央及各级地方政府、相关企业和研究人员把握产业发展脉络、研判软件和信息技术服务业前沿趋势提供参考。

未经许可，不得以任何方式复制或抄袭本书之部分或全部内容。

版权所有，侵权必究。

图书在版编目（CIP）数据

2020—2021年中国软件产业发展蓝皮书／中国电子信息产业发展研究院编著；张小燕主编．—北京：电子工业出版社，2021.12
（2020—2021年中国工业和信息化发展系列蓝皮书）
ISBN 978-7-121-38496-7

Ⅰ．①2… Ⅱ．①中… ②张… Ⅲ．①软件产业－产业发展－研究报告－中国－2020-2021　Ⅳ．①F426.67

中国版本图书馆CIP数据核字（2021）第236757号

责任编辑：陈韦凯
印　　刷：中煤（北京）印务有限公司
装　　订：中煤（北京）印务有限公司
出版发行：电子工业出版社
　　　　　北京市海淀区万寿路173信箱　邮编：100036
开　　本：720×1 000　1/16　印张：17.75　字数：397.6千字　彩插：1
版　　次：2021年12月第1版
印　　次：2021年12月第1次印刷
定　　价：218.00元

凡所购买电子工业出版社图书有缺损问题，请向购买书店调换。若书店售缺，请与本社发行部联系，联系及邮购电话：（010）88254888，88258888。
质量投诉请发邮件至zlts@phei.com.cn，盗版侵权举报请发邮件至dbqq@phei.com.cn。
本书咨询联系方式：chenwk@phei.com.cn，（010）88254441。

 前 言

一

近年来,数字经济快速发展。习近平总书记指出,当今世界,科技革命和产业变革日新月异,数字经济蓬勃发展,深刻改变着人类生产生活方式,对各国经济社会发展、全球治理体系、人类文明进程影响深远。

软件是数字经济各项支撑技术与发展模式在计算机虚拟空间的载体,对数字经济的发展进步发挥着重要作用。软件产业是信息技术产业的核心之一,是引领新一轮科技革命和产业变革的关键力量。软件产业在快节奏的发展演进中,已成为新技术、新应用、新人才的重要来源。在我国经济社会发展中,软件产业被定位为基础性产业、战略性产业、前沿性产业。

软件产业作为基础性产业,主要体现在两个方面:软件工具支撑新兴技术进步,软件平台助力商业模式落地。在人工智能、云计算、物联网、区块链等大量新兴技术的研发过程中,软件产业提供了有力的技术支撑。以人工智能为例,TensorFlow、Caffe2、Azure ML Studio 等开发框架是人工智能技术开发的重要软件工具,为人工智能技术进步提供了驱动力。同时,在信息技术的赋能下,新兴产业与传统产业持续更新商业模式,基于云端软件、桌面软件、移动 App、嵌入式软件等不同软件平台实现商业化。例如,飞书、

钉钉等软件助力在线办公商业模式成熟应用，阿里云 Quick BI 等软件为商业数据分析服务提供工具。软件产业为其他领域的商业模式开辟了落地场景，是众多商业模式实现盈利的重要保障。

软件产业作为战略性产业，主要体现在保障国家安全与增强我国国际竞争力两个层面。从保障国家安全层面来看，当前在操作系统、工业软件、数据库及其他关键领域，国产软件的市场份额较低，国外软件居市场主流地位。以操作系统为例，目前微软 Windows、苹果 macOS 在国内桌面操作市场居主流地位，国产麒麟 OS、统信 UOS 虽然成长较快，但市场份额仍然较小，国产操作系统在功能生态、市场规模等方面仍然难以与国外厂商抗衡。我国在诸多软件领域受制于人，构成国家安全隐患。自主可控的软件产业是国家安全的必要保障。现阶段，我国安全面临较多外部挑战，软件产业的战略性定位更为凸显。从国际竞争力来看，围绕人工智能、大数据及其他软件技术的国际竞争日益激烈。例如，美国发布了《国家人工智能战略》，欧盟发布了《欧洲数据战略》，印度出台了《人工智能国家战略》。此外，美国俄罗斯相继投入力量研究大数据等软件产业相关技术。软件产业已成为国际竞争的重要战场，也是国防实力竞争的重要抓手，发展软件产业是增强我国国际竞争力的必要手段。

软件产业作为前沿性产业，主要体现在技术更新与市场发展两方面。从技术更新来看，近年来，区块链、大数据、云计算、边缘计算、人工智能等技术快速发展，涌现出区块链智能合约、气象大数据公共平台等一系列软件产品与服务模式，技术创新驱动软件产业持续更新换代，软件产业反映了大量新兴技术的前沿动向。从市场发展来看，软件产品与服务的功能和载体不断更新，应用场景日益丰富，云服务、工业互联网、智慧家居、自动驾驶等新兴市场不断涌现。软件产业与社会经济发展的前沿需求紧密结合，反映了市场发展的前沿动向。

二

软件是新一代信息技术的灵魂，是数字经济发展的基础，是制造强国、

前言

网络强国、数字中国建设的关键支撑。软件价值正伴随"软件定义"进程加快释放。2020 年，新冠肺炎疫情突然暴发，对我国经济社会发展带来严重冲击，也对全球发展格局变化带来深远影响。

在我国疫情防控中，软件已深入应用到医疗救治、公共管理、民生保障等各个环节，发挥着不可替代的重要作用。在医疗救治方面，软件极大提升了医疗救治的能力和效率。一是通过在医学影像传输管理、电子胶片生成浏览、远程诊断等领域的应用，有效提升了医院接诊救治能力；二是基于影像识别算法，有效辅助病例的临床诊断；三是利用人工智能等软件新技术，大幅缩短了特效药物研发时间。在公共管理领域，软件显著改善公共管理的效能和方法，在输入性病例排查、居民健康信息统计、物资征集等方面替代了传统的管理方式。在民生保障领域，软件可以有效强化民生服务的支撑和保障，在信息获取、日常生活、办公教学等方面发挥着日益重要的作用。

尽管疫情的暴发在短期内对软件产业的发展带来一定的冲击，但从长远来看，软件产业将迎来三个方面的发展机遇。一是全民软件素养加速提升。在疫情防控期间，由于人员流动受限，民众不得不借助线上或 O2O 方式弥补原有的线下服务需求，全民的软件使用频率大幅增加。即便原来并未习惯智能手机的中老年人也开始学习软件使用，以获取日常生活所需的各类信息、物资与娱乐服务。二是企业数字化转型需求更加迫切。新冠肺炎疫情出现后，数字化程度较高的企业在线下人力资源供给严重不足的情况下，利用开展与业务相匹配的在线业务管理系统或平台，维持了供应链、生产、销售等环节的正常运转，相比于单一采用线下运营模式的企业更具抗风险能力，因此，企业更加注重数字化转型发展，加快数字化转型已成为企业管理者的共识。三是有助于产业发展的核心产业资源进一步汇聚。得益于以软件为代表的高新技术产业在本次疫情期间的突出表现，资本市场对泛软领域的投资倾向性开始提高，生物医药信息、远程医疗、O2O 服务等项目普遍受到投资者的追捧。

2021 年 1 月，工业和信息化部运行监测协调局发布了《2020 年软件和信息技术服务业统计公报》。相关数据显示，2020 年，我国软件和信息技术

服务业持续恢复，逐步摆脱新冠肺炎疫情的负面影响，呈现平稳发展态势。全国软件和信息技术服务业规模以上企业超 4 万家，累计完成软件业务收入 8.16 万亿元，同比增长 13.3%；实现利润总额 1.07 万亿元，同比增长 7.8%；人均实现业务收入 115.8 万元，同比增长 8.6%。软件产业在国民经济各行业发展中增速依然保持前列，是驱动中国经济增长的重要动能。

2021 年，在中国软件产业年会上，工业和信息化部信息技术发展司司长谢少锋在致辞中指出，2021 年是"十四五"规划和 2035 年远景目标的开局之年，是加快发展现代产业体系、贯彻《新时期促进集成电路产业和软件产业高质量发展的若干政策》的起步之年。面对国内外形势，要在危机中育新机、于变局中开新局，以数字产业化培育新动能，以产业数字化孕育新动力，做大做强软件产业。下一步，工业和信息化部将坚持以习近平新时代中国特色社会主义思想为指引，深入贯彻落实国家软件发展战略，以供给侧结构性改革为主线，补齐短板、锻造长板，提升关键软件供给能力，夯实产业发展基础，提高产业链、供应链现代化水平，坚持应用牵引、整机带动、生态培育，把握新发展阶段，以新发展理念构建新发展格局的要求，务实推进软件产业高质量发展。

一是夯实产业发展基础。着力发展关键基础软件，整合产业力量，培育龙头企业，推进操作系统与芯片、数据库、中间件及各类应用软件的集成、适配、优化。着力突破 CAD、CAE 等工业软件，引导重点领域企业先试先用并推进产业突破，提升中高端软件的供给能力。

二是培育产业发展动能。以云计算、大数据、人工智能、5G 等领域的新兴软件为牵引，加快发展平台软件，集中力量实现创新突破，构筑具有国际竞争力的产业体系，支撑新型基础设施建设，引领产业转型升级。

三是完善产业生态。引导优势企业强强联合，提升综合性解决方案能力，培育一批具有品牌和市场影响力的软件企业。积极培育开源社区，加快构建开源生态，持续丰富应用场景，吸引产业链各方共同参与、密切协作，合力构建富有创造力和创新力的软件生态。

四是强化软件价值。着力强化制度建设、完善体制机制，加快破除"重硬轻软"的惯性思维。尽快完善软件价值评估机制，保障新型基础设施建设中的软件价值能够得到合理体现。加强软件知识产权保护和应用，持续推进软件正版化，为鼓励软件创新、引导各类创新资源向软件产业集聚提供保障。

五是优化发展环境。落实国家软件发展战略，编制并发布软件和信息技术服务业、大数据产业"十四五"规划。加快中国软件名园创建步伐，引导产用协同，有力促进关键软件产品应用推广。加强软件基础教育、职业教育、高等教育，推动特色化示范性软件学院建设，培育各层次软件人才。

三

为全面掌握软件和信息技术服务业领域的发展动态，研判产业发展趋势和重点，中国电子信息产业发展研究院编著了《2020—2021年中国软件产业发展蓝皮书》。本书在总结全球及中国软件产业整体发展概况的基础上，从行业发展、企业运营、重点区域、重点城市、特色园区、政策环境等多个维度对中国软件产业发展进行剖析，并对2021年中国软件产业发展形势进行展望。全书分为综合篇、行业篇、区域篇、城市篇、园区篇、企业篇、政策篇、热点篇和展望篇共9个部分。

综合篇，对2020年全球软件产业的基本发展概况和我国软件产业的发展概况进行了阐述。

行业篇，选取基础软件、工业软件、信息技术服务、嵌入式软件、云计算、大数据、信息安全、人工智能、开源软件、区块链等10个行业进行专题分析，对各行业领域2020年整体发展情况进行回顾，并从市场、技术、竞争等角度总结发展特点。

区域篇，对环渤海地区、长三角地区、珠三角地区、东北地区、中西部地区等区域进行专题研究，分析各区域产业整体发展情况、发展特点和主要行业发展情况。

城市篇，对中国软件名城软件产业发展的情况进行梳理，并分析各自的发展特点。

园区篇，选取中关村软件园、上海浦东软件园、成都天府软件园、中国

（南京）软件谷、福建福州软件园、山东齐鲁软件园等代表性软件园进行专题研究，总结分析了各个园区的总体发展概况和发展特点。

企业篇，选取了基础软件、工业软件、信息技术服务、嵌入式软件、云计算、大数据、信息安全、人工智能、开源软件、区块链等10个行业细分领域的代表性骨干企业，分析其发展状况和发展策略。

政策篇，对2020年中国软件产业政策环境进行了分析，对《新时期促进集成电路产业和软件产业高质量发展的若干政策》《工业互联网创新发展行动计划（2021—2023年）》《国家新一代人工智能标准体系建设指南》《工业和信息化部关于工业大数据发展的指导意见》等重点政策进行了解析。

热点篇，选取了"从印度封杀App事件看我国移动互联网企业出海应对策略""从欧盟《数字服务法》和《数字市场法》看平台经济反垄断"等热点问题分别进行了事件回顾和事件分析。

展望篇，在对主要研究机构预测性观点进行综述的基础上，展望2021年中国软件产业整体发展趋势、重点行业发展趋势以及重点区域发展趋势。

中国电子信息产业发展研究院注重研究国内外软件产业的发展动态和趋势，持续发挥对政府机关的支撑作用，着力提升中国软件名城、软件园区（基地）、软件人才、区域软件产业发展等服务能力。希望通过不懈努力，为进一步推进软件产业在重点领域的产业化、规模化应用，发挥好软件产业的基础型、战略性、前沿性作用，为制造强国、网络强国建设提供有力支撑。

目 录

综 合 篇

第一章　2020年全球软件产业基本发展情况 ……………………… 002
　　第一节　全球产业规模持续增长 …………………………………… 002
　　第二节　开源开放成为软件技术创新的主流模式 ………………… 003
　　第三节　智能驱动成为软件产业的发展主基调 …………………… 005
　　第四节　新兴领域发展势头强劲 …………………………………… 006

第二章　2020年中国软件产业发展基本情况 ……………………… 007
　　第一节　业务收入平稳增长，盈利能力稳步提升 ………………… 007
　　第二节　IT服务引领发展，产业结构持续优化 …………………… 009
　　第三节　软件出口形势低迷，外包服务收入好转 ………………… 011
　　第四节　集聚发展态势凸显，中心城市保持领先 ………………… 012
　　第五节　研发投入不断增强，从业队伍持续壮大 ………………… 014

第三章　2020年中国软件产业发展特点 …………………………… 016
　　第一节　产品创新能力持续增强 …………………………………… 016
　　第二节　骨干企业实力不断提升 …………………………………… 016
　　第三节　新兴领域创新步伐加快 …………………………………… 017
　　第四节　软件跨界融合持续深入 …………………………………… 018
　　第五节　产业发展环境持续优化 …………………………………… 019

行 业 篇

第四章 基础软件 ··· 022
第一节 发展情况 ··· 022
第二节 发展特点 ··· 025

第五章 工业软件 ··· 027
第一节 发展概况 ··· 027
第二节 发展特点 ··· 028

第六章 信息技术服务 ··· 032
第一节 发展情况 ··· 032
第二节 发展特点 ··· 033

第七章 嵌入式软件 ··· 036
第一节 发展概况 ··· 036
第二节 发展特点 ··· 038

第八章 云计算 ··· 040
第一节 发展情况 ··· 040
第二节 发展特点 ··· 042

第九章 大数据 ··· 046
第一节 发展概况 ··· 046
第二节 发展特点 ··· 048

第十章 信息安全 ··· 050
第一节 发展概况 ··· 050
第二节 发展特点 ··· 054

第十一章 人工智能 ··· 056
第一节 发展情况 ··· 056
第二节 发展特点 ··· 058

第十二章 开源软件 ··· 062
第一节 发展情况 ··· 062
第二节 发展特点 ··· 065

第十三章　区块链⋯⋯⋯⋯⋯⋯⋯⋯⋯⋯⋯⋯⋯⋯⋯⋯⋯⋯⋯⋯⋯⋯⋯⋯066
　　第一节　发展情况⋯⋯⋯⋯⋯⋯⋯⋯⋯⋯⋯⋯⋯⋯⋯⋯⋯⋯⋯⋯066
　　第二节　发展特点⋯⋯⋯⋯⋯⋯⋯⋯⋯⋯⋯⋯⋯⋯⋯⋯⋯⋯⋯⋯069

区　域　篇

第十四章　环渤海地区软件产业发展状况⋯⋯⋯⋯⋯⋯⋯⋯⋯⋯⋯⋯⋯073
　　第一节　整体发展情况⋯⋯⋯⋯⋯⋯⋯⋯⋯⋯⋯⋯⋯⋯⋯⋯⋯⋯073
　　第二节　产业发展特点⋯⋯⋯⋯⋯⋯⋯⋯⋯⋯⋯⋯⋯⋯⋯⋯⋯⋯074

第十五章　长三角地区软件产业发展状况⋯⋯⋯⋯⋯⋯⋯⋯⋯⋯⋯⋯⋯077
　　第一节　整体发展情况⋯⋯⋯⋯⋯⋯⋯⋯⋯⋯⋯⋯⋯⋯⋯⋯⋯⋯077
　　第二节　产业发展特点⋯⋯⋯⋯⋯⋯⋯⋯⋯⋯⋯⋯⋯⋯⋯⋯⋯⋯079

第十六章　珠三角地区软件产业发展状况⋯⋯⋯⋯⋯⋯⋯⋯⋯⋯⋯⋯⋯081
　　第一节　整体发展情况⋯⋯⋯⋯⋯⋯⋯⋯⋯⋯⋯⋯⋯⋯⋯⋯⋯⋯081
　　第二节　产业发展特点⋯⋯⋯⋯⋯⋯⋯⋯⋯⋯⋯⋯⋯⋯⋯⋯⋯⋯082

第十七章　东北地区软件产业发展状况⋯⋯⋯⋯⋯⋯⋯⋯⋯⋯⋯⋯⋯⋯084
　　第一节　整体发展情况⋯⋯⋯⋯⋯⋯⋯⋯⋯⋯⋯⋯⋯⋯⋯⋯⋯⋯084
　　第二节　产业发展特点⋯⋯⋯⋯⋯⋯⋯⋯⋯⋯⋯⋯⋯⋯⋯⋯⋯⋯085

第十八章　中西部地区软件产业发展状况⋯⋯⋯⋯⋯⋯⋯⋯⋯⋯⋯⋯⋯088
　　第一节　整体发展情况⋯⋯⋯⋯⋯⋯⋯⋯⋯⋯⋯⋯⋯⋯⋯⋯⋯⋯088
　　第二节　产业发展特点⋯⋯⋯⋯⋯⋯⋯⋯⋯⋯⋯⋯⋯⋯⋯⋯⋯⋯089

城　市　篇

第十九章　北京⋯⋯⋯⋯⋯⋯⋯⋯⋯⋯⋯⋯⋯⋯⋯⋯⋯⋯⋯⋯⋯⋯⋯092
　　第一节　总体情况⋯⋯⋯⋯⋯⋯⋯⋯⋯⋯⋯⋯⋯⋯⋯⋯⋯⋯⋯⋯092
　　第二节　发展现状⋯⋯⋯⋯⋯⋯⋯⋯⋯⋯⋯⋯⋯⋯⋯⋯⋯⋯⋯⋯092
　　第三节　发展特点⋯⋯⋯⋯⋯⋯⋯⋯⋯⋯⋯⋯⋯⋯⋯⋯⋯⋯⋯⋯093

第二十章　上海⋯⋯⋯⋯⋯⋯⋯⋯⋯⋯⋯⋯⋯⋯⋯⋯⋯⋯⋯⋯⋯⋯⋯095
　　第一节　总体情况⋯⋯⋯⋯⋯⋯⋯⋯⋯⋯⋯⋯⋯⋯⋯⋯⋯⋯⋯⋯095
　　第二节　发展现状⋯⋯⋯⋯⋯⋯⋯⋯⋯⋯⋯⋯⋯⋯⋯⋯⋯⋯⋯⋯095

　　　第三节　发展特点 ··· 096

第二十一章　南京 ··· 098
　　　第一节　总体情况 ··· 098
　　　第二节　发展现状 ··· 098
　　　第三节　发展特点 ··· 100

第二十二章　深圳 ··· 102
　　　第一节　总体情况 ··· 102
　　　第二节　发展现状 ··· 102
　　　第三节　发展特点 ··· 104

第二十三章　广州 ··· 106
　　　第一节　总体情况 ··· 106
　　　第二节　发展现状 ··· 106
　　　第三节　发展特点 ··· 108

第二十四章　杭州 ··· 110
　　　第一节　总体情况 ··· 110
　　　第二节　发展现状 ··· 110
　　　第三节　发展特点 ··· 111

第二十五章　成都 ··· 113
　　　第一节　总体情况 ··· 113
　　　第二节　发展现状 ··· 113
　　　第三节　发展特点 ··· 114

第二十六章　济南 ··· 117
　　　第一节　总体情况 ··· 117
　　　第二节　发展现状 ··· 117
　　　第三节　发展特点 ··· 118

第二十七章　福州 ··· 120
　　　第一节　总体情况 ··· 120
　　　第二节　发展现状 ··· 120
　　　第三节　发展特点 ··· 121

第二十八章　武汉 123
第一节　总体情况 123
第二节　发展现状 123
第三节　发展特点 125

第二十九章　苏州 126
第一节　总体情况 126
第二节　发展现状 126
第三节　发展特点 128

第三十章　厦门 130
第一节　总体情况 130
第二节　发展现状 130
第三节　发展特点 132

第三十一章　青岛 133
第一节　总体情况 133
第二节　发展现状 133
第三节　发展特点 134

第三十二章　无锡 136
第一节　总体情况 136
第二节　发展现状 136
第三节　发展特点 137

园　区　篇

第三十三章　中关村软件园 140
第一节　园区概况 140
第二节　重点行业发展情况 141

第三十四章　上海浦东软件园 143
第一节　园区概况 143
第二节　重点行业发展情况 144

第三十五章 天府软件园 ·········· 146
第一节 园区概况 ·········· 146
第二节 重点行业发展情况 ·········· 146

第三十六章 中国（南京）软件谷 ·········· 148
第一节 园区概况 ·········· 148
第二节 重点行业发展情况 ·········· 149

第三十七章 福州软件园 ·········· 151
第一节 园区概况 ·········· 151
第二节 园区发展情况 ·········· 151

第三十八章 齐鲁软件园 ·········· 154
第一节 园区概况 ·········· 154
第二节 园区发展情况 ·········· 154

第三十九章 青岛软件园 ·········· 158
第一节 园区概况 ·········· 158
第二节 重点行业发展情况 ·········· 159

第四十章 广州天河软件园 ·········· 161
第一节 园区概况 ·········· 161
第二节 重点产业发展情况 ·········· 162

第四十一章 深圳软件园 ·········· 164
第一节 园区概况 ·········· 164
第二节 重点行业发展情况 ·········· 165

第四十二章 厦门软件园 ·········· 167
第一节 园区概况 ·········· 167
第二节 重点行业发展情况 ·········· 167

企 业 篇

第四十三章 基础软件企业 ·········· 171
第一节 麒麟软件 ·········· 171
第二节 人大金仓 ·········· 172

  第三节 深之度 …………………………………………… 172

  第四节 金山办公 ………………………………………… 173

第四十四章 工业软件企业 ……………………………………… 175

  第一节 中望软件 ………………………………………… 175

  第二节 华大九天 ………………………………………… 176

  第三节 中控技术 ………………………………………… 177

第四十五章 信息技术服务企业 ………………………………… 178

  第一节 中软 ……………………………………………… 178

  第二节 神州数码 ………………………………………… 180

  第三节 东软 ……………………………………………… 182

第四十六章 嵌入式软件企业 …………………………………… 184

  第一节 华为 ……………………………………………… 184

  第二节 中兴通讯 ………………………………………… 185

  第三节 国电南瑞 ………………………………………… 186

第四十七章 云计算企业 ………………………………………… 188

  第一节 阿里云 …………………………………………… 188

  第二节 腾讯云 …………………………………………… 189

第四十八章 大数据企业 ………………………………………… 192

  第一节 东方国信 ………………………………………… 192

  第二节 荣联科技 ………………………………………… 193

  第三节 美林数据 ………………………………………… 194

第四十九章 信息安全企业 ……………………………………… 196

  第一节 启明星辰 ………………………………………… 196

  第二节 天融信 …………………………………………… 197

  第三节 深信服 …………………………………………… 199

第五十章 人工智能企业 ………………………………………… 201

  第一节 百度 ……………………………………………… 201

  第二节 科大讯飞 ………………………………………… 202

  第三节 阿里巴巴 ………………………………………… 203

第四节　云从科技 …………………………………………… 204

第五十一章　开源软件企业 …………………………………… 206
第一节　华为 ………………………………………………… 206
第二节　阿里巴巴 …………………………………………… 207
第三节　恒拓开源 …………………………………………… 208

第五十二章　区块链企业 ……………………………………… 210
第一节　趣链科技 …………………………………………… 210
第二节　复杂美科技 ………………………………………… 211
第三节　江苏迪链 …………………………………………… 212

政　策　篇

第五十三章　《新时期促进集成电路产业和软件产业高质量发展的若干政策》 …………………………………………………… 215
第一节　政策背景 …………………………………………… 215
第二节　主要内容 …………………………………………… 216

第五十四章　《工业互联网创新发展行动计划（2021—2023 年）》 … 218
第一节　政策背景 …………………………………………… 218
第二节　主要内容 …………………………………………… 218

第五十五章　《国家新一代人工智能标准体系建设指南》 ………… 220
第一节　政策背景 …………………………………………… 220
第二节　主要内容 …………………………………………… 220

第五十六章　《"工业互联网+安全生产"行动计划（2021—2023 年）》 …………………………………………………………… 222
第一节　政策背景 …………………………………………… 222
第二节　主要内容 …………………………………………… 222

第五十七章　《特色化示范性软件学院建设指南（试行）》 ………… 225
第一节　政策背景 …………………………………………… 225
第二节　主要内容 …………………………………………… 225

第五十八章　《工业和信息化部关于工业大数据发展的指导意见》…… 227
　　第一节　政策背景……………………………………………… 227
　　第二节　主要内容……………………………………………… 227

热　点　篇

第五十九章　从印度封杀 App 事件看我国移动互联网企业出海应
　　　　　　对策略………………………………………………… 230
　　第一节　事件回顾……………………………………………… 230
　　第二节　事件评析……………………………………………… 230
第六十章　从欧盟《数字服务法》和《数字市场法》看平台经济反
　　　　　垄断……………………………………………………… 234
　　第一节　事件回顾……………………………………………… 234
　　第二节　事件评析……………………………………………… 235
第六十一章　平台经济领域反垄断面临五大难点………………… 237
　　第一节　事件回顾……………………………………………… 237
　　第二节　事件评析……………………………………………… 238
第六十二章　后疫情时代加速数字经济发展的若干思考………… 240
　　第一节　事件回顾……………………………………………… 240
　　第二节　事件评析……………………………………………… 241

展　望　篇

第六十三章　主要研究机构预测性观点综述……………………… 245
　　第一节　Gartner 的预测……………………………………… 245
　　第二节　IDC 的预测…………………………………………… 250
第六十四章　2021 年中国软件产业形势展望…………………… 252
　　第一节　整体发展展望………………………………………… 252
　　第二节　重点行业发展展望…………………………………… 257
后记………………………………………………………………… 265

综合篇

 第一章

2020 年全球软件产业基本发展情况

软件和信息技术服务业是知识和技术的程序化封装产业,是新一代信息技术创新的主战场,是推动数字经济发展的核心引擎。伴随着云计算、大数据、人工智能等新一代信息技术创新演进和应用深化,软件正进入从基础技术、算法、平台到应用全面爆发的关键期,产品、形态和商业模式加速转型,为软件产业升级发展提供了新动能。在新一代科技革命和产业变革的影响下,技术、资金、人才等关键要素向软件头部国家加速集聚,全球软件产业"马太效应"突显,"强者恒强、弱者恒弱"现象愈发突出。同时,在贸易保护主义影响下,围绕软件产业的大国竞争日益激烈,对全球软件市场发展造成冲击。

第一节 全球产业规模持续增长

2020 年,新冠肺炎疫情对全球软件产业带来了强烈冲击,但同时也激发了远程工作、在线教育等需求,促使各行业领域数字化转型加速,减轻了疫情对全球 IT 支出的负面影响。越来越多的企业和政府将数字化转型、打造数字化能力作为未来发展的核心战略,驱动与数字化相关的 IT 采购需求加速释放。根据 2021 年 1 月 Gartner 发布的报告,2020 年全球 IT 支出略为下降,支出总额为 3.69 万亿美元,相较于 2019 年下降 3.2%,但预计所有领域的 IT 支出都将在 2021 年恢复增长。与 2019 年相比,2020 年除数据中心系统外,其余行业支出均有所下降。云供应商大量投资数据中心,以满足用户对其服务不断增长的需求,在一定程度上抵消了企业对数据中心支出的减少。2020 年全球数据中心支出规模达 2150 亿美元,与 2019 年相近,且在 2021 年将恢复增长,2022 年保持平稳增长。数字化转型加速使企业对云服

务和应用软件需求居高不下，缓解了疫情对企业造成的负面影响，全球企业软件支出规模达 4650 亿美元，较 2019 年下降 2.4%，预计 2021 年企业软件将出现最强劲的反弹，增长 8.8%，且在 2022 年维持 10.2%的高速增长态势。IT 服务和通信服务为全球 IT 支出最多的两个领域，两者与 2019 年相比均有所下降，降幅分别为 2.7%和 1.7%。由于远程工作学习的兴起，以及来自中国新基建的强劲动力，冲减了疫情带来的负面影响，两个领域将在 2021 年和 2022 年恢复平稳增长。此外，企业因成本控制大幅削减设备支出，2020 年全球设备支出较上年下降 8.2%，在领域中降幅最多，但预计 2021 年将迎来第二高增长（8%）。全球 IT 支出及预测如表 1-1 所示。

表 1-1　全球 IT 支出及预测

项目	2020 年 支出（10亿美元）	2020 年 增长率（%）	2021 年 支出（10亿美元）	2021 年 增长率（%）	2022 年 支出（10亿美元）	2022 年 增长率（%）
数据中心系统	215	0.0	228	6.2	236	3.4
企业软件	465	-2.4	506	8.8	557	10.2
设备	653	-8.2	705	8.0	715	1.3
IT 服务	1012	-2.7	1073	6.0	1140	6.3
通信服务	1350	-1.7	1411	4.5	1457	3.3
总额	3695	-3.2	3923	6.2	4105	4.6

第二节　开源开放成为软件技术创新的主流模式

软件技术的创新逐步从用户需求拉动向基于开源的开发者技术供给驱动转变，软件的技术、产品和服务与开源发展深度耦合，开源软件、开源项目和开源社区成为软件创新的主流模式。首先，越来越多的软件基础框架、底层产品和开放平台采用开源架构。作为开源软件的经典代表，Linux 一直深刻地影响着全球 IT 产业的发展，在全球服务器操作系统市场中占领先优势，拥有谷歌、英特尔、华为、三星、红帽、Canonical 和 Facebook 等一批知名企业贡献者；基于开源软件 Linux 的操作系统、浏览器、嵌入式系统等快速推进跨语言、跨平台能力升级，如基于 Linux 内核并以桌面应用为主的 GNU/Linux 深度操作 Deepin 发布 20.1 版本，采用全新 Kernel5.8（Stable）

内核，对 Kernel5.4（LTS）也进行了小版本升级，提升系统整体稳定性的同时，保证兼容更多不同设备。其次，开源成为技术创新的主力军，Mapreduce、Hadoop、Spark 极大地推动了大数据领域的技术创新与产业发展，OpenStack、TensorFlow 等开源工具在云计算和深度学习领域广受欢迎，在 EOS、以太坊、比特币等主流数字货币后，也都有着对应的开源项目，这些都充分反映了开源在信息技术创新中占据的重要地位。再次，开源项目打破了技术创新时间、区域、国别边界，促进企业与开发者、用户的双向迭代交互，成为各大软件企业构建发展新生态、布局竞争新优势的重要手段。越来越多的企业大规模推出开源项目，国外有微软开源的 Fluid Framework 和谷歌推出的 Tsunami（海啸），国内推出了百度通用安全计算平台 Teaclave、华为单机数据库 openGauss、腾讯云服务器操作系统 TencentOS Server 和字节跳动云原生机器学习平台 Klever，积极打造基于开源项目或平台的软件生态。最后，立足开源形成的 Apache 基金会和 Linux 基金会等国际开源社区、GitHub 和 Gitlab 等开源平台吸引开发者、企业与组织等用户的能力大幅提升，逐步成为全球开源生态的核心。据 GitHub2020 年度报告，GitHub2020 年新增了 1600 万名开发者，目前已有超过 5600 万名开发者，创建了超过 6000 个新开源项目，全球财富 50 强中有 36 家参与了 GitHub 开源项目。代表性开源基金会及其管理的开源项目如表 1-2 所示。

表 1-2　代表性开源基金会及其管理的开源项目

名　称	代表项目	相关应用	具体项目
Linux 基金会	Linux Kernel 等	Linux 操作系统及配套应用	各类 Linux 发行版，如 Red Hat、Fedora、Ubuntu FreeBSD
Apache 软件基金会（ASF）	Hadoop、Spark	Web 服务	网站服务软件、大数据服务
Mozilla 基金会	Firefox、Thunderbird	浏览器及其他 Web 产品	浏览器、邮件管理工具
Python 软件基金会	Python	编程语言及对应的拓展性代码库功能包	各类基于 Python 语言的代码包
OpenStack 基金会	OpenStack	开源项目管理工具	云服务管理平台
Open Networking 基金会	OpenFlow	推动软件定义网络（SDN）和规范 OpenFlow 协议与相关技术	通信协议

第三节　智能驱动成为软件产业的发展主基调

软件智能化进程不断加快，智能技术融入软件开发、部署、运行和服务全流程，驱动软件技术架构、应用模式和服务内容快速调整，基于"软硬一体、虚实结合、人机协同"的智能软件生态体系将加速形成。数据的指数级集聚、算力的快速增长、算法的迭代升级加速软件智能化发展，自开发、自运行、自适应、自决策、自迭代的智能软件应运而生，服务于智能软件开发和运营的软件平台和支撑环境不断升级。如借助 Helm、Terraform 及其他围绕 Kubernetes 的工具，软件工程师们可以开发出支持自动更新、自动执行代码测试并审核生产环境部署可行性的软件产品。面向行业数字化转型需求，支撑分布式计算、海量数据处理、智能算法、深度学习、机器视觉、语音识别等智能技术发展的各类软件及平台持续创新，行业智能应用软件成为市场热点。硬件和软件深度耦合，硬件、软件平台和智能应用解决方案加速整合，实现市场竞争从单一软件的竞争发展为软硬一体的产业生态竞争，并衍生形成 VR/AR、大数据、人工智能（AI）领域的产品和应用方案，将为软件产业的发展带来更多的智能化应用场景和市场空间。如腾讯构建 AI 新基建全景布局，将 AI 应用到实际业务场景，以云服务形式提供给行业用户，连接腾讯 AI 能力与产业，打造 AI 生态体系，实现技术开发与应用落地的协同联动。腾讯云 AI 的新基建架构如图 1-1 所示。

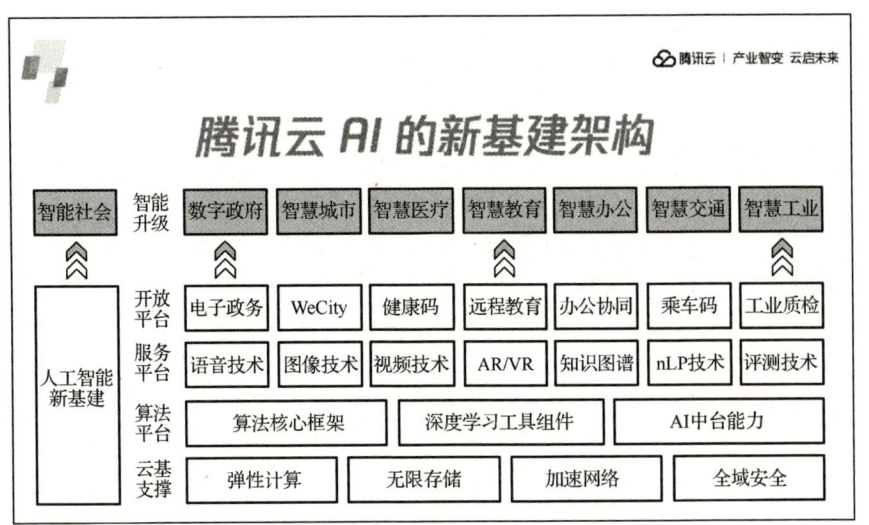

图 1-1　腾讯云 AI 的新基建架构

第四节　新兴领域发展势头强劲

在政策引导和需求增长的双重助推下，云计算、大数据、人工智能、区块链等新兴领域发展势头迅猛，为全球软件产业发展注入强劲动力。

云计算：根据 Canalys 的系列调研报告，2020 年全球云计算市场规模为 1420 亿美元，增速为 33%。2020 年 AWS 以 32% 的市场份额占据第一，市场规模达到 451 亿美元。排名第二的 Azure 的市场规模为 271 亿美元，市场份额为 19%，年增长率为 50%。谷歌云市场规模从 2019 年的 62 亿美元增长到 93 亿美元，增长率高达 50%，市场份额为 7%，排名第三。阿里云在全球排名第四，市场规模达到 82 亿美元，市场份额近 6%。

大数据：2020 年受疫情影响，全球大数据市场暂时放缓增长，但由于企业对于部署大数据基础架构及建设数据仓库的需求旺盛，以及企业内部数字化转型加速，2021 年后整体大数据市场将持续向好。《IDC 全球大数据支出指南》称，2020 年全球大数据相关硬件、软件、服务市场的整体收益将超 1878 亿美元。IDC 认为，在 2020—2024 年，全球大数据技术与服务相关收益的年均复合增长率有望达 9.6%，2024 年市场规模有望超 2877 亿美元。

人工智能：受益于深度学习技术与开源创新，人工智能技术门槛逐渐降低，受到全球下游应用需求倒逼和上游技术成型推动的双重动因，人工智能进入了加速发展的黄金期，2020 年其增速虽然受到疫情影响，但对人工智能市场的投资将快速恢复。IDC 预估，2020 年全球人工智能市场规模有望达 1565 亿美元，较 2019 年增长 12.3%。其中，人工智能软件带来 1204 亿美元的收入，占比约 80%；而人工智能硬件 2020 年带来的收入达 134 亿美元，同比增长 10.3%，增速较上一年有明显下降，但在 2021 年将恢复强劲增长。

区块链：根据 IDC 发布的《全球区块链支出指南 2020》，2020 年全球区块链的支出达 42.8 亿美元，比 2019 年 27 亿美元支出增长 57.7%。此外 IDC 预测，在 2018—2023 年期间，区块链的支出将温和增长，全球 5 年复合年增长率（CAGR）为 57.1%，到 2023 年，全球区块链支出将达 144 亿美元。2020 年全年，全球泛区块链领域共有 407 个项目披露融资信息（不含收购），共计发生投融资事件 434 起，累计披露投融资总额约 35.66 亿美元。

第二章
2020年中国软件产业发展基本情况

全球新一轮科技革命和产业革命加速发展，我国经济转型进入新常态，软件成为引领数字经济发展的重要力量。2020年，我国软件产业持续恢复，逐步摆脱新冠肺炎疫情负面影响，整体发展持续稳中向好，产业纵向、横向整合步伐加快，产业结构调整优化，产业生态环境不断优化。软件业云化、平台化、服务化发展趋势凸显。软件业进入结构优化、快速迭代的关键期，云计算、大数据、人工智能等新兴技术应用持续深化，软件产业的产品形态、服务模式、竞争格局不断演进。

第一节 业务收入平稳增长，盈利能力稳步提升

2020年在新冠肺炎疫情冲击下，我国软件和信息技术服务业呈现平稳发展态势，软件和信息技术服务业业务收入达81616亿元，同比增长13.3%，但增速较上年有所下降。全行业实现利润总额10676亿元，同比增长7.8%，增速比2019年略为下降。2013—2020年软件和信息技术服务业业务收入及增长情况如图2-1所示。2019年、2020年软件业利润总额走势如图2-2所示。

软件行业增速同往年基本持平，行业增速依然保持较高水平。随着国家创新驱动战略和供给侧结构性改革的深入，创新红利、数据红利、模式红利进一步释放，软件成为引领数字经济发展的重要力量。从软件产业占GDP比重看，近年来，中国软件产业占GDP的比重不断攀升，2013年比重仅为5.2%，2016年达6.5%，到2020年该数值达8%。2013—2020年软件业务收入占GDP比重如图2-3所示。

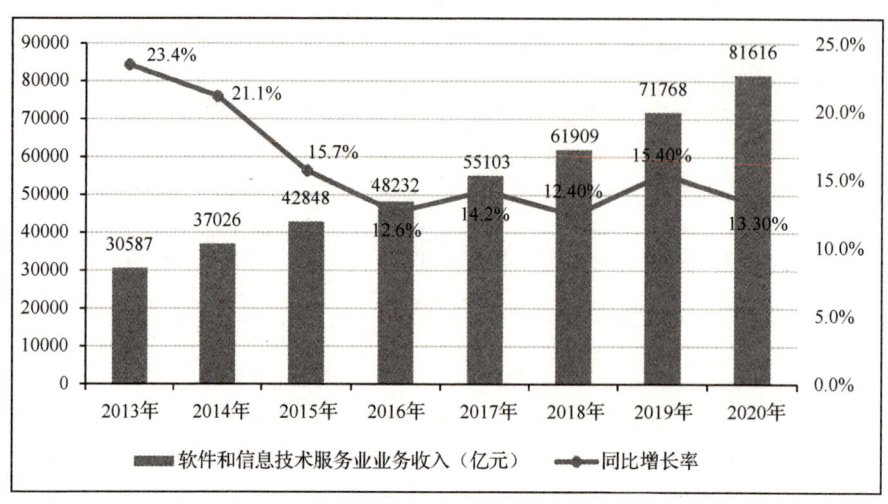

图 2-1　2013—2020 年软件和信息技术服务业业务收入及增长情况
　　　数据来源：工业和信息化部运行局

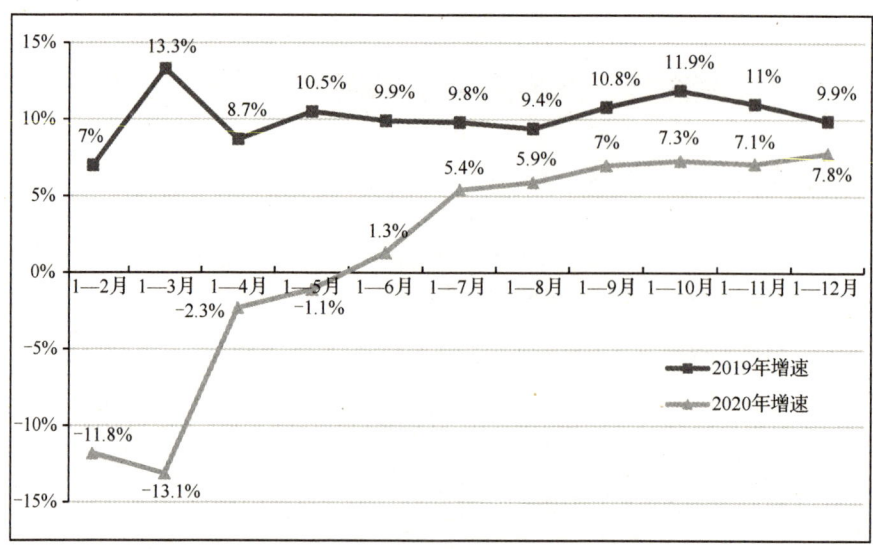

图 2-2　2019 年、2020 年软件业利润总额走势
　　　数据来源：工业和信息化部运行局

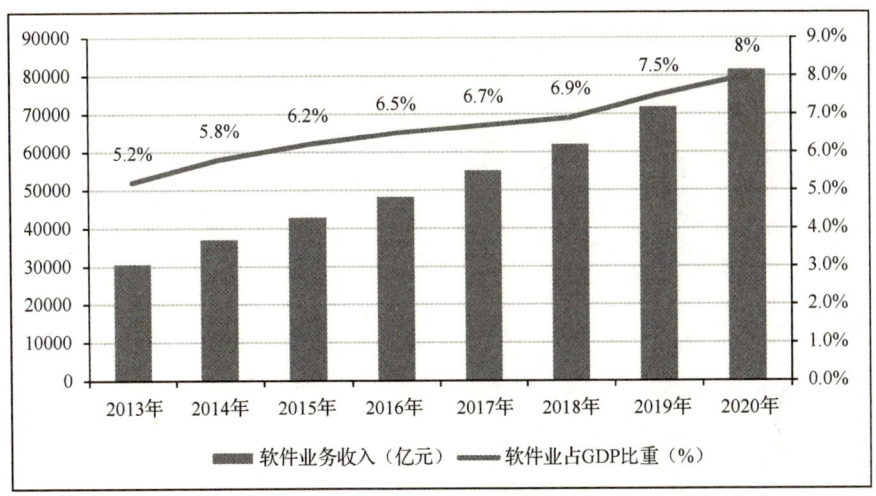

图 2-3　2013—2020 年软件业务收入占 GDP 比重

数据来源：工业和信息化部运行局

第二节　IT 服务引领发展，产业结构持续优化

2020 年，平台化演进成为软件产品与服务的重点发展方向，产业结构转型深入推进。

信息技术服务加快云化发展。2020 年，信息技术服务实现收入 49868 亿元，同比增长 15.2%，增速高出全行业平均水平 1.9 个百分点，占全行业收入的 61.1%。其中，电子商务平台技术服务收入达 9095 亿元，同比增长 10.5%；云服务、大数据服务共实现收入 4116 亿元，同比增长 11.1%。

软件产品收入实现较快增长。2020 年，全行业实现软件产品收入 22758 亿元，同比增长 10.1%，占全行业收入的 27.9%。工业软件产品实现收入 1974 亿元，同比增长 11.2%。

信息安全产品和服务收入增速略有回落。2020 年，信息安全产品和服务实现收入 1498 亿元，同比增长 10%，增速较上年回落 2.4 个百分点。

嵌入式系统软件收入增长加快。2020 年，嵌入式系统软件实现收入 7492 亿元，同比增长 12%，增速较上年提高 4.2 个百分点，占全行业收入的 9.2%。

2020 年软件业分领域业务收入及增长情况如图 2-4 所示。2020 年软件业业务收入构成如图 2-5 所示。2020 年软件业分领域业务收入增长情况如图 2-6 所示。

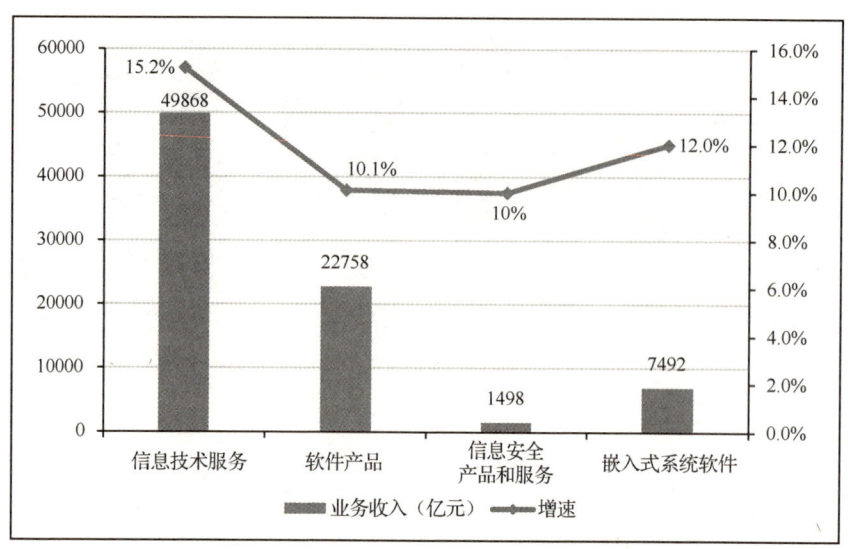

图 2-4　2020 年软件业分领域业务收入及增长情况

数据来源：工业和信息化部运行局

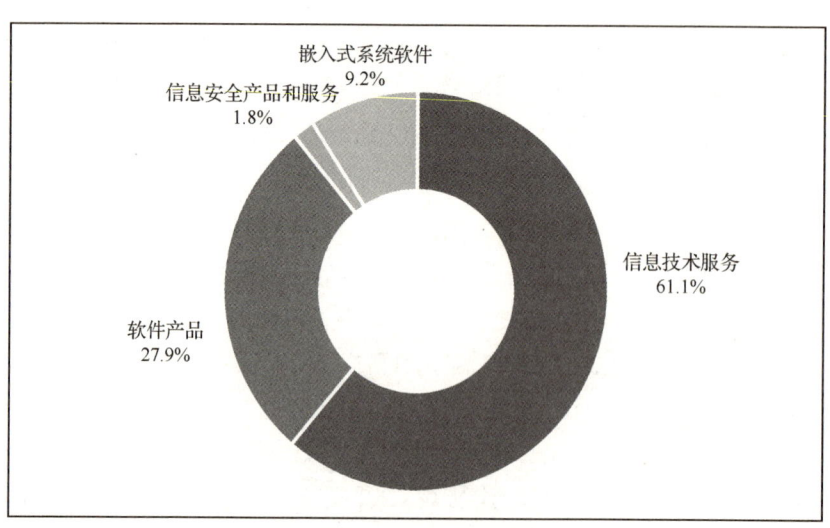

图 2-5　2020 年软件业业务收入构成

数据来源：工业和信息化部运行局

第二章 2020年中国软件产业发展基本情况

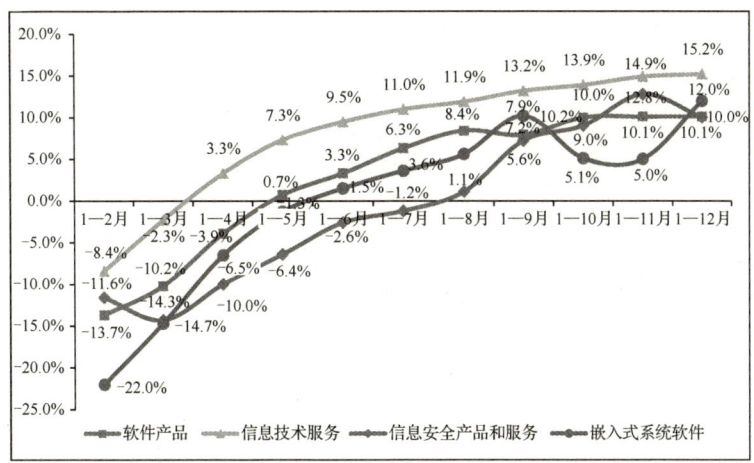

图 2-6　2020 年软件业分领域业务收入增长情况
数据来源：工业和信息化部运行局

第三节　软件出口形势低迷，外包服务收入好转

受全球宏观经济形势弱势复苏、中美贸易摩擦和新冠肺炎疫情等因素影响，我国软件出口量波动较大。2020 年，软件出口额实现 478.7 亿美元，同比下降 2.4%。

从 2013—2020 年我国软件出口增长情况看，我国软件出口规模增速波动较大。出口规模从 2013 年的 469 亿美元增长到 2020 年的 478.7 美元。2013—2020 年我国软件出口增长情况如图 2-7 所示。

图 2-7　2013—2020 年我国软件出口增长情况
数据来源：工业和信息化部运行局

从月度出口增长情况来看，2020年1—5月软件业出口降幅较大，6—12月出口情况较为平稳，但较上一年同期有所下降。

软件出口的低增长使软件出口对产业的贡献率持续下降。自2010年以来，我国软件出口在软件业务中的比重呈逐年下降的趋势，从2010年的13.2%下降至2020年的0.6%。

第四节　集聚发展态势凸显，中心城市保持领先

2020年，我国软件产业区域发展呈现出东部地区持续领先、西部地区增速突出、中部和东北地区增速放缓的态势。作为我国软件产业发展的主要集聚地，东部地区完成软件业务收入65561亿元，同比增长14.2%，占全国软件业的80.33%；西部地区增速较为突出，同比增长14.6%，完成软件业务收入9999亿元，占全国软件业的12.25%；中部和东北地区发展放缓，完成软件业务收入分别为3726亿元和2330亿元，同比增长3.9%和1.9%，分别占全国软件业的4.57%和2.85%。2020年软件业分区域增长情况如图2-8所示。

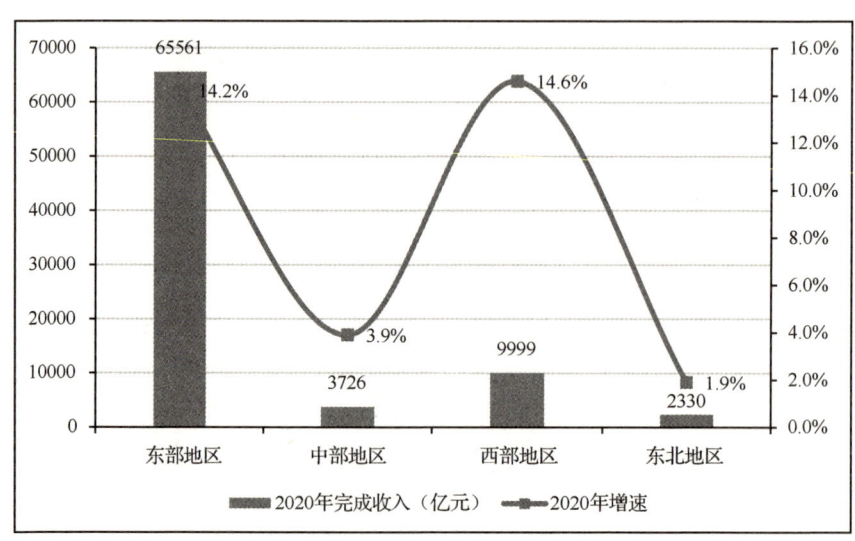

图2-8　2020年软件业分区域增长情况

数据来源：工业和信息化部运行局

从各区域软件业务收入增速来看，主要软件大省保持稳中向好态势，

第二章 2020年中国软件产业发展基本情况

部分中西部省市快速增长。2020年产业总量居前五名的北京、广东、江苏、浙江和上海共完成软件业务收入53516亿元，占全国比重为65.6%，较上年提高两个百分点，占据软件业发展的第一梯队地位。软件业务收入增速高于全国平均水平的省市有15个。其中，增速高于20%的省份集中在中西部地区，包括青海、海南、贵州、宁夏、广西等。2020年软件业务收入居前十位省市增长情况如图2-9所示。

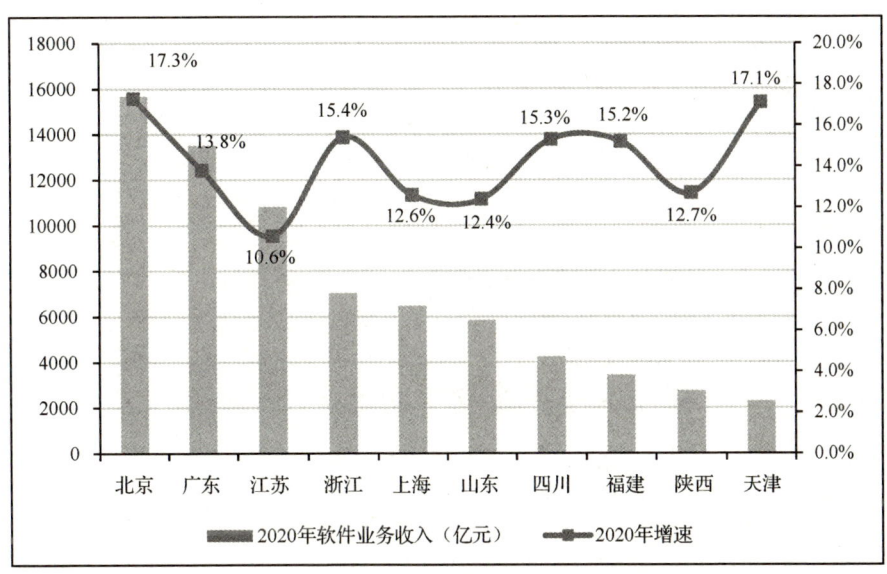

图2-9 2020年软件业务收入居前十位省市增长情况
数据来源：工业和信息化部运行局

重点城市软件业集聚发展态势更加明显。2020年，全国4个直辖市和15个副省级中心城市实现软件业务收入59636亿元，同比增长16.4%，占全国软件业的比重为85.9%，占比较上年提高2.8个百分点。其中，副省级城市实现软件业务收入43682亿元，同比增长13.0%，占全国软件业的比重为53.5%。重点城市依托人才、创新、资源等方面优势，形成各自的软件产业发展特色，获得质量效益双提升，并辐射和带动周边地区发展。2020年软件业务居前十位的城市的增长情况如图2-10所示。

013

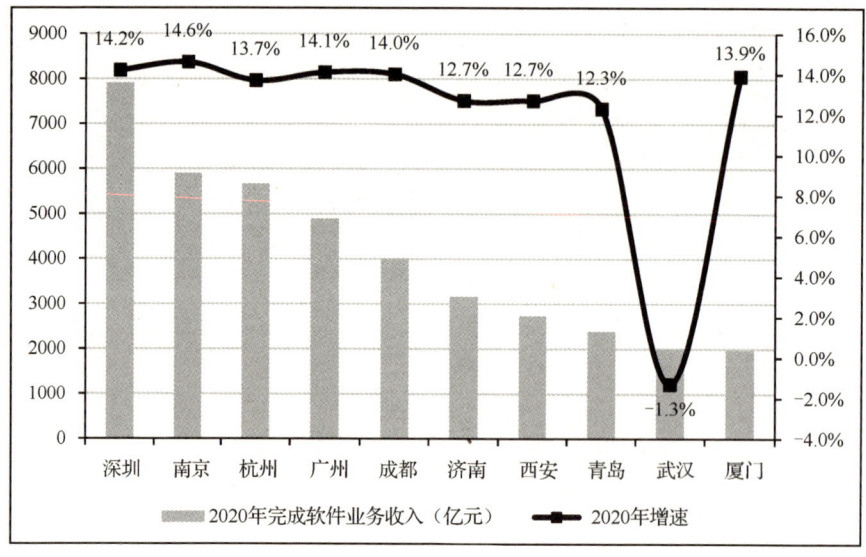

图 2-10　2020 年软件业务居前十位的城市的增长情况

数据来源：工业和信息化部运行局

第五节　研发投入不断增强，从业队伍持续壮大

企业研发投入不断增强。软件和信息技术服务业研发呈现"龙头领先、中小微跟进"的趋势。对重点龙头软件企业的监测显示，2019 年企业研发投入增长达 27.2%，高于其业务收入增速 10.3 个百分点，研发强度超过 10%，研发人员占从业人员比重超过 60%。2020 我国软件著作权登记数量创历史新高，登记总量为 1722904 件，同比增长 16.06%，登记总量较上一年度同期增长超 20 万件。其中，App 软件、金融软件、教育软件、医疗软件、物联网软件、地理信息软件和信息安全软件等领域的软件登记数量迅速攀升。

新一代软件业具有知识密集、数据密集、资本密集、平台经济和应用集群等五大特点，人才不仅是产业发展的第一资源，更是助力软件产业健康发展的关键要素。2020 年，软件和信息技术服务业从业人数约 704.7 万人，比上年同期增加约 21 万人，同比增长 3.1%。总体来看，软件从业人员队伍日益壮大，但伴随着融合创新发展，软件人才结构失衡，大数据、区块链、工业互联网等新兴产业人才需求缺口逐步扩大，领军型人才、复合型人才缺乏，基础编程人才紧缺，我国当前的软件从业人员规模和机构尚不能满足产业发展的需求。

收入水平是影响软件人才流动的重要因素。据统计，2020年软件产业从业人员工资总额为9941亿元，增长6.7%，增速较2019年有所回落。软件业人均工资的增长将有效刺激人才培训机构，对行业发展带来较大利好。2020年软件业从业人员工资总额增长情况如图2-11所示。

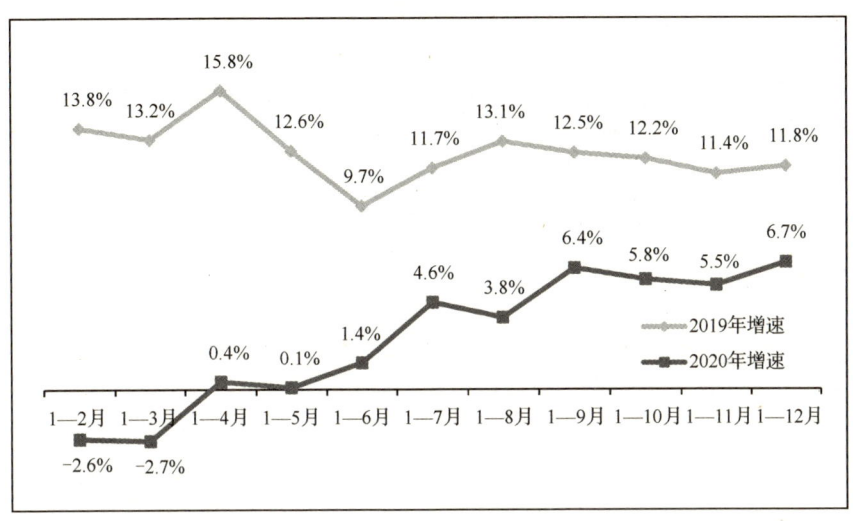

图2-11　2020年软件业从业人员工资总额增长情况
　　　　数据来源：工业和信息化部运行局

第三章

2020 年中国软件产业发展特点

第一节　产品创新能力持续增强

2020 年，在蔓延全球的新冠肺炎疫情中，我国展现出巨大的民族韧性，不仅在疫情中快速恢复，也在科技创新方面，抓住了疫情带来科技创新发展、推动产业优化升级的新机遇，通过扶持企业顺利复工复产、持续加大科技研究力度等政策的发布，迅速恢复市场信心，推动人工智能、大数据、云计算、物联网等技术快速演进，在生命科学、信息科技、空间地质等领域快速突破，成就了不折不扣的"科技大年"。在互联网等多个行业领域中，软件能力建设成为企业获取市场竞争优势的关键环节，软件技术和产品应用加速深化。

2020 年，我国软件登记意愿强烈，在整体创新环境持续完善的推动下，表现出新技术应用和领域扩展进一步加快、企业研发效率持续提升、"万件"城市快速增长的发展特点。据中国版权保护中心的数据，2020 年我国共登记软件著作权 1722904 件，比上年增长近 24 万件，基本延续了自 2017 年以来大幅增长的登记趋势，登记总量连续四年年均增长超过 20 万件；大数据、人工智能、VR、智慧城市、5G 等新兴领域软件登记数量保持高速增长，超过我国全类别软件的平均增速。其中，5G 软件以 535% 的增幅继续领跑。

第二节　骨干企业实力不断提升

在政策和市场的双轮驱动下，我国软件和信息技术服务企业市场竞争力不断提升，涌现出一批具有自主知识产权、知名品牌与相当收入规模的大型骨干企业。同时，软件和信息技术服务业也成为全国创新最活跃的区域，一大批创新性企业正在加速成长，企业竞争力不断增强。部分互联网企业借助

第三章 2020年中国软件产业发展特点

其具有的人才、资金、市场等优势，在软件技术创新和模式、产品创新中发挥着重要作用，在全球企业市值前 10 强中，有 6 家企业属于软件和互联网领域。其中，我国企业就有 2 家，分别为腾讯（市值 7693 亿美元，全球第 6 名）和阿里巴巴（市值 6368 亿美元，全球第 8 名）。

根据中国电子信息行业联合会报告，在 2019 年企业竞争力指数前百家企业（简称：百强企业）中，业务收入超过 100 亿元的企业达 21 家，超过 50 亿元的有 50 家。百强企业实现利润总额 4950 亿元，同比增长 13.5%，高于全行业平均增速 3.6 个百分点。百强企业共投入研发经费 3177 亿元，比上届研发投入增长 25%，高于同期软件业务收入增速 7.5 个百分点，企业平均研发投入强度超过 10%；百强企业的著作权登记量超过 4 万件，获授权专利数量超过 16 万件，其中，发明专利占比超过 50%；2019 年实现软件和信息技术服务出口超过 400 亿美元，收入占比超过 10%。

第三节 新兴领域创新步伐加快

在云计算和大数据领域，技术、产品和商业模式更加成熟，应用快速普及，已经成为软件和信息技术服务业产业发展的重要组成，极大提升了软件对其他关联行业的支撑价值。此外，在人工智能、区块链、边缘计算等领域中，新业态、新技术不断演变出更多综合性的新应用，驱动软件产业持续创新发展。

在云计算、大数据领域，我国已经形成了相对完善的产业生态，产业体系更加完整。云计算领域形成了包括云平台提供商、云系统集成商、云应用开发商、云服务运营商共同参与在内的完整产业链，可以向市场用户提供丰富的新型产品和应用。大数据领域从数据采集、整合到价值挖掘、可视化的全产业链产业能力已经具备，数据交易、测评服务等产业生态环节更加完善。云计算、大数据的发展也带动了相关企业的快速成长，2020 年，阿里云在全球云计算市场排名第四，市场规模达 82 亿美元，市场份额占比 6%；2021 财年第三季度财报显示，阿里云营收达 161 亿元，调整后 EBIT 盈利达 2400 万元，首次实现 2009 年成立以来的盈亏平衡。华为云跻身中国前三大公有云基础设施服务提供商，云市场交易额超 110 亿元。

人工智能创新持续活跃，产学研联动创新态势基本形成，部分关键技术实现了突破。截至 2020 年 5 月，百度全球 AI 专利申请量已超过 1 万件（其

中，中国专利有 7000 多件），位列中国第一。百度基于飞桨平台自研的知识增强的语义理解技术与平台文心（ERNIE）获得 SemEval 等多项世界级比赛冠军。人工智能技术融入软件开发、部署、运行和服务全流程，并为软件产业发展带来更多的智能化应用场景和市场空间。腾讯构建"一云三平台"AI 新基建全景布局，"一云"指腾讯云，以弹性计算、无限存储、加速网络及全域安全能力作为基础提供底层算力支撑，"三平台"包括算法平台、服务平台及开放平台，加快 AI 应用与业务场景的充分融合，实现 AI 技术对产业的赋能。

区块链技术研究机构不断增多，技术产品不断取得新进展，政策支持力度不断加强。在机构建设方面，2020 年，山东区块链研究院在济南正式成立，中国人民大学区块链研究院作为国内首家人文理工交叉区块链机构正式成立。在区块链基础研究方面，中国持续加大投入，近两年相关论文发表数量与美国相当，且明显高于其他国家；而在专利申请方面，中国累计区块链专利申请数量全球占比接近 50%。在技术应用方面，顺丰发布区块链产品丰溯，实现对商品物流信息的准确溯源；重庆区块链财政电子票据试点工作有序开展，覆盖超 300 家市级单位，开具财政电子票据超 600 万份。2020 年 4 月，国家发展和改革委员会将区块链正式纳入新基建范畴，工业和信息化部、发展和改革委员会等十七部门支持中小企业发展应用区块链技术，央行下发《推动区块链技术规范应用的通知》及《区块链技术金融应用评估规则》。

第四节　软件跨界融合持续深入

软件技术与其他行业业务的融合更加紧密，软件正成为我国经济社会各领域创新发展的重要支撑工具，软件能力培育也成为各行业企业的必然选择，软件的发展为各行业带来巨大的创新空间。宽带网络的推广与普及加快了软件向传统产业、现代制造业和现代服务业等领域的渗透。通过互联网这一载体，以软件为核心的信息通信技术最大限度地促进数据的流动和使用，信息数据成为新的生产要素，催生了移动电子商务、智能供应链管理、智能物流、智慧医疗等新兴产业，为提升社会管理和公共服务水平提供了技术支撑。

在软件和信息技术服务支撑下，传统产业技术创新和商业模式创新步伐

持续加快，催生出一大批新生业态。在智慧城市建设中，依托于软件技术创新，智能水网、智能电网、智能交通、智能安防等一系列城市智能应用不断涌现，推动服务效率不断提高，改善服务质量。此外，在商务、金融、物流、旅游等现代服务业领域，软件应用水平不断提升，软件定义持续深化。

随着市场需求的加速释放和政策环境持续向好，面向工业领域的软件和信息技术迎来难得的发展机遇。软件在工业中的促进作用持续加强，产品和生产线智能化发展速度持续加快。软件等新一代信息技术在工业研发设计、生产流程、企业管理、物流配送、一体化协同等关键环节的应用不断深化，企业两化融合迈向集成应用新阶段，特色化行业特征日益凸显。2020 年，我国工业软件产品全年实现收入 1974 亿元，增长 11.2%。海尔推出了工业互联网平台 COSMOPlat，先后主导和参与了 31 项国家标准、6 项国际标准的制定工作，应用领域涵盖大规模定制、智能制造、智能工厂、智能生产、工业大数据、工业互联网六大类。航天云网打造 INDICS 平台，依托航空航天行业实践经验积累，总结工业互联网功能服务，实现对社会经济其他主要行业的推广部署，形成了典型的跨行业、跨领域工业互联网应用模式，目前实现设备接入 79 万余台，覆盖十大行业五大设备类型，分布在北京、江苏、四川、贵州、广东等 29 个区域。

第五节　产业发展环境持续优化

党中央、国务院统筹经济社会的发展，制定了一系列加快经济结构调整的战略部署，对软件产业发展方向、人才流动和资金流向等方面发挥了积极的引导作用。继《关于深化"互联网+先进制造业" 发展工业互联网的指导意见》《新一代人工智能发展规划》《信息产业发展指南》等重要政策颁布和实施之后，2020 年，又有一系列支撑产业发展的新政策发布。在支持企业创新发展方面，出台了《关于健全支持中小企业发展制度的若干意见》《中小企业数字化赋能专项行动方案》《关于推进"上云用数赋智"行动培育新经济发展实施方案》《关于促进集成电路产业和软件产业高质量发展企业所得税政策的公告》，鼓励企业开展技术创新，利用软件技术开展自身数字化转型。在推动新技术新业态发展方面，发布了《关于支持新业态新模式健康发展激活消费市场带动扩大就业的意见》《关于工业大数据发展的指导意见》《关于推动工业互联网加快发展的通知》《国家科学技术奖励条例》，营造良

好的创新环境，推进新兴技术迭代发展。在推进产业基础设施和相关标准建设方面，颁布了《关于印发〈国家新一代人工智能创新发展试验区建设工作指引（修订版）〉的通知》《关于加快构建全国一体化大数据中心协同创新体系的指导意见》《国家新一代人工智能标准体系建设指南》，奠定了产业发展基石，完善了保障支撑体系。在促进产业集聚和融合发展方面，出台了《关于深化新一代信息技术与制造业融合发展的指导意见》《新时期促进集成电路产业和软件产业高质量发展的若干政策》《中国软件名园创建管理办法（征求意见稿）》《关于扩大战略性新兴产业投资培育壮大新增长点增长极的指导意见》，提升产业创新应用能力，促进高质量发展。新政策的颁布将进一步拓宽产业发展空间，为软件和信息技术服务业发展带来更多机遇。

行　业　篇

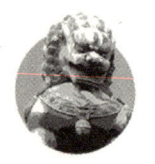

第四章

基础软件

基础软件主要包括操作系统、数据库、中间件、办公软件。基础软件是软件和信息服务业的核心角色，是新一代信息技术产业的关键引擎，是国民经济建设信息化、数字化、智能化的中枢环节，也是新型基础设施建设的重要支撑力量。加快基础软件发展，对于加快国民经济发展、推动数字中国建设、强化国家安全能力具有重要意义。

第一节 发展情况

（一）操作系统领域

中国操作系统软件产品收入平稳增长。根据 Netmarketshare 报告，截至 2020 年 8 月，在全球操作系统市场中，Windows 10 的市场占有率为 60.57%，Windows 7 为 22.21%，macOS 为 5.03%，而 Linux 为 1.29%。根据百度流量研究院统计，截至 2020 年 12 月，国内操作系统市场分布与全球情况有较大不同：Windows 7 的市场占有率为 43.9%，Windows 10 为 36.6%，macOS、iPadOS 和 Linux 分别为 4.11%、2.11%和 1.16%。虽然国产操作系统的市场占率仍有巨大的发展空间，但目前国产操作系统产品能够配合上下游，进一步加强自主可控生态。除桌面和移动设备外，还有很多如物联网、云操作、卫星、超级计算机等设备或平台需要操作系统。据 CCW Research 预测，2020年全球云操作系统市场规模将达 185 亿元，未来两年将以年均 13%的速度增长，预计 2022 年市场规模将达 230 亿元。国产操作系统如 openEuler、UOS、Deepin、中标麒麟等系统可以配合上游国产芯片，满足对下游应用场景（计算平台）的需要，在未来抢占信息创新制高点上具有优势。国家一系列政策利好助力操作系统产业发展。针对近年来频发的信息安全事故和技术封锁局面，配合国家安全的需要，操作系统成为国家信息科技"自主可控"战略的关键领域。除传统计算机操作系统企业之外，终端制造、互联网服务等领域大型 IT 企业加大操作系统研发，推动操作系统向物联网、车联网领域进发。中国移动物联网公司发布中国移动物联网操作系统——中移 OneOS，具有可裁剪、跨平台、低能耗、高安全等特点。在移动操作系统领域，华为鸿蒙 OS2.0 已面向内存 128KB～128MB 的终端设备开源，且在未来将陆续面向内存 128MB～4GB 的终端设备及 4GB 以上的所有设备开源。

（二）数据库领域

海量数据的爆发带来对数据库的大量需求。根据 IDC 预测，全球数据量总和将从 2018 年的 32ZB 增至 2025 年的 175ZB，信息数据呈爆发增长态势。Expert Market Research 和前瞻产业研究院报告称，2019 年全球数据库市场规模为 584 亿美元，而 2020 年已经达 665 亿美元，未来五年，全球数据库市场可以继续保持复合年增长率 13.81%的高速增长趋势，2025 年市场规模将达 1269 亿美元。根据 IDC 报告，2020 年中国关系型数据库软件市场规模有望超 16 亿美元，预计未来 5 年整体市场年复合增长率为 23.3%，2024 年市场规模将达 38.2 亿美元。中信证券预测，2024 年中国数据库市场规模将达 533 亿元。2020 年，基于大数据平台的搭建，配套数据存储、处理和分析技术，国产数据库企业正在云计算、大数据、人工智能等领域持续发力，预计未来数据库国产化率渗透空间快速提升。在国家政策引导和支持下，国产传统数据库厂商稳步前进，互联网公司的自研数据库取得突破。国产数据库已经在医疗卫生、医院、教育、金融、通信、政府部门、军工国防、交通物流等十多个业务领域实现应用。大数据、云计算、人工智能等新兴技术与数据库产品及服务加速融合，推动数据库云化、服务化发展。国内最大的传统数据库厂商包括南大通用、武汉达梦、人大金仓和神州通用等。但如今国产数据库已进入百花齐放的时代，国产新兴数据库厂商接连发力，逐渐孕育成长，巨杉数据库和 PingCAP 接连完成 D 轮融资，时序数据库在开源后，连续一周排在 GitHub 全球趋势榜第一名，柏睿数据荣获"国产数据库领域最佳产品"。

（三）中间件领域

云计算、物联网（IoT）、大数据分析和人工智能（AI）等技术趋势加强数字化商业模式的重大转变，推动着全球在中间件方面的投入。根据 Gartner 报告，2020 年全球中间件市场规模达 337 亿美元，并且每年的增长率都在 7% 左右。国际市场上的主要中间件厂商包括 IBM、Oracle、Salesforce、Microsoft 和 Amazon。其中，IBM 和 Oracle 位居国际中间件市场前两位。在国内，随着国内软件基础平台厂商技术实力的提升，以及对云和大数据等基础设施产品需求的快速增长，中间件国产化的趋势日益明显。根据 CCW Research 报告，2020 年国内中间件市场规模达 83 亿元，且未来三年将实现较快增长，年复合增长率（CAGR）预估为 17.2%，到 2023 年市场总规模预计将突破 130 亿元。未来随着信息技术的发展及传统行业的数字化转型，中间件市场规模将保持稳定增长。根据华为发布的《鲲鹏计算产业白皮书》，未来国内中间件市场规模五年复合增速可能达到 16%，而 IBM、Oracle 中间件销售金额在中国市场中的份额分别为 42.8% 和 36.2%，国产替代空间巨大。根据浙商证券报告，2020 年国内政务中间件市场和行业中间件市场的国产替代空间分别为 11.42 亿元和 29 亿元。随着政府的政务信息化进程加快，政府行业已成为中国软件基础设施类产品最大的行业应用市场，电信、金融等行业因为对产品要求更高，对国产化更审慎，因此市场份额相对保持稳定。国内中间件公司主要有东方通、宝兰德、中创股份、金蝶天燕和普元信息等。其中，东方通主要面向企业级客户，集中在政府、金融、电信等行业领域，市场占有率最高，在政府领域优势明显。宝兰德主要面向电信行业客户，而普元信息以定制化平台和应用开发为主，主要客户为金融行业。2020 年 8 月，东方通联手中科院软件研究所、中国电子技术标准化研究院、国家信息中心等单位组成"产学研用"联合体，宝兰德与中创股份、金蝶天燕、国防科技大学等单位组成联合体，均中标国家 2020 年基础支撑软件项目—中间件，项目将持续提升国产中间件的核心技术和产品品质。

（四）办公软件领域

根据恒州博智报告，2020 年，全球办公软件市场规模为 3033 亿元，预计 2027 年将达 5890 亿元，年复合增长率（CGAR）为 10.1%。根据计世资讯报告预测，2020 年中国基础办公软件市场规模达 105.4 亿元，相较 2020 年同比增长 11.4%，预计到 2023 年，行业市场规模将达 149.04 亿元，2020—2023 年复合增长率为 11.8%。目前，国内外办公软件领域的主要竞争者有 Microsoft Office（微软）、G suite（谷歌）、iWork（苹果）、WPS Office（金山办公）、永中 Office（永中）、中标普华 Office（中标）。国产办公软件企业通持续研究用户需求、改善使用体验，依托更灵活的定价机制和服务机制，不断提升办公软件市场占有率。金山办公自主研发的 WPS Office Linux 版本已经全面支持龙芯、飞腾等国产整机平台和麒麟、统信等国产操作系统。WPS 产品及服务在政府、金融、交通等多个重要领域得到广泛应用。央企、国有银行、股份银行的市场占有率均超过 85%，企业市场占有率为 57.5%。

第二节 发展特点

国产操作系统厂商加速发展。受益于国家政策支持和市场需求扩张，国产操作系统厂商迎来快速发展的机遇，成长势头迅猛。近两年，麒麟软件、统信软件的人员规模均由 200～300 人扩充至现在的 2000 多人，两家企业的营收规模均由千万级分别增长至 6 亿元和 4 亿元。同时，国产操作系统企业着力推进技术研发，麒麟已拥有技术专利 97 余项（已授权 162 项）、软件著作权 443 个，参与制定国家、行业、联盟等技术标准 49 余项，并已完成 CMMI5 级认证。2020 年，银河麒麟在 SPEC CLOUD 和 IO500 两次服务器操作系统领域权威测试中，均勇夺全球性能第一名。除传统操作系统厂商外，华为、阿里等企业也在发力国产操作系统市场，建设根技术社区。openEuler 社区于 2019 年 12 月底正式开源上线，并于 2020 年 12 月组建社区理事会，麒麟、统信、飞腾、中科院软件所等软硬件厂商和科研院所为理事会成员。openEuler 旨在通过社区合作，打造创新平台，构建支持多处理架构、统一和开放的操作系统。OpenAnolis 成立于 2020 年 9 月，理事会成员包括统信、飞腾、海光、中国联通等厂商，社区短期目标是开发 Anolis OS 8 并将其作为 CentOS 替代版，长期目标是打造面向未来的操作系统。自成立以来，我国根技术社区规模快速壮大，以 openEuler 为例，成立一年多以来社区贡献者已超 2000 人，SIG 组（特别兴趣小组）超 80 个。

云数据库成为上云企业的最佳选择。在全面上云的大背景下，云数据库具备弹性计算能力，兼具开源易用等特点，成为企业上云的恰当选择。目前，云数据库已为数据库市场的增收贡献一半以上份额。2020 年，华为 openGauss 数据库荣获"2020 年度最热开源数据库奖"，下载用户遍布全球 30 余个国家

和地区。腾讯云统一旗下自研数据库品牌为 TDSQL，原 TDSQL、TBase、CynosDB 整合为"腾讯云企业级分布式数据库 TDSQL"，将不同应用场景的引擎纳入统一体系并进行管理。阿里的云原生数据库 POLARDB 支持分钟级扩容、高并发、弹性变配等功能，荣获 2020 年中国电子学会科技进步一等奖。

  云办公和移动办公是国产办公软件弯道超车的良好选择。随着移动互联网、云计算等创新技术发展，金山办公抢抓移动办公发展先机，形成竞争优势。在 Linux 环境下，微软办公软件产品较少，WPS 有望获得 90% 以上的份额，占据细分市场的领先地位。此外，智能移动终端兴起、云计算开源平台发展使云计算行业整体热度提升。金山的协作类产品先行转云为办公软件转云打下良好基础，以金山云为代表的系列自研产品与 WPS Office 产品兼容并为其转云提供技术支持，从而推动办公软件产品实现快速转云。

第五章 工业软件

工业软件是针对工业领域场景或应用开发，面向研发设计、业务管理、生产调度和过程管控等工业领域各环节的指令集合。工业软件的两类"嵌入"形态趋势显著，一类是工业领域的嵌入式实时操作系统、数据库、中间件等嵌入式软件支撑离散型和流程型工业控制系统，另一类是传统工业软件云化"嵌入"工业互联网 PaaS 平台层，并成为工业 App。近年来，政府工作报告对关键核心技术自主可控的决心力度逐步高涨，亟须解决核心工业软件关键问题。2020 年，我国工业软件内需动力持续激化、国产化趋势进一步优化，工业软件产品实现收入 2223.3 亿元，增长 14.0%，为智能制造、工业互联网和新兴技术深度融合提供了关键共性基础。

第一节 发展概况

（一）产业规模

2020 年，随着《新时期促进集成电路产业和软件业高质量发展的若干政策》《特色化示范性软件学院建设指南（试行）》《关于加快推进国有企业数字化转型工作的通知》等一系列政策密集发布，我国工业软件发展政策开启重新发力模式，工业软件核心产品、工业软件特色人才、国有企业数字化转型成为政策发力重点，"中国制造 2025"布局中的工业强基工程步入发展快车道。随着 2020 年全国工业 App 和信息消费大赛的成功举办，工业和信息化部信息技术发展司 2020 年协同攻关和体验推广中心项目完成招投标，工业和信息化部着力从"产学研"协同发展层面，商业化和产业化维度深度推动工业软件高质量发展。公开资料显示，2016 年至 2019 年我国工业软件市

场规模分别为 1247.3 亿元、1446.9 亿元、1678.4 亿元和 1950.3 亿元，2020 年工业软件产品实现收入 2223.3 亿元，增长 14.0%，面对美国技术封锁和核心工业软件断供的极限施压，我国工业软件市场发展稳健，保持了相对良好的增长势头。赛迪智库预计，2021 年，随着工业软件国产化和正版化的实质性推进，我国工业软件产业将逐步克服疫情和断供的影响，规模将达 2556.8 亿元。

表 5-1　2016—2020 年中国工业软件市场规模

年份	2016	2017	2018	2019	2020
市场规模（亿元）	1247.3	1446.9	1678.4	1950.3	2223.3
同比上一年增长	8.5%	16.0%	16.0%	16.2%	14.0%

（二）产业结构

工业软件按照关键功能可划分为四类，分别是研发设计软件、生产控制软件、运营管理软件和工业嵌入式软件。其中，研发设计软件主要包括电子设计自动化（EDA）、计算机辅助设计（CAD）、计算机辅助工程（CAE）、建筑信息模型（BIM）、产品生命周期管理（PLM）等；生产控制软件包括制造执行系统（MES）、数据采集与监视控制系统（SCADA）、分散式控制系统（DCS）、安全仪表系统（SIS）、可编程控制器（PLC）、现场总线控制系统（FCS）等；运营管理软件包括企业资源计划（ERP）、企业资产管理系统（EAM）、客户关系管理（CRM）、人力资源管理（HRM）、供应链管理（SCM）等；工业嵌入式软件主要有通信设备、消费电子、工业控制和汽车电子四大类。从细分市场来看，我国运营管理软件本土化优势大、实力雄厚；生产控制软件在特定行业和特定细分软件产业中逐步脱颖而出；工业嵌入式软件依托新一代信息技术产业融合发展势头强劲；研发设计软件虽被国外垄断，但核心技术正逐步突破并实现商业化。

第二节　发展特点

（一）政策推动特点

工业软件是我国工业数字化、网络化和智能化的软件载体，也是我国制造强国和网络强国的工业基础工具，随着我国在"十四五"期间部署实施产业基础再造工程，工业软件政策推动力度达到历史峰值。党中央、国务院以

及各部委高度重视软件产业，尤其是事关工业信息化命脉的工业软件产业，2020年出台了《新时期促进集成电路产业和软件产业高质量发展若干政策的通知》，该通知延续了对集成电路产业和软件产业的政策优惠措施，又加大了政策扶持力度，在研究开发政策章节直指"聚焦工业软件的关键核心技术研发"，从而为提升工业软件创新能力和发展质量提供了极大的政策支撑。工业软件人才层面，《特色化示范性软件学院建设指南（试行）》瞄准大型工业软件人才，聚焦国家大型工业软件产业发展重点，培育建设工业软件等特色化示范性软件学院，明确工业软件学院的定位、建设思路和体制机制，形成了符合工业软件特性的人才培养模式。在工业软件生态层面，工业和信息化部（以下简称：工信部）信息通信发展司（以下简称：信发司）启动协同攻关和体验推广中心项目，组织"产学研"各界形成协同攻关联合体，聚焦关键核心技术，面向关键行业和应用场景，搭建研发、验证、测试和应用集成平台。在工业软件应用层面，《关于加快推进国有企业数字化转型工作的通知》政策体现了国有企业作为改革发展的排头兵和稳定器的责任担当，国有企业将基于数字化转型和软件国产化契机，通过联合攻关、产业合作和并购重组等多重方式补上核心工业软件关键短板。

（二）企业发展特点

我国工业软件市场国内外企业实力悬殊。我国本土工业软件企业和国外工业软件企业在企业规模和研发实力层面，整体上对比悬殊，发展国产化工业软件仍任重道远。一方面，国外企业严重垄断我国高端工业软件市场。达索系统、西门子、罗克韦尔、施耐德、Autodesk、PTC、SAP、Oracle、ABB等大型工业软件龙头企业主要占据着研发设计和生产控制软件高端产品市场，攫取大多数市场利润。另一方面，国外工业软件企业综合实力远超本土企业。从研发实力看，国外企业牢牢掌握着关键核心技术，通用性平台级软件市场占有率高，全面的软件系统支持形成各行业解决方案。从软件产品营业收入看，达索系统近年营收达314亿元，Autodesk为226亿元，而中望软件只有4亿元。

我国生产控制软件企业发展势头稳健。生产控制软件企业直接关乎工业现场级、车间级和工厂级数字化转型的成效，我国生产控制软件企业发展态势良好，正孕育出一批龙头企业，支撑我国自动化企业高质量发展。制造执行系统细分市场中，不同行业背景的MES研发商在特定行业中占据优势地

位，宝信软件在我国钢铁冶金 MES 领域为龙头企业，石化盈科在石油化工制造执行系统解决方案领域为行业龙头。在分散式控制系统细分市场中，中控技术正逐步崛起为国内自动化控制系统龙头，中控技术在国内的 DCS 市场份额在 2010 年是 12%，到 2019 年稳步提升到 27%，连续 9 年保持市场占有率第一名。在可编程控制器细分市场中，信捷电气、汇川技术等本土企业基于 OEM 市场突破口，市场占有率逐年增加，技术层面由小型到大型 PLC 进口替代的趋势明显。

我国研发设计软件企业短板断链明显。研发设计软件是实现中国智造以及正向设计的基础工具，具有核心技术密集、产业生态要求高、市场壁垒高等特点，是我国工业软件发展的短板环节和断链领域。从国外企业发展特点看，达索系统、西门子、PTC 等高端研发设计类工业软件企业通过内生增长和并购重组双轮驱动，实现大型研发设计软件功能集成，形成大型平台和一站式行业解决方案，并购重点集中在仿真软件，深化应用于数字孪生和工业互联网技术。从国内企业发展特点看，中望软件、数码大方、华天软件、华大九天等研发设计软件企业在三维几何内核、核心求解器和全流程设计平台等方面存在结构性短板，导致工业设计环节存在产业链断链现象，三维设计仿真和高端芯片设计能力式微。

（三）技术发展特点

我国工业软件技术研发锚定基础化。我国工业软件历经政府主导培育、市场充分竞争、补足基础短板三个阶段的艰苦发展，技术研发的战略定力重新稳固，技术研发路径锚定基础化。工业软件基础技术重新借助新型举国体制优势，同时结合"揭榜挂帅"的攻关新机制。在顶层设计层面，"十四五"规划中，解决基础软件瓶颈短板纳入制造强国战略。"加强工业软件研发应用"被明确提及，以集成电路设计工具为核心的工业软件成为科技前沿攻关领域。在战略定位层面，工业软件被定性为工业基础和产业基础。工业软件在过去四个产业基础之上，被追加纳入"工业五基"，研发工业软件是提升产业基础能力的关键内容。

我国工业软件生态协同走向开源化。我国工业软件开发应用协同生态正走向开源化，以满足工业软件持续迭代需要，重点解决国产化软件"用起来"的难题。从科学技术部工业软件和"网络协同制造和智能工厂"重点专项看，开源成为高频词并呈协同研发趋势。开源软件理论与方法成为三维设计和仿真软件的解决方案,通过开源仿真计算方法、开放数据接口标准、融合开源软构件,培育形成我国 CAE 开源软件生态;通过研发自由曲线曲面设计与球交等开源软件工具,攻克我国 CAD 几何引擎稳定性差等关键性问题。

我国工业软件商业模式仿效订阅化。我国工业软件企业商业模式正从"一次买断"向"持续订阅"服务模式转变,通过订阅服务模式,建立与维系开发商和客户间长期稳定的合作关系,形成国内用户客户群,培养国产工业软件使用习惯。国外大型工业软件企业在 21 世纪初就开始向云化、订阅化转型,2020 年 Autodesk 宣布停售基于序列号的许可方案,历时十多年的订阅化转型基本定型。我国工业软件企业也逐步仿效国外先进的商业模式,如广联达在国内部分区域启动年费订阅式模式,和应用企业实现共赢合作、迭代优化。

第六章

信息技术服务

第一节 发展情况

信息技术服务是以软件技术、网络技术等信息技术为支撑而提供的对信息的采集、存储、传递、处理及应用等服务性工作的总称。根据国民经济行业分类（GB/T 4754—2017）（2019 年修改版），信息技术服务业可分为软件开发、集成电路设计、信息系统集成和物联网技术服务、运行维护服务、信息处理和存储支持服务、信息技术咨询服务、数字内容服务、其他信息技术服务等行业。

（一）产业规模

2020 年，在国家政策、社会需求和产业资金不断改善和发展的驱动下，国内信息技术服务业继续呈现平稳向好的发展态势，收入和效益同步加快增长，增速高于软件产业整体增速。根据工业和信息化部的数据显示，我国信息技术服务业实现业务收入约 4.99 万亿元，占软件产业的 61.1%。2016—2020 年我国信息技术服务业规模及增速如图 6-1 所示。

（二）产业结构

2020 年，信息技术服务业保持良好的发展势头，持续领先全行业发展，云化转型发展加速，技术创新成效显著。全行业实现信息技术服务收入约 4.99 万亿元，同比增长 15.2%，增速高出全行业平均水平 1.9 个百分点。其中，电子商务平台技术服务收入 9095 亿元，同比增长 10.5%，云服务、大数据服务共实现收入 4116 亿元，同比增长 11.1%。

图 6-1 2016—2020 年我国信息技术服务业规模及增速

数据来源：工业和信息化部运行监测协调局

（三）产业创新

2020 年，随着互联网加速普及和信息技术高速演进，我国信息技术服务业的创新能力显著提升，融合创新成效显著。在应用方面，信息化应用加速深化，助推信息技术服务与实体经济紧密结合，5G 商用及新一代信息技术加速发展，促进信息技术服务向更多垂直领域加速渗透，用户对行业的理解愈发深入、对多服务模式多场景应用的需求愈发迫切，导致信息技术服务应用领域被逐渐细化。更多的产品朝着灵活适配、易扩展、按需提供服务的方向发展。例如，道一云七巧 Plus 作为零代码+低代码应用的开发平台，可提供上百个业务应用场景模板，即开即用，能够快速响应业务需求。在技术方面，国际贸易摩擦升级、大国博弈加剧、部分国家在科技领域对我国诸多企业的技术限制封锁事件频发，进一步凸显了掌握自主可控技术的必要性和迫切性，信息技术服务业正逐步改变以国外底层技术为基础的发展模式，加大自主技术的创新发展力度。更多的产品向全面国产化转变，如安超 OS 完成了从芯片、操作系统、中间件、数据库、应用、安全、PaaS 到行业应用全方位国产化适配工作，加速产品技术提升以及产业生态健康发展。

第二节 发展特点

（一）规模特点

行业呈现平稳向好的发展态势，收入和利润均保持较快增长。2020 年，

尽管受到新冠肺炎疫情冲击的挑战，我国信息技术服务业发展态势依然较好，全行业实现信息技术服务收入约 4.99 万元，同比增长 15.2%，增速高出全行业平均水平 1.9 个百分点，占全行业收入的 61.1%，相较于软件产品、信息安全产品和服务及嵌入式系统软件增速分别高出 33.2%、59.3%和 51.9%。信息技术服务业是我国信息产业高质量发展的重要领域，在我国经济转型和产业升级中扮演着重要角色，新冠肺炎疫情更让各行各业都认识到了数字化转型的重要性，信息技术与实体经济的融合发展迈上了新台阶，信息技术服务对国民经济社会发展的支撑和引领作用愈发凸显。

（二）结构特点

数据服务向标准化迈进。数据作为生产要素的重要性不断凸显，围绕数据的服务创新成为热点，但由标准不统一引起的数据"孤岛化""碎片化"问题仍然存在，制约数据潜能的进一步释放。随着数据服务模式不断向多样化发展，相关标准将逐步建立与完善。当前，中国电子工业标准化技术协会信息技术服务分会（ITSS）数据服务工作组正在加速推进《信息技术服务数据资产管理要求》《信息技术服务数据资产评估要求》《数据资产评估指南》等标准的研制工作，围绕大数据、数据治理、数据资产、数据开放共享、数据交易流通等方面的标准也在持续研究和完善中。随着数据相关标准的出台，围绕数据资源开发与应用的服务将更加广泛、深入和规范。

IT 服务向自主创新发展。当前国际形势的不确定性和不稳定性显著上升，中外关键核心技术之争日趋激烈，坚持自主创新，逐步自主可控已成为我国发展的必由之路，信息技术服务也必须顺应发展趋势。国内的 IT 服务企业已经在此方面展开布局，例如，易捷行云致力于为用户提供从芯到云的、以从本质安全到过程安全为核心的企业级云服务，历时 18 个月研发的新一代私有云 EasyStack ECS，支持主流国产化操作系统和国产化处理器，在数据库、数据安全、数据保护、和行业应用软件等领域拥有 100 家以上国产化合作伙伴，形成了广泛的国产化云生态。此外，我国信息技术服务相关规范和标准正在逐步建立和完善，无序化和无系统性的现状将得到改善，信息技术服务将通过自主创新发展逐步摆脱对外依赖。

（三）市场特点

新冠肺炎疫情拓宽云服务市场空间。新冠肺炎疫情引发传统生活方式的变革，人们对于"网络""在线""远程"等方面的需求激增，信息技术服务成为这场变革的重要参与者，云服务一度由"可选项"成为"必选项"，为人们工作生活方式的转变提供新空间。例如，电子商务减少了人们前往超市、商场等人群密集场所的频率；在线医疗问诊保障了人们的常规就医需求；线上教育帮助了学生群体的"停课不停学"；远程协同办公支撑了企业的"停工不停产"等。各类云服务应用全面降低了由于人群聚集导致疫情传播扩散的风险。面对疫情常态化的发展态势，以云服务为代表的信息技术服务市场将进一步扩大，在便民服务、复工复产等方面持续发挥效能。

大数据技术持续赋能 IT 服务。大数据技术多年来支撑信息技术服务不断向纵深发展，向各个行业和应用领域渗透，疫情让人们重新认识到大数据的重要作用，融合大数据技术的 IT 服务应用也再次掀起热潮。健康信息码、通信大数据行程卡等政企合作开发的大数据分析产品和服务，为政府、企业和公众提供实时动态的信息以辅助决策；各企业争相推出基于位置和行为的数据挖掘分析大数据平台和解决方案，帮助绘制"疫情地图"等。此外，酷狗推出的基于大数据分析的数字音乐个性化推荐平台提升了用户体验，荣联推出的 DeePo 神机妙算大数据情报分析平台加快公安实现从业务驱动到数据驱动的转型进程，诸多案例持续涌现。未来，围绕对数据的精准分析和高效利用将衍生更多的创新型信息技术服务产品，持续服务各领域。

第七章

嵌入式软件

嵌入式软件是为了实现软硬件协同设计和软硬件适配优化,在开发和应用过程中所使用的嵌入式软件系统和嵌入式软件开发工具等。从全局视角来看,嵌入式系统是软硬件协同设计的专用计算机系统,基于计算机技术,通过剪裁软硬件来满足可靠性、功耗要求、成本体积等特定应用领域的行业需求。简而言之,嵌入式软件就是所有嵌入专用硬件和帮助镶嵌灌入的代码指令集合。随着产业融合发展的深入,嵌入式软件与各行业的融合强度加大,嵌入式软件是赋能国民经济发展的重点领域,能够嵌入大型高端装备中,引领智能传感器、智能装备和智能工厂的发展;能够嵌入无人飞行器、可穿戴智能设备和生物识别装置中,成为消费电子行业的新增长极;能够嵌入新能源汽车、工业机器人、物联网、5G 装备中,影响新兴行业和前沿领域的发展。

第一节 发展概况

(一)产业规模

根据工业和信息化部运行监测协调局的数据显示,2020 年我国嵌入式系统软件市场规模为 7492 亿元,同比增长 12%,增速较 2019 年增长 4.2%。随着我国各类企业数字化转型稳步推进、智能传感器替换、智能装备升级、智能工厂试点示范形成规模,以及高新技术产业的强有力拉动作用,我国嵌入式系统软件市场将进入发展高峰期。赛迪智库预测,2021 年我国嵌入式系统软件产业将从疫情影响中恢复,规模预计达到 8466.0 亿元,同比增长 13.0%。

（二）产业结构

在产业链方面，嵌入式软件产业链可分为芯片设计制造、嵌入式系统设计制造和运营服务环节。在芯片设计制造环节完成嵌入式软件的硬件制造。IC 设计商借助工具链、IP 核和 EDA 工具完成芯片设计，IC 代工厂和集成设备制造商通过采购相关设备和 IP 核完成生产、测试和封装，工具链包括编译器、汇编器和连接器等代码工具。在嵌入式系统设计制造环节定型定性嵌入式软硬件最终产品。芯片方案提供商结合 IC 设计方案、嵌入式开发工具、中间件、操作系统和应用软件形成专用设计方案，再由代工厂商经产品策划、外观设计、测试组装和品牌营销后将软硬系统产品推向终端用户。在运营服务环节实现具体专用功能加载。各个专用"计算机系统"配套的服务内容各有不同，以智能手机为例，需要订购电话、短信等通信服务，以及各类应用程序的内容服务。

在软件分类方面，广义的嵌入式软件可分为嵌入式开发工具和嵌入式软件系统两大类。嵌入式开发工具包括汇编器、标准库模拟器等传统开发工具和由嵌入式操作系统研发商提供的现代化集成式开发工具。嵌入式软件系统包括底层的硬件、中间的嵌入式基础软件和上层的嵌入式应用软件。底层的硬件包括纯硬件、系统引导程序和板级支持包；中间的嵌入式基础软件则包括硬件驱动程序、嵌入式操作系统、嵌入式中间件；上层的嵌入式应用软件包括应用程序接口（API）和各种嵌入式应用程序。其中，嵌入式操作系统可分为非实时、软实时和硬实时三种，嵌入式中间件是指能够实现特定功能的专业软件模块，如嵌入式数据库、指纹识别软件、语音识别软件等。

在应用分类方面，嵌入式软件主要应用于网络通信、工业控制、智能交通、消费电子、机器人、金融医疗、军工航天和信息系统安全八大类产业。网络通信嵌入式系统是构建信息网络的新型基础设施，包括基站（5G 基站等）、卫星和无线通信设备、各类交换机、网络控制接入优化设备、路由器等。工业控制系统是嵌入式软件应用最广泛的重要领域之一，如智能仪器仪表、可编程逻辑控制器、集散控制系统、数据采集与监视控制系统、交互式终端等各类工控系统。智能交通的嵌入式应用主要有交通信号控制、传统汽车电子中的各类系统、新能源汽车高压电气系统和智能车载设备。消费电子是和终端消费者息息相关，又产品形态多样的嵌入式应用领域，主要包括个人信息终端、办公自动化产品和家用电器。

第二节　发展特点

（一）政策推动特点

国家和地方政府双向促进嵌入式软件发展。2020年，我国自上而下从产业和人才两方面加强对嵌入式软件的顶层推动，地方政府根据地方实际，自下而上分领域积极部署。在国家层面，《新时期促进集成电路产业和软件产业高质量发展的若干政策》将从产业层面和整体层面推动嵌入式软件跨越式发展。嵌入式软件是集成电路产业和软件产业的战略交叉点，发展集成电路产业将优化嵌入式软件的微处理器、数字信号处理器、专用集成电路、可编程逻辑器件等底层硬件基础，发展软件产业将直接推动嵌入式软件的软件开发能力并整体提升商业环境。《特色化示范性软件学院建设指南（试行）》将从根本上解决嵌入式软件人才紧缺的紧张局面，从学校培育端发力，建设包括嵌入式软件在内的五大类软件人才学院。在地方政府层面，《湖南省数字经济发展规划（2020—2025年）》将嵌入式软件列为物联网产业强基工程和人工智能创新引领工程的产业关键核心技术，《山东省人民政府办公厅关于加快推动软件产业高质量发展的实施意见》将嵌入式软件作为软件产业五大发展重点领域之一，根据《数字辽宁发展规划（1.0版）》，辽宁将依托嵌入式软件来支撑软件和信息技术服务业、人工智能和物联网产业发展，青岛在《2020年全市工业和信息化工作要点》中将发展嵌入式软件作为打造中国软件特色名城的着力点。

（二）企业发展特点

我国嵌入式操作系统研发企业融合发展。国外嵌入式操作系统研发企业在硬实时性方面优势明显，国内研发企业凭借物联网和人工智能新赛道实现融合创新发展。国外传统嵌入式实时操作系统企业有着明显的优势和较高的市占率，vxworks、Nuclear、pSOS和OS-9为主流实时操作系统。国内嵌入式操作系统企业在攻坚传统领域的同时，也紧抓开源、物联网、人工智能领域的发展新方向。凯思集团自主研制开发了实时操作系统Hopen OS，都江堰操作系统（DJYOS）以事件为调度核心，AliOS旗下的AliOS Things面向物联网领域，华为的Huawei LiteOS构建轻量级物联网操作系统，RT-Thread集实时操作系统内核、中间件组件和开发者社区于一体，SylixOS是一个开源的跨平台的大型实时航天军工领域操作系统。

（三）技术发展特点

嵌入式软件成为新一代信息技术融合发展的重要载体。随着云计算、物联网、大数据、人工智能的持续发展，以及 AI 芯片、边缘计算和 5G 的不断应用，嵌入式系统和嵌入式软件成为承载新一代信息技术的软硬件载体，有效支撑了相关的前沿应用场景。物联网催生了无线、低功耗和轻量化的嵌入式智能感知技术，人工智能和边缘计算让嵌入式应用软件向智能计算领域迈进。新一代信息技术推动嵌入式软件创新发展，嵌入式软件的广泛应用则帮助产业数字化和智能化升级转型。

嵌入式人工智能（Embedded AI）成为嵌入式软件和人工智能融合创新的新兴领域。在 2020 年的新兴技术成熟度曲线中，Gartner 首次将嵌入式人工智能加入榜单，旨在挖掘下一代传感器的准确性、稳定性和智能性。嵌入式人工智能在嵌入式软件中通过使用人工智能和机器学习技术来分析传感器传输与产生的本地数据。嵌入式人工智能基于传感器的智能属性和物联网的高效传输能力，不仅能减少传输数据的时间，而且会提升数据决策能力。在消费电子、智能设备、通信基建和工业机器人的正常运行周期与预测性维护方面，嵌入式人工智能具有更大的潜力，可以大大提高产品寿命和正常使用周期，减少故障维修频率，基于商业智能的提前维护可提高生产效率。

物联网感知层成为嵌入式软件和物联网交叉应用的热点领域。物联网是构建在传统嵌入式系统与互联网之上的融合技术，物联网感知层需要依靠经典的嵌入式系统进行开发和调试。一般的物联网可大致分为感知层、网络传输层和应用层，嵌入式软件主要使用于底层的感知层，包括传感器、控制器、仪器仪表和无线通信等方面。底层的数据信息经过各级网络、云计算平台、物联网管理中心和信息中心、行业专家系统进行互联网化传输，最终支撑顶层的绿色农业、工业监控、智慧城市、智能家居等应用层场景的智慧决策。

第八章

云计算

近年来,全球云计算市场规模呈现稳步上升的趋势。2020 年,全球公有云市场规模达 2253 亿美元,增速为 20.86%。在政策推动与市场需求的刺激下,未来云市场的强劲发展势头有望保持下去,平均增长率约 18%左右。进入"十四五"时期,在国家政策和市场需求的双重作用下,云计算已进入技术持续创新、行业应用繁荣的阶段,在数字化转型浪潮的推动下,云计算助力政府、金融、教育、交通、能源、制造等行业进入全新的数字化时代。云计算系统运用了许多技术,如编程模型、云计算平台管理技术、虚拟化和容器技术,云计算平台管理技术最为关键。按照应用环境,云计算可以分为公共云、私有云、混合云,按照云计算架构平台化方式,云计算的主要服务形式为基础设施即服务(Infrastructure-as-a-Service,IaaS)、平台即服务(Platform-as-a-Service,PaaS)和软件即服务(Software-as-a-Service,SaaS),随着容器和物联网的发展,还出现了另外两种云计算架构方式:容器即服务(Container-as-a-Service,CaaS)、物联网即服务(Machine-as-a-Service,MaaS)。

第一节 发展情况

(一)产业规模

云计算成为我国各行业全面数字化转型阶段的主要推手,在新基建浪潮的带动下,云计算的应用进一步推广,已从游戏、电商、移动、社交等互联网行业向制造、金融、交通、医疗健康等传统行业推广。2019 年,中国云计算市场增长稳定,总规模达 1335 亿元,较 2018 年增长 38.72%。其中,公有云市场规模达 689 亿元，同比增长 57.67%，私有云市场达 645.2 亿元，同比增长 22.8%。2020 年，受新冠肺炎疫情影响，预计我国云计算市场规模增速将有所放缓，总规模预计为 1782 亿元。疫情中，各行业对远程办公的需求持续增长，预计此后公有云服务的相关细分市场规模将显著提升，到 2022 年前后，总规模将突破 3000 亿元，2023 年总规模将达 3754 亿元。2015—2023 年我国云计算市场规模如图 8-1 所示。

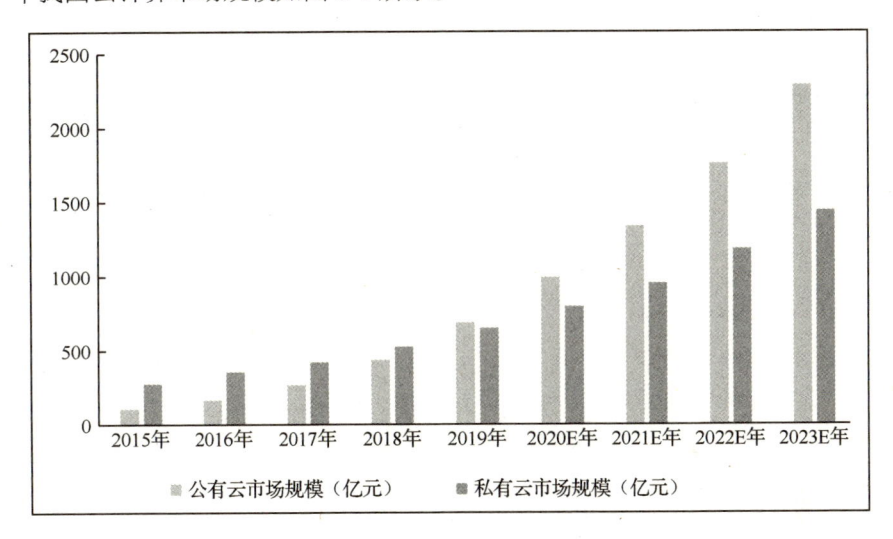

图 8-1　2015—2023 年我国云计算市场规模
数据来源：赛迪智库整理

（二）产业结构

2020 年，我国公有云市场发展规模首次超过私有云，总规模为 689 亿元，占云计算市场总规模的 51.63%。全球云计算市场主要集中于与 SaaS 相关的服务，我国云计算行业市场的增长多集中于与 IaaS 相关的基础设施服务建设。在 2020 年中国公有云市场中，IaaS 层市场总规模为 452.6 亿元，占比为 65.66%，相较于 2019 年增长 67.38%，预计 2022 年将突破 1200 亿元人民币。PaaS 层市场总规模达 41.9 亿元，占比 6.08%，相较于 2019 年增长 92.2%，预计 2021 年到 2023 年的平均增速为 54.11%。2020 年，SaaS 层市场总规模为 194.8 亿元，占比 28.26%，相较于 2019 年增长 34.16%。随着我国企业数字化转型加速，企业对 SaaS 服务的需求或将呈井喷式增长。2015—2023 年我国云计算市场规模如图 8-2 所示。

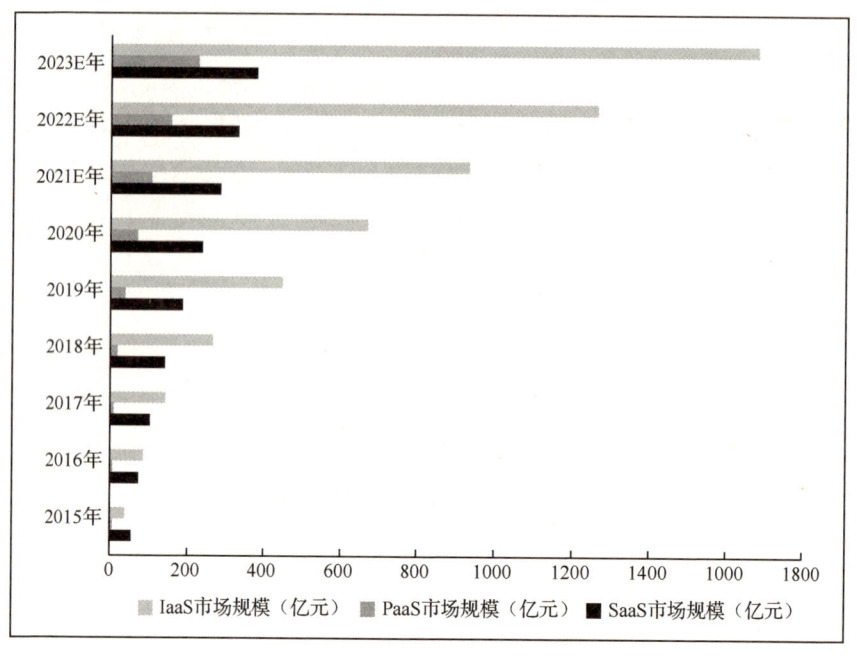

图 8-2　2015—2023 年我国云计算市场规模

数据来源：赛迪智库整理

公有云模式以其相对标准化、规模化的业务优势，更易实现快速"上量"，并在互联网（尤其是视频、游戏）等存量业务方向中持续获得充沛的现金流，在可见的未来市场中将始终占据主流。但与此同时，受国内客户对安全性/隐私性的顾虑持续增高及政策合规性尺度持续向严等因素的影响，非公有云服务在国内拥有超过欧美市场的潜力。随着传统行业上云步伐提速，加之纯公有云模式在部分场景实践中的掣肘点逐渐凸显，非公有云服务市场将成为云计算市场的新蓝海。

第二节　发展特点

（一）市场特点

企业上云成为普遍趋势，混合云发展前景广阔。随着数字化、智能化发展趋势不断加快，大中小型企业纷纷将企业"上云"提上日程，推动企业数字化转型。根据中国信通院数据，2020 年，中国已开始应用云计算技术的企业占 66.10%，同比增长 7.5%。超过半数的中国企业已开始将业务转向云端，应用公有云的企业占主流，占比为 41.6%；采用私有云的占比为 14.7%；采用混合云的占比为 9.8%。

混合云有巨大的发展潜力。混合云通过结合外部公有云和内部私有云的方式，使企业能够应用更广泛的 IT 服务组合。这种兼顾公有云和私有云优势的部署方式，正在成为越来越多企业的云部署选择。根据 RightScale2020 年云状态报告，全球范围内的混合云已成为企业上云最希望采用的形式，84%的受访企业表示他们将采取混合云战略。混合云占比持续提高，由 2019 年的 51%增长到 2021 年的 58%。从国内市场来看，企业采取混合云的比例仍处于较低水平。据前瞻产业研究院调查统计，2020 年我国企业应用云计算的比例接近 6 成，采用混合云的比例为 14%，相比 2019 年小幅上升。而据 Marketsand Markets 预测，到 2021 年，在混合云上的年成本支出将会增长约 22.5%。在混合云的强劲需求助推下，处于初步发展阶段的国内混合云的未来发展前景将更加广阔。

进入"十四五"时期以来，疫情对客户上云的观念起到了强化与促进作用。因不少企业在疫情期间由于业务收缩、收入减少，在 IT 支出上也有一定削减，导致部分业务场景中对云需求的快速攀升在短期内并未完全传导与体现在基础云厂商的现金流中。然而，数字化、云化、智能化转型的观念已经深刻体现在诸多企业的未来发展战略中。通过一项对中国企业的调研，可以得知在房地产、交通、制造等传统行业中，近半数行业计划加大在数字化与智能化办公生产中的投入和支出。同时，疫情大大加速了持续多年的市场教育行为，对云服务市场的利好将更多地体现在教育板块的中长期发展中。

容器技术有望推动我国 PaaS 快速发展。随着新兴技术的不断发展，云计算产业的发展将会迎来更加广阔的空间。根据前瞻产业研究院数据显示，云计算技术在不断向应用层靠近。中国超 40%企业开始使用容器技术；超过 70%企业开始使用微服务技术。新兴技术的注入，使资源调度的颗粒性、业务耦合性、管理效率和效能利用率都得到了极大的提高。容器技术为 PaaS 带来变革。容器是指以镜像形式储存的、虚拟的、被隔离的运行环境。容器技术通过跨容器共享操作系统架构，秩序构建简单的文件及代码库即可运行应用，相比服务器虚拟化技术，容器技术大大提升了数据的可迁移性及安全性，用户可以更快、更便捷地获取并高效使用第三方数据。而 PaaS 市场的主要问题在于企业在不同的 PaaS 平台间迁移应用的难度大，且私有云无法满足各类应用的上云要求，容器技术有望解决这些问题。在容器技术应用的

推动下，中国 PaaS 市场有望进入快速发展期。

SaaS 市场将持续高速发展。据 Gartner 调查显示，SaaS 是全球云计算中最大的细分领域，占比超过 60%。国内的 SaaS 还处于高速发展的初步阶段，市场成熟度远远低于美国。不过，国内的 SaaS 经过 15 年的发展，SaaS 应用已普遍被市场认可和接受。2020 年新冠肺炎疫情加快企业数字化转型进程，带动云端服务需求上升，促进 SaaS 行业提速发展。在线教育、远程医疗、线上消费等细分领域对 SaaS 应用服务的依赖提升。同时，SaaS 具有低成本、付费灵活、管理便捷、快速迭代等诸多优势，其应用场景越来越广，预测 SaaS 市场未来仍将持续高速发展。

原生云为信息安全市场带来新机遇。在云计算应用不断拓展的同时，安全问题同样备受关注，原生云的安全能力将直接影响企业下一代安全架构，原生云安全的理念应运而生。原生云安全是指平台安全的原生化和云安全产品的原生化。Gartner 相关报告显示，相比于传统 IT，公共云的安全能力可减少企业 60%左右的安全事件，增强企业的安全防控。原生云安全平台将安全能力逐步从外部生产向内部测试及开发方向深入。原生安全产品也将逐步从原本的外挂转为内嵌。现有的安全监测主要通过平台中的数据从外部感知数据安全，未来将逐步实现安全前置，通过把安全和管理的理念嵌入开发设计，真正做到安全和云深入的融合，促进云服务商提供更加安全的云平台，带动云安全市场的发展。

（二）结构特点

公有云与私有云的边界日益模糊，云中间形态层出不穷。随着云服务实践路径和实践案例的不断丰富，其部署模式也日渐增多。广大传统企业在政策引导、商业与技术赋能的需求下对上云的需求不断增加。受限于行业业务模式的巨大差异及企业需求的特殊性，导致其在选择云计算部署模式时，往往因面对太多选择而陷入彷徨。企业上云的焦点正逐渐从"利用云计算技术"转向"技术与服务并重"。托管云、专有云、下一代私有云等新兴云计算部署概念逐渐兴起并落地，使公有云和私有云的中间形态日益丰富，边界也开始难以清晰地界定。云厂商不仅在技术上关注"原生云"，也在部署上思考"云衍生"。客户在云服务部署的选择上也从早期的"云配比"逐渐进化成"云优化"。

面对多元市场需求，云厂商与时俱进，拥抱多样化业务。作为云服务"经典/理想形态"的公有云模式，在具体实践中，受制于各类主客观因素难以成为企业众望所归的选择。而非公有云及多云需求的增长，则启发了公有云厂商先利用技术拥抱各类数字化转型需求，再依靠技术引导需求，实现"曲线救国"的目标。国际主流头部公有云厂商如 AWS、Azure 等，以公有云为主的同时也正在积极研发更加丰富的云落地形式，相继推出 AWS Outposts、Azure Stack 等产品服务。国内云厂商逐步切入非公有云业务，如阿里云、腾讯云推出的 Apsara Stack、TCE 等企业云/专有云产品。此外，部分国内云厂商突破原有云部署壁垒，不断拓展混合云，如华为云推出的华为云 Stack 等。国内云厂商面对日益多元化的市场需求，正不断优化商业模式、拥抱多样化的客户实践。

（三）融资特点

云计算这一成熟赛道将陆续迎来投资者"密集退出"阶段。根据统计，从 2019 年 1 月至 2020 年 12 月，国内云计算领域共有 62 笔公开融资事件。从融资企业所属赛道分析来看，私有云/专有云、容器云、云 MSP、综合云服务等领域相对集中，反映出资本市场对在 IaaS 公有云寡头竞争背景下的周边云生态中的成熟赛道的积极布局。从披露的融资金额分析来看，共有 5 笔融资获得超过 5 亿元人民币，其总和占此类别融资总额的 67.4%。抛开二级市场股权转让事件，资金愈发密集地流向头部成熟企业，中小企业将不得不面临退出竞争的格局。预计"十四五"期间，将有不少 C 轮及之后的优质目标进入更加公开透明的二级市场，进一步拓展产业的发展机遇。

第九章

大数据

第一节 发展概况

(一) 大数据产业迎来新一轮增长周期

2020年，我国大数据产业继续保持高速发展。据 IDC 预测，2020年我国大数据相关市场的总体收益将达到 104.2 亿美元，同比增长 16.0%，增幅领跑全球大数据市场。2020年，大数据硬件在中国整体大数据相关收益中将继续占主导地位，占比高达 41.0%；大数据软件和大数据服务收入比例分别为 25.4%和 33.6%，较 2019 年相比均有所增长。受新冠肺炎疫情影响，随着大数据与各行业领域融合的持续深化，产业监测、资源调配、诊疗救护、行程跟踪等大数据创新应用场景加速迭代，大数据产业的发展动力从技术"硬核"变革向应用服务深化转变，大数据产业将迎来新一轮增长周期。预计 2020—2024 年，我国大数据技术与服务市场年复合增长率将达 19%，软件和服务收入占比将显著增加。

(二) 工业大数据应用创新走向纵深

2020年，在政策和市场的共同作用下，工业企业日益注重大数据在制造全过程、全产业链、产品全生命周期的应用创新。在政策层面，工业和信息化部先后发布《工业数据分类分级指南（试行）》《关于推动工业互联网加快发展的通知》《关于工业大数据发展的指导意见》，利用多种手段引导各方协同发掘工业数据应用价值。在企业实践层面，中策橡胶借助阿里云 ET 工业大脑，对橡胶密封过程的产品数据、工艺数据、生产数据、监测数据等进行综合分析和优化,实现密炼时长减少10%、密炼温度降低10℃,降低了次品率和能耗率;富士康基于BEACON工业互联网平台实时采集精密刀具的状态数据,实现刀具的自诊断和自优化,使刀具寿命延长15%,坏刃预测准确率达93%,产品良率超过90%;海尔COSMOPlat链接超过3.3亿名用户和4.3万家企业,通过设计资源的社会化共享和用户的广泛参与,创造了数据驱动的大规模定制生态。

(三)大数据企业创新多元化发展

2020年,大数据领域企业整体呈现多元差异化发展态势。阿里、百度等龙头企业持续深化大数据布局和应用创新,如阿里云分布式数据库PolarDB首次进入Gartner全球数据库领导者象限,市场份额位居全球云数据库第三位以及中国市场第一位;百度地图时空大数据为成都等地的国土空间规划提供了重要支撑。浪潮、中科曙光、美林数据等基础技术型企业向医疗、电力、能源等领域进一步下沉专业化服务,浪潮的"基于健康医疗大数据的医养健康创新应用"、中科曙光的"面向智慧电力的大数据智能分析平台"、美林数据的"基于知识图谱技术的能源企业数据资产管理应用"均入选工业和信息化部2020年大数据产业发展试点示范项目。字节跳动、滴滴出行等行业融合型企业加快大数据技术能力建设,深耕传媒、交通等传统领域新型数字业务,加速行业数字化变革。大数据独角兽企业增长势头强劲,2020年《互联网周刊》评选的大数据独角兽企业已达50家,实现连续三年增长。

(四)大数据与区域经济协同发展

2020年,以8个国家大数据综合试验区为引领,以京津冀、长三角、珠三角和中西部地区为支撑的大数据区域集聚发展示范效应进一步突显。《中国大数据发展水平评估(2020)》显示,8个国家大数据综合试验区在全国大数据发展总指数中总体占比达39%,除内蒙古外,区内各省(市)均位列综合排名前20,在政策机制、数据资源体系建设、主体培育、产业集聚等方面积累了丰富的实践经验。受益于国家重大区域战略、数字经济创新发展、服务贸易扩大试点等政策的叠加效应,京津冀、长三角、珠三角和中西部地区大数据与区域经济协同发展、融合发展日益深化,将持续引领全国大数据发展。未来,6个数字经济创新发展试验区、28个服务贸易扩大试点省市(区域)将围绕数据要素价值释放,在新基建、数字政府、新型智慧城市、大数据与实体经济融合、数字货币、数字贸易、区域一体化等方面推动特色发展。

（五）大数据技术步入创新突围期

2020年，受新冠肺炎疫情影响，大数据技术、产品和解决方案被广泛应用于联防联控、产业监测、资源调配、行程跟踪等新兴领域。百度、众云利用大数据平台优势打造"疫情地图"，实现疫情数据的实时更新，以及对潜在疫情的动态监测。电商平台发挥"大数据+供应链"优势，通过智能调度进行供应链柔性配置，最大限度满足疫区医疗防护物质需求。随着各行业领域大数据应用主体持续增加、应用需求大量激发，国外先进、通用的技术路线越来越无法适应庞大、多元、复杂的融合诉求，与业务特点相匹配的个性化、定制化大数据解决方案日益受到青睐。

第二节　发展特点

（一）应用特点

传统行业大数据应用成熟度不断提升。在电信大数据方面，大数据应用更加专业化。国内三大运营商在2019年均已建立大数据平台，并设立了相应的大数据运营机构，结合网络服务业务打造大数据平台架构、云计算服务以及数据融合应用能力，建立了大数据业务生态体系。在金融大数据方面，金融风险管控能力显著增强。金融机构通过建立大数据风控模型及时识别交易风险，从而避免大量经济损失。例如，光大银行运用大数据技术支撑C端及B端的智能风控信贷业务，目前已在互联网信贷和普惠金融业务进行应用实践，数据表明，经过大数据预警信号过滤的企业在预警后6个月发生违约的平均概率为27%，比传统基于专家规则模型的预测精准度显著提升。在电商大数据方面，大数据促进供需精准对接。电商企业基于大数据预测分析，实现供应链各个环节的协同优化。例如，盒马鲜生通过大数据技术对供应链、仓储和配送的物流全环节进行优化匹配，实现了将门店配送时间缩减到30分钟之内。在能源大数据方面，电力大数据应用加速推广。国家电网多年前建立了大数据团队，并成立了国家电网大数据中心，通过打造"1+N"智慧电眼数据产品体系，多维度分析观察经济社会发展，推进国家治理现代化。

部分领域的大数据应用实现点的突破。在农业大数据方面，大数据推动生产模式优化升级。在种植领域，基于大数据技术对土壤、气象、病虫害等多维数据进行综合分析，可以实现种植生产更加精准高效，有效助力我国农业生产领域的数字化转型和高质量发展。例如，黑龙江现代农业示范区建立了"东北大田规模化种植数字农业试验示范区"，利用卫星、无人机和地面物联网构建"天空地"一体化的农业信息采集方式，实现对农业数据的多维度感知与分析。在养殖领域，基于大数据的智能化养殖有效推动养殖业的增产提质。例如，四川特驱集团的猪场部署了阿里云的 ET 农业大脑，通过采集、分析猪的体型、体温、进食、运动等多种数据，可精准识别养殖猪的健康状况，从而保障猪肉品质并及时预警疫情。在医疗大数据方面，大数据技术辅助快速诊疗诊断。例如，腾讯推出的腾讯觅影人工智能医学影像筛查平台，助力癌症等重大疾病患者的早期筛查和临床辅助诊断。健培科技推出医疗影像机器人和智能影像云，为基层医疗机构提供远程阅片、智能筛查等服务。

（二）结构特点

泛数据基础设施加快智能升级。在国家政策的大力推动下，大数据基础设施突破传统数据中心（IDC）发展路径，更加注重"数据+算力+算法"协同发展，实现从理念、技术到内容的全面升级。以新发展理念为引领、以技术创新为驱动、以数据为核心、以信息网络为基础，加快推进数字转型、智能升级、融合创新等服务的泛数据基础设施建设。在此基础上，更海量多样的数据、更强大的系统算力、更成熟适配的算法有效聚合，引领创新范式、产业模式和企业形态深刻变革，全面支撑经济社会各领域高质量发展。

数据中心进入规模化发展阶段。一是数据中心发展环境日趋完善。2020 年 12 月，国家发展和改革委员会发布《关于加快构建全国一体化大数据中心协同创新体系的指导意见》，从优化基础设施布局、支撑数据资源统筹调度、强化算力服务能力等方面明确数据中心建设新方向。地方政府也加紧行动，力推数据中心建设。北京、上海等东部发达地区加强自身及与周边地区数据中心建设的统筹布局，内蒙古、贵州等中西部地区也将大数据、云计算等新兴产业确立为重点转型方向，加快数据中心基础设施建设。二是数据中心产业规模日益壮大。据统计，截至 2019 年底，我国在用数据中心机架总规模达到 315 万架，近 5 年年均增速超过 30%。

第十章 信息安全

信息安全对信息系统（包括硬件、软件、数据、人、物理环境及其基础设施等）进行保护，避免其由于偶然或恶意的原因遭到未经授权的访问、泄露、破坏、修改、审阅、检查、记录或销毁，以保证信息系统连续可靠地正常运行，具有真实性、保密性、完整性、可用性、不可抵赖性、可核查性、可控性等基本属性。信息安全产业主要包括信息安全技术和信息安全产品。其中，信息安全技术是指用以保障信息、信息系统和网络安全的技术；信息安全产品主要包括信息安全硬件、信息安全软件和信息安全服务。

第一节 发展概况

（一）产业规模

我国信息安全产业继续保持快速增长态势。2020年，新冠肺炎疫情使人们的工作生活发生了结构性变化，社会运行对网络设施的依赖程度大幅提升，也对信息安全提出了更高要求。国家对信息安全的重视程度不断加大，相关政策法规持续完善优化，市场规范性逐步提升，政企客户在信息安全产品和服务上的投入稳步增长，带动我国信息安全产业继续保持较快增长。此外，5G、物联网、人工智能等新技术的成熟和普及，不断拓展信息安全的应用场景，信息安全产业正在由传统安全向新应用场景安全升级，市场需求也将进一步增大，为信息安全产业的潜在市场空间奠定基础。近年来，我国信息安全市场规模增长迅速，据有关统计和预测，已由2018年的55.3亿美元增长至2020年的87.5亿美元，预计到2022年有望达到137.7亿美元，2018年至2022年的复合增长率为25.6%，远高于全球9.7%的平均水平，未来发展空间巨大。2018—2022 年我国信息安全产业市场规模及增长情况如表 10-1 所示。

表 10-1　2018—2022 年我国信息安全产业市场规模及增长情况

年份	2018	2019	2020	2021E	2022E
市场规模（亿美元）	48.73	60.43	74.82	92.71	114.62
增长率（%）	23.53	24.01	23.81	23.91	23.65

（二）产业结构

按照产品形态划分，信息安全产业可分为信息安全硬件、信息安全软件及信息安全服务（见图 10-1）。其中，信息安全硬件是指以物理硬件的形态直接集成到网络中的安全设备，主要产品为防火墙、安全内容管理、入侵检测与防御、VPN 等，代表企业有深信服、启明星辰、奇安信等；信息安全软件是指运行在服务器或终端设备上的软件形态安全产品，主要产品为身份管理与访问控制、终端安全、安全性与漏洞管理等，代表企业有绿盟科技、北信源、塞门铁克等；信息安全服务的作用是连接信息安全软件和信息安全硬件，贯穿计划、设计、建设、管理等全过程，代表企业有杭州安恒、神州绿盟、网神等。从市场结构来看，我国信息安全产业以信息安全硬件为主，2016—2020 年，我国信息安全硬件占比均超过 40%。

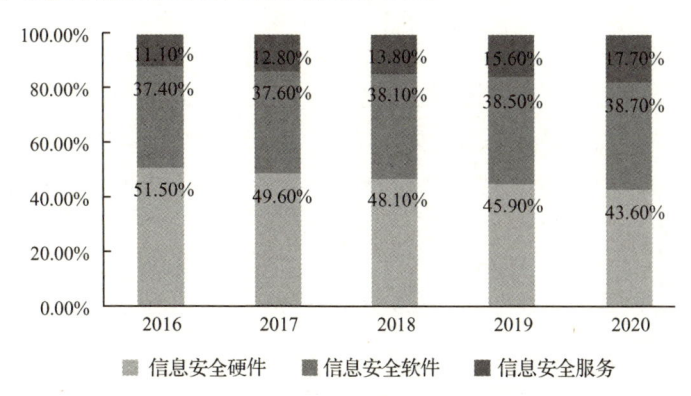

年份	信息安全硬件	信息安全软件	信息安全服务
2016	51.50%	37.40%	11.10%
2017	49.60%	37.60%	12.80%
2018	48.10%	38.10%	13.80%
2019	45.90%	38.50%	15.60%
2020	43.60%	38.70%	17.70%

图 10-1　2016—2020 年我国信息安全产业市场结构分布

（三）产业集群

信息安全产业作为典型的知识密集型产业，技术难度高、融合难度大、

涉及领域广，产业集聚发展趋势因此愈发凸显。整体来看，我国各地信息安全产业市场规模与区域经济发展水平有较强相关性，产业多聚集在华北、华东等经济发达地区，此外，川渝也成为我国中西部地区信息安全产业的核心区域。2020 年，北京、广东、浙江、四川等地依旧引领我国信息安全产业发展，基本与我国软件和信息技术服务发达地区重合。

北京作为全国政治文化中心，得益于政府和央企的垂直效应，多年来信息安全企业数量和收入水平始终处于领先地位，高端科技人才集聚、产业园区规模化建设、信息交流平台众多等优势促进信息安全产业迅速发展。北京拥有雄厚的教育资源，在信息安全人才培养方面投入力度大、重视程度高，具有人才集中的优势，此外，北京信息安全企业众多，人才需求量大，进一步吸引全国各地人才聚集。国家网络安全产业园区的建设已取得阶段性突破，形成"三园协同、多点联动、辐射全国"的发展格局。其中，海淀园、通州园、经开区信创园已落地核心企业近 50 家，与 400 余家生态企业实现对接，启动建设国家信息技术应用创新核心基地攻关适配云公共支撑平台，产业生态初步搭建完成。2021 年 2 月 4 日，北京网络安全大会召开，形成政、产、企、智、学、用多方参与的交流合作平台；2021 年 4 月，中国智慧能源与网络信息安全大会在京召开，汇聚政府主管部门、中电联、通信协会、互联网协会、国家电网、大唐、三大运营商等多家信息安全相关单位，共同协力推动安全高效的现代能源体系建设，也为信息安全产业拓展新的发展方向。

杭州通过多渠道鼓励信息安全产业创新，树立强化安全创新意识，并加快制定出台政策为信息安全产业发展提供支撑。2020 年 6 月 16 日，西湖论剑·2020 中国杭州网络安全技能大赛（又称：西湖论剑大赛）正式启动，大赛以网络安全人才为聚焦，旨在为我国网络安全提供智力支撑，杭州已连续 4 年举办网络安全技能大赛，形式和内容不断丰富，质量也得到社会高度认可，"西湖论剑大赛"对高技术人才和高新企业的汇聚效应逐步凸显。此外，杭州深入贯彻落实《浙江省网络与信息安全应急预案》专项预案，制定发布《杭州市突发公共事件总体应急预案》等，通过政策引导不断加强对网络和信息安全企业行为规范的管理，为信息安全产业发展提供相对良好的社会环境。

深圳信息产业发达，坚持采取城市智慧建设与信息安全并重的发展模式，健全产业政策，构建能够匹配信息化发展水平的网络安全产业体系和管理服务体系，加大对创新载体和龙头企业的培育力度，增强信息安全产业内生动力，打造重要安全会议品牌，提升网络安全产业影响力，网络安全产业规模和增速连续多年位于全国前列。深圳深入实施网络强国战略，贯彻落实《网络安全法》，持续推动《深圳经济特区数据条例》立法，做好网络安全等级保护、数据安全管理、关键信息基础设施保护等工作。深圳建设了鹏城实验室等国家级、省部级网络安全创新载体，培育了腾讯、华为、深信服、蓝盾等网信龙头企业，打造了网络安全产业高地。2020年11月，深圳举办"湾区创见·2020网络安全大会"，融合政策、人才、技术等资源，支持企业突破网络安全关键技术，并通过"网鼎杯"网络安全大赛选拔优秀人才，应对5G、AI等新一代信息技术应用带来的安全挑战。

（四）政策情况

信息安全行业具有较强的政策导向性，2016年11月7日，我国第一部全面规范网络空间安全管理方面问题的基础性法律《网络安全法》获得通过，标志着我国网络空间法治建设开启新征程。2020年，我国信息安全领域相关政策法规逐步完善，信息安全产业进一步向规范化迈进。

信息安全领域重要政策加快制定与完善。在国家层面，信息安全相关政策的高度不断提升，2020年4月27日，国家网信办等十二部门联合印发《网络安全审查办法》，进一步明确了网络安全审查内容，并明确指出关键信息基础设施运营者采购网络产品和服务，影响或可能影响国家安全的，应进行网络安全审查。7月22日，公安部发布《贯彻落实网络安全等级保护制度和关键信息基础设施安全保护制度的指导意见》，提出在建立实施关键信息基础设施安全保护制度上，要做好组织基础认定、职能分工、重点防护、重要数据分析、核心人员产品与服务要点等。11月3日，《中共中央关于制定国民经济和社会发展第十四个五年规划和二〇三五年远景目标的建议》正式发布，规划和建议提出要建立基础制度和标准规范，保障国家数据安全，加强个人信息保护，并要求全面加强网络安全保障体系和能力建设。在地方层面，主要地区信息安全配套政策加快出台。北京市人民政府办公厅印发《关于加快推进北京市社会信用体系建设构建以信用为基础的新型监管机制三年行动计划（2020—2022年）》的通知，推动《北京市社会信用条例》立法工作，完善信息安全保障体系，严格落实保护国家经济安全、信息安全，以及保护企业商业秘密、个人隐私方面的法律法规和管理制度。成都加快网络信息安

全产业发展，发布《成都市加快网络信息安全产业高质量发展的若干政策（征求意见稿）》，提高产业创新能力，提升产业服务能级，建设产业人才高地，营造产业发展环境，为打造中国网络信息安全之城提供产业支撑。

新一代信息技术领域安全政策密集落地。2020年，我国数字经济快速发展，5G、工业互联网、大数据等新一代信息技术领域的安全政策也加快落实和完善。2020年3月20日工业和信息化部办公厅发布《关于推动工业互联网加快发展的通知》，明确提出加快健全安全保障体系，要求必须统筹发展与安全，落实网络安全"三同步"原则。3月24日，工业和信息化部发布《关于推动5G加快发展的通知》，强调要加强5G网络基础设施安全保障，强化5G网络数据安全保护，培育5G网络安全产业生态。10月24日，工业和信息化部、应急管理部联合发布《"工业互联网+安全生产"行动计划（2021—2023年）》，提出到2023年底基本形成工业互联网与安全生产协同推进发展格局，建成运行一批重点行业工业互联网安全生产监管平台，形成较为完善的产业支撑和服务体系。12月28日，国家发展和改革委员会、中央网信办、工业和信息化部、国家能源局联合印发《关于加快构建全国一体化大数据中心协同创新体系的指导意见》，要求加快构建大数据安全保障体系，同步规划、建设、运行网络安全设施，提升应对高级威胁攻击的能力，保障业务安全运行。

第二节　发展特点

（一）规模特点

我国信息安全产业规模继续保持高速增长态势。我国信息安全市场相较于国外起步较晚，但随着网络强国战略实施，数字经济高速发展，我国对信息安全保障的需求激增，政策支持力度不断加大，信息安全产业规模增速连续多年保持在20%左右，相较于全球市场遥遥领先，已成为全球信息安全市场不可或缺的一部分。但我国在信息安全领域的投入相较于国外依然较低，Gartner数据显示，近年来，全球信息安全支出占IT服务支出的比重均在3%以上，且保持增长态势，而我国信息安全投入占比仅在2%左右，随着企业数字化转型加速，在信息安全建设方面的投入将持续加大，信息安全产业也将迎来更大的市场增长空间。此外，我国新一代信息技术高速发展，未来工业互联网安全、物联网安全、云安全等新兴领域或将处于爆发式增长期，为信息安全带来市场增量。

（二）结构特点

我国信息安全产业结构持续优化。随着网络与信息安全风险的提升，信息安全产业的范畴正不断延伸和拓展，产品和服务的种类也不断扩充和细化。当前，我国企业用户对于网络信息安全的认识仍处于初级阶段，信息安全方面的投入仍以信息安全硬件为主，占比为40%~50%，远高于全球不足10%的信息安全硬件投入。当前，新一代信息技术的不断普及和严峻的安全态势，使企业安全架构和管理变得更为复杂，安全托管、安全管理咨询、安全风险评估等服务越发受重视，随着虚拟化和云服务理念逐步渗透，企业对持续性安全服务的需求也进一步加大，信息安全产业"重产品、轻服务"的理念正逐步改善，信息安全服务的占比不断提升，2021年有望增长至19.8%。

（三）市场特点

我国信息安全领域融资持续增加。随着新一代技术的深度拓展应用，信息安全向着更深层次渗透，技术领域更加细化，产品需求更加多样化，不断激发创新意识，使更多的技术创新在中小企业中涌现，也助推更多中小企业完成融资。2020年，据统计共计有超过50家信息安全领域企业完成了融资，涉及数据安全、云安全、物联网安全、移动安全、区块链安全等十余个细分领域，全年融资规模超过60亿元人民币，千万元级规模的融资共有29起，亿元级规模融资有23起，单笔融资金额最大为6亿元人民币。

我国信息安全行业市场集中度依然较低。在信息安全领域，由于不同产品之间技术差异较大，不同厂商的技术和产品优势也集中在不同细分领域中，此外，用户对于信息安全的需求呈现多元化，最终导致信息安全市场呈现多元化发展趋势，厂商也致力于寻求差异化竞争优势，这使信息安全行业在各个细分领域均有各自的优势企业，如在IDS/IPS及UTM领域有启明星辰，在防火墙领域有天融信，在信息加密/身份认证领域有卫士通等，但能够掌握较全信息安全领域技术的综合性龙头企业尚未出现，我国信息安全市场仍较为分散，品牌集中度有待提升。

第十一章

人工智能

人工智能（Artificial Intelligence，简称 AI），也被称为机器智能，是指利用机器实现必须借助人类智慧才能实现的任务或行为，其本质是对人类智能的模拟、延伸甚至超越的一门新技术学科。从产业的视角来看，狭义的人工智能是指基于人工智能算法和技术进行研发和拓展应用，主要提供人工智能核心产品、服务以及行业解决方案；广义的人工智能则包括计算、数据资源、人工智能算法和计算研究、应用服务等。本章重点聚焦于狭义人工智能产业的发展。

第一节　发展情况

2020 年，突如其来的新冠肺炎疫情让人们看到了人工智能产业的诸多机会，基于人工智能技术打造的健康码、互联网医疗、智能客服、无人商店等高效管理的便民服务已经同水和电一样，成为城市运行管理的基础设施。2020 年，我国人工智能领域保持稳中向好的快速发展态势，政策环境不断优化，技术创新势头高涨，应用场景快速拓展，行业应用逐步深入，产业化能力稳步提升。

（一）产业规模

人工智能作为重要的新一代信息技术，其发展具有与其他技术协同演进的特征，全球人工智能及其相关产业规模持续提升。2020 年，全球人工智能产业规模为 1565 亿美元，其中，中国人工智能产业规模为 3100 亿元人民币，同比增长 15%。同时，我国是人工智能领域论文产出最高的国家，论文总量与高被引论文数量均居世界首位。在企业数量方面，据《中国新一代人工智能科技产业发展报告（2020）》显示，截至 2019 年 12 月，中国共有 797 家人工智能企业，约占全球人工智能企业总数（5386 家）的 14.8%，仅次于美国的 2169 家。

（二）技术创新

2020 年，在数字经济、新基建等政策红利的影响下，我国人工智能技术创新踊跃，我国自主研发人工智能技术在抗击新冠肺炎疫情等重大事件中发挥了重要作用。2020 年，我国科研机构和高等院校不断加大对人工智能关键技术的攻关，在底层算法、机器学习和语音识别等领域取得了一定成果。1 月，追一科技在 NLP 权威数据集 SuperGLUE 中超越 Facebook，跃居全球第二；7 月，标贝科语音技术研究成果入选全球顶级语音大会；10 月，清华大学首次提出类脑计算完备性概念及计算系统层次结构；10 月，中国科学院自动化研究所南京人工智能芯片创新研究院在欧洲计算机视觉会议 AIM 挑战赛中斩获四冠三亚；12 月，北京大学首次实现基于相变存储器的神经网络高速训练系统。此外，人工智能应用在新冠肺炎疫情期间发挥了重要作用。根据《2020 人工智能中国专利技术分析报告》显示，截至 2020 年 10 月，我国创新主体在基于疫情防控的人工智能技术方面申请专利达 3036 件，推出了自动测温系统，疫情地图、疫情跟踪、同乘查询等信息服务系统，以智能问诊平台、新冠肺炎检测、智能监测为代表的医疗救治应用，低速微型车套件及自动驾驶云服务，智能机器人技术等应用，极大降低了疫情传播风险。

（三）区域分布

据《中国新一代人工智能科技产业区域竞争力评价指数 2020》显示，人工智能产业竞争力排名前四的城市仍是北京、上海、深圳、杭州，成都、武汉、长沙等城市在互联网发展、电子信息产业方面也取得了亮眼的进步。其中，北京在人才、科研、政策、企业主体等方面的优势明显，形成了核心算法等基础理论与自动驾驶等行业应用协同发展的产业生态；上海凭借创新、资金方面的优势，在芯片、软件和类脑智能等领域频频发力，并大力推动人工智能与金融、制造、健康和交通物流领域的深度融合；杭州以其在电子商务方面的产业优势，借助城市大脑，积极构建人工智能城市生态；深圳依托互联网、电子信息制造方面的产业链优势，着力打造"人工智能产业链专业园区"。从中国人工智能科技产业区域竞争力指数综合排名看，北京、广东、

上海、浙江和山东位列第一梯队，江苏、辽宁、四川、安徽、湖南、天津、陕西、湖北、黑龙江和福建位列第二梯队。从评价指数的分项排名看，产业竞争力排名较高的省市都是人工智能企业较为聚集的区域，城市经济转型升级过程中的智能化需求，是引致创新资源集聚和产业发展的关键因素。

（四）产业结构

从人工智能产业结构来看，我国人工智能领域有三类企业。

第一类企业致力于人工智能基础层。以硬件为主，为人工智能应用提供数据和算力，代表企业如海思半导体、寒武纪、阿里云等。2020 上半年，海思半导体位列全球十大半导体营收排名前十。2020 年 9 月，阿里云宣布进入 2.0 时代，通过飞天云"超级计算机"与数字原生操作系统的结合，让云普及更多用户。

第二类企业致力于人工智能技术层。以软件为主，为人工智能应用提供灵活高效的算法、框架和平台，代表企业如旷世科技、科大讯飞、百度等。2020 年，百度提出 ERNIE-ViL，将场景图知识融入预训练，刷新 5 项多模态经典任务的世界最好效果，登顶视觉常识推理任务榜首。

第三类企业致力于人工智能应用层。面向各类应用场景开发相应的智能服务产品和解决方案。应用层的产品涉及最广、商机最多，不论是消费终端还是行业应用均成长出一大批本土企业，代表企业如京东、地平线、旗瀚科技、智位科技、科沃斯、大疆等，驱动着人们生产生活的数字化转型。

第二节 发展特点

（一）政策特点

党和国家高度重视人工智能技术的创新和产业发展。2020 年 7 月，国家标准委等五部委印发《国家新一代人工智能标准体系建设指南》，提出要深化人工智能标准国际交流与合作，注重国际国内标准协同性，充分发挥标准对人工智能发展的支撑引领作用，为高质量发展保驾护航。2020 年 11 月，中国共产党十九届五次会议通过《中共中央关于制定国民经济和社会发展第十四个五年规划和二〇三五年远景目标的建议》，提出要推动互联网、大数据、人工智能等同各产业深度融合，推动先进制造业集群发展，构建一批各具特色、优势互补、结构合理的战略性新兴产业增长引擎，培育新技术、新产品、新业态、新模式。与此同时，多个省市也专门针对人工智能产业发布了相关政策（如表11-1所示）。

表11-1　2020年部分省市人工智能相关政策

序号	省市	政策文件	相关表述
1	北京	《中关村国家自主创新示范区数字经济引领发展行动计划（2020—2022年）》	发展人工智能技术，加速推进算法优化和升级。加快构建深度学习开源框架生态，支持自动机器学习、非监督学习、迁移学习等前沿算法研发，支持领军企业建设人工智能开源平台、算法资源库和开源代码托管平台
2	广州	《广州市"新基建"发展三年行动计划（2020—2022年）》	构建全球顶尖的智能化"创新型智慧城市"。打造粤港澳大湾区人工智能产业集聚区、国家级人工智能创新发展试验区、人工智能创新应用先导区，建设"智杆""智路""智车""智品""智桩""智园""智区""智链""智轨"，推动形成50个智能经济和智能社会应用场景
3	上海	《上海市推进新型基础设施建设行动方案（2020—2022年）》	打造亚太一流的超大规模人工智能计算与赋能平台。推动相关企业建设人工智能超算设施，围绕"算力、数据、算法"的研发与应用，提升算力的使用效率和原创算法的迭代效率，实现对国产芯片及服务器的有效适配，建立相配套的软件生态，提供上层工具链，实现对产业的垂直打通
4	山东	《数字山东发展规划（2018—2022年）》	前瞻布局以5G、人工智能、工业互联网、物联网等为代表的新型基础设施。构建"泛在连接、高效协同、全域感知、智能融合、安全可信"的数字基础设施体系。到2022年底，全省数字基础设施总体布局更加科学合理，对高质量发展支撑能力和投资拉动作用更加明显，建设规模和发展水平位居全国前列
5	湖南	《湖南省数字经济发展规划（2020—2025年）》	推进互联网、大数据、人工智能与实体经济深度融合，充分发挥信息技术在制造业和服务业数字化、智能化、绿色化转型中的赋能引领作用，催生新产业、新业态、新模式，实现互促共进、联动发展的良性循环

（二）投融资特点

2020年，人工智能产业加快商业化步伐，在语音识别、无人机、机器人等领域的应用大量涌现。同时，人工智能在战略布局方面也受到了各企业主体的高度关注，相关投融资案例不断涌现。据虎博搜索数据显示，受到政策刺激，近三年来，在一级市场整体下滑的情况下，人工智能赛道的融资数量排名一直攀升，2020年在所有赛道中排名第七，较上一年上升3名，全年共

完成 137 笔融资，披露金额达 253 亿元。从 2020 年融资的人工智能项目所处在的省市来看，北京、上海、广东是人工智能项目最多的地区，分别达到了 42、30、25 项。值得一提的是，人工智能赛道在上海的热度挤掉了金融赛道，排在了第五名的位置，从上海连续三年举办世界人工智能大会也可以看出上海打造"人工智能"新名片的决心。在融资金额 TOP10 的企业中，出现了智能芯片、机器人、智能驾驶、机器学习等不同细分赛道的企业。虎博搜索查询研究报告显示，在人工智能的各个细分赛道中，目前都出现了独当一面的独角兽企业，有外界较为熟知的"AI 四小龙"，也有深耕语音交互领域的思必驰，深耕机器学习领域的第四范式等。2020 年国内典型投资案例如表 11-2 所示。

表 11-2　2020 年国内典型投资案例

序号	企业名称	融资轮次	融资金额	所属领域
1	寒武纪科技	IPO 轮	25.82 亿元	智能芯片
2	晶泰科技	C 轮	3.19 亿美元	智能医疗
3	瀚博半导体	A 轮	5000 万美元	智能芯片
4	云从科技	Pre-IPO 轮	18 亿元	人脸识别
5	明略科技	E+轮	2 亿美元	大数据
6	阿丘科技	B 轮	2000 亿美元	智能硬件
7	镁伽机器人	B 轮	3000 万美元	机器人
8	赢彻科技	战略投资	2.2 亿美元	智能驾驶
9	太若科技	B 轮	4000 万美元	智能硬件
10	非夕科技	B 轮	1 亿美元	机器人

（三）应用特点

2020 年，围绕语音识别、计算机视觉和自然语言处理技术，人工智能被广泛应用在实体经济和社会治理的各个领域。目前，取得较好应用的领域包括：智能安防、智能网联汽车、智能机器人、智能制造、智能金融、智能医疗、城市大脑等。但由于各行业信息化水平存在差异，智能服务的发展层次不尽相同。

机器人成为人工智能的主要应用场景。在工业机器人领域，随着机器人传感系统、视觉系统等技术的发展，机器人本体、控制器、减速器、伺服电

机等关键零部件产品研发和技术攻关将持续推进，逐步构建自主可控的智能工业机器人的设计和制造能力。在服务型机器人领域，随着语音识别算法和人机交互技术的发展，客服机器人、家庭服务、养老服务、教育、医疗康复等特定场景的服务型机器人将逐步成熟。

医疗健康是人工智能应用的重要领域。在影像识别方面，图像识别、机器学习等技术有效提高了医学影像自动识别和诊断能力，提高早期病患的预报能力。在辅助医疗方面，推进医疗服务机器人在助老、助残、康复等领域的应用。在诊断治疗方面，人工智能在线上问诊、临床、科研和疑难疾病诊断等方面的应用场景不断涌现，人机协同临床智能诊疗方案应用试点、基因芯片和测序技术在遗传性疾病诊断、癌症早期诊断和疾病预防检测中的应用有序推进。

智能家居成为人工智能技术应用的新场景。在这个阶段，设备更加"聪明"，能够感知外界、与用户交互，并借助人工智能和边缘计算为用户提供个性化的服务，达到智能交互的目标。

第十二章

开源软件

2020年，我国开源软件发展环境不断优化，在开源领域取得的成就不断增多，正加速拉近与美国在开源事业领域的差距。全球最大的代码托管平台GitHub发布了2020年度的《GitHub Octoverse报告》。总体来看，GitHub在过去一年里仍然迎来了较大的发展。平台注册的开发者数量达到了5600万人，同比增长了40%，是近几年来增长人数最多的一年。新建仓储库的数量也达到了6000万个，同比增长了36.3%。据GitHub预测，到2025年，GitHub平台的开发者数量有望超过一亿人。从区域分布来看，来自亚洲的开发者实现了持续增长。据报告显示，GitHub开发者主要集中于北美洲、亚洲、欧洲三个大洲，占比依次为34%、30.7%、26.8%。相较往年不同的是，今年北美洲的开发者占比迎来了较明显下滑，同比减少了2%，而亚洲则同比增长了1.1%。据GitHub预计，到2025年，来自美国的开源贡献者人数占比将维持在16.4%左右，而中国与印度的这一数字将分别达到13.3%和7.9%。

第一节 发展情况

（一）生态情况

利好开源软件发展的政策不断增多。随着信息技术应用创新产业发展的持续升温，我国政府意识到开源的重要性，对发展开源政策的支持力度在不断提升。2020年，"开源"首次被明确列入国民经济和社会发展五年规划纲要，开源软件的政策环境正持续得到改善。《中华人民共和国国民经济和社会发展第十四个五年规划和2035年远景目标纲要》明确提出，支持数字技术开源社区等创新联合体发展，完善开源知识产权和法律体系，鼓励企业开

放软件源代码、硬件设计和应用服务。在 2020 年工业和信息化部印发的《中国软件名园创建管理办法（征求意见稿）》中明确指出，须考察"开源领军人才情况"。在 2020 年工业和信息化部印发的《中小企业数字化赋能专项行动方案》中也明确提到，要发展数字经济新模式新业态，需要打造开源工业 App 开发者社区和中小企业开放平台，搭建中小企业资源库和需求池，发展众包、众创、云共享、云租赁等模式。在 2021 年工业和信息化部印发的《"十四五"智能制造发展规划（征求意见稿）》中首次提出，推动工业知识软件化和架构开源化。这充分说明，开源软件将会成为我国未来自主信息技术与智能制造水平提升的重要前提。当前，工业和信息化部、科学技术部、发展和改革委员会等国家部委高度重视开源生态建设，并将开源视为推动云计算、大数据、人工智能、工业互联网等新兴领域发展的重要推动力量。在"十四五"时期，我国开源社区、开源平台和开源基金会等开源力量都将在新时期开创新的发展格局。

我国开发者在知名开源社区中的活跃度持续提升，竞争实力也在逐渐增强。目前，在 GitHub 全球 4000 万注册用户中，来自中国的开发者，无论是在数量上，还是在贡献度上，均位列世界第二名。有 40%以上的我国活跃开源项目贡献者都是在 2020 年加入的，他们大多都是 90 后年轻人，完全出于兴趣参与开源项目。同时，越来越多的国内企业（如华为、腾讯、阿里、360、小米等）正产生着越来越重要的影响。

（二）项目情况

2020 年，由中国主导的开源项目也取得了较快发展。以 CarbonData、HAWQ、Kylin、RocketMQ、ServiceComb 等为代表的开源项目发展迅速，MesaTEE、TubeMQ 等开源项目受到全球开发者的广泛关注。整体而言，目前我国贡献的开源项目涉及的多为大前端及移动端项目，对项目进行优化及补充的较多，创新项目以及核心项目较少，中小初创企业在开源商业化过程中逐渐崭露头角。

国内企业对开源世界的正向回馈不断增多。2020 年阿里巴巴在开源领域的成绩显著。据开源社统计显示，受开发者欢迎的开源 Top10 项目中有 4 个来自阿里巴巴，除了蚂蚁金服采用 React 封装的一套组件库 ant-design/ant-design、基于 Ant Design 框架搭建的中后台管理控制台的脚手架 ant-design/ant-design-pro 与致力于配置和管理微服务的特性集 alibaba/nacos 以

外，饿了么（已被阿里巴巴收购）的开源项目 ElmFE/element 作为前端组件，表现也十分突出。

中小企业在项目贡献方面不断发力，并取得了良好的成效。企业级开源分布式数据库厂商 PingCAP 在受欢迎 Top50 项目中上榜的项目有 6 个，包括由其自主设计、研发的开源分布式关系型数据库 PingCAP/TiDB，分布式事务型的键值数据库 TiKV，文档项目 PingCAP/Docs 等，表明 PingCAP 很重视项目文档的建设。值得关注的项目是 PingCAP/TiDB，而其 480 人的开发者参与数量，与其他前端项目相较甚远，但却有着如此高的活跃度，也可以看出其社区的活跃程度。

（三）社区情况

我国开源社区与开发者组织近年来发展迅猛。以开源中国、CSDN 等老牌开源社区为代表的机构，发展势头进一步加快。在新成立的社区方面，开源联盟组织成立了"开源社"，其主要成员包括国内的开源企业、开源爱好者以及其他开源相关人员。其成立有助于我国在开源软件的正确使用、授权许可、社区建设及治理领域进行知识普及并提供相关服务。

在项目社区方面，目前国内的开源项目已经超过 50 万个。其中，GVP 项目（最有价值开源项目）较 2019 年已经基本实现翻番，从 120 个增长到了 237 个。开源中国社区收录的国产开源软件超过了 11000 款，仅 2020 年收录的开源软件就近 2000 个，半数以上为国产项目，新项目平均访问超过 5000 人次。与此同时，国内高校跟企业参加开源的热情不断提升。据码云统计显示，目前使用企业版的商业客户已经超过 10 万人，既包括清华、北大、北邮、国科大等逾千所高校与研究机构，也包括比亚迪、人民邮电出版社、招商银行等传统企业。在线下活动方面，由开源软件推进联盟主办的"开源中国·开源世界"高峰论坛，如今已连续举办 16 届，中国 Linux 内核开发者大会也已经举办了 16 届，而开源社主办的中国开源年会，也吸引了越来越多的国内外开源业内人士的加入。

作为老牌开源机构，开源中国发展速度进一步加快。成立于 2008 年 8 月的开源中国，是目前国内最大的开源技术社区，拥有超过 200 万名会员，社区涵盖开源软件库、代码分享、资讯、协作翻译、码云、众包、招聘等内容，为 IT 开发者提供了一个发现、使用、交流开源技术的平台。近年来，开源中国的发展更加全面和多样化，形成了四大板块。一是社区板块。该板块可以提供包括资讯发布、代码托管、代码质量管理、用户论坛、软件下载、Maven 中央仓库在内的多项功能及服务。二是码云板块。该板块可以为开源开发者提供团队协作、源码托管、代码质量分析、代码评审、测试、代码演示平台等功能，能免除繁杂的开发环境部署，节省成本，帮助软件开发者提高生产效率。三是招聘板块。该板块可以为程序员、开发者量身定做属于程序员、开发者的简历，并在求职者允许的情况下，自动推荐人才给人力。四是众包板块。目前，该板块已发展成为共享经济下软件发布、项目发包接包、悬赏开发、雇佣开发者的服务平台。

第二节　发展特点

一是愿意参与开源的人越来越多。全球开源都呈现大发展的趋势。GitHub 的活跃代码仓库与活跃用户数在高速增长；Gitee 的代码仓库与用户数在以更加惊人的速度增长。一方面，开源多年来一直呈持续上升的势头。而另一方面，疫情以来越来越多的人开始远程办公，人们可以在电脑面前方便地切换多种身份，以异步方式处理多种事务，从而增加了开发者参与开源的时间和机会。

二是开源软件应用趋势不断加快。随着正版化工作的稳步推进，2020 年我国开源软件应用的深度与广度都得到了飞速的提升。基于自身需求的拓展与降低成本的考虑，头部企业已开始基于开源软件搭建自己的业务系统，逐渐替代传统成熟的商用软件，开源软件的应用正逐步展开。同时，采用开源软件可避免企业受到其他软硬件企业的制约，使企业在发展中拥有更多的自主权。这种现象在大数据、云原生等前沿领域更为普遍，企业普遍借助开源软件构建信息服务基础设施，并通过软件集成向用户提供个性化的服务。

三是中国开源与世界开源在发展方向上出现一定差异。随着越来越多中国开源项目的影响力不断增加、木兰协议的推出、开放原子基金会的成立、Gitee 的超高速增长、CODE China 的发布，可以确信，2020 年是中国开源的崛起之年。但是值得注意的是，在 GitHub 上最活跃的中国开源项目，与 Gitee 上最活跃的开源项目之间，完全没有重叠。随着 Gitee 的高速发展，可以大胆预测，今后会有越来越多的高质量的中国开源项目选择在 Gitee 上开源。

第十三章

区块链

　　区块链（Blockchain）通过去中心化方式集体维护可信数据库，具有去中心化、防篡改、高度可扩展等特点，正成为继大数据、云计算、人工智能、虚拟现实等技术又一项对未来信息化发展产生重大影响的新兴技术，有望推动人类从信息互联网时代步入价值互联网时代。在区块链政策和监管方面，国家及各部委积极发布相关政策加快区块链的应用与推广，各地方政府积极响应，政策接力布局，政策环境持续优化。2020年，我国区块链产业仍保持高速发展态势，产业规模和企业数量不断增加，新技术、新业态、新模式持续涌现，国际竞争力显著提升，部分领域行业应用取得显著成效。

第一节　发展情况

（一）产业规模

　　2020年，随着区块链技术的不断完善与革新，我国区块链产业进入快速发展阶段。从产业发展的角度来看，区块链所涉及的主要产业领域为软件和信息技术服务，主要业务为区块链项目的组织与实施。同时，围绕比特币等数字货币的生产和交易，衍生了挖矿芯片、信息系统、网络系统、交易服务、媒体等诸多行业形态，分工逐步清晰。从产业规模来看，2020年除去加密数字货币市场相关产业，区块链产业规模达50亿元。随着各地政府的关注和重视，预计到2025年，我国区块链核心产品、解决方案以及相关衍生产业的市场规模将达389亿元。从申请与获批的区块链专利数量来看，我国在全球处于领先地位。根据国家知识产权局统计，2020年中国公开的区块链专利数量达10393项，较2019年增加了1811项。2019—2020年各季度区块链产业规模变化如图 13-1 所示。

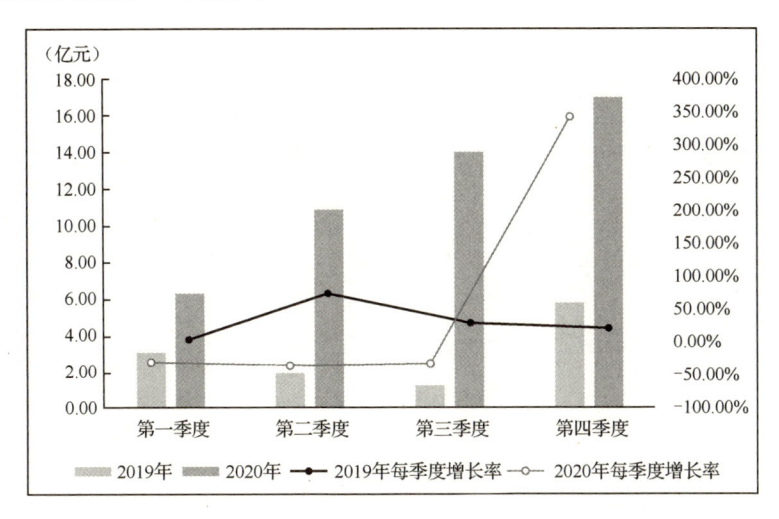

图 13-1 2019—2020 年各季度区块链产业规模变化

（二）产业结构

从产业链结构来看，我国区块链产业链上游、中游、下游三层逐渐清晰完善。产业链上游主要包括硬件基础设施和底层技术平台层，该层包括矿机、芯片等硬件企业，以及基础协议、底层基础平台等企业。中游企业聚焦于区块链通用应用及技术扩展平台，包括智能合约、快速计算、信息安全、数据服务、分布式存储等企业。下游企业聚焦于服务最终的用户（个人、企业、政府），根据最终用户的需要定制各种不同种类的区块链行业应用，主要面向金融、供应链管理、医疗、能源等领域。同时，下游企业围绕产业链的开发、运营、安全、监管和审计等服务为区块链产业提供创新平台、队伍建设和运行保障等要素。赛迪区块链研究院统计了截至 2020 年底的 1000 多家企业的产业链上游、中游、下游业务的分布情况，对比产业链上游、中游、下游业务的分布情况，中游通用应用及技术扩展层和下游垂直行业应用层的分布占比较大，分别占比为 35.11%、37.23%，而上游底层技术和基础设施层占比达 27.66%。

从区块链垂直行业应用来看，主要集中于金融领域的应用。据统计，2020 年我国区块链应用落地项目共计 444 项，金融区块链应用仍是我国目前区块链技术落地项目最多、场景最为丰富的行业，共计 132 项，占比近 30%。溯源存证、智慧政务、供应链领域的垂直行业应用业务，占比分别为 16.55%、

14.51%和 13.38%。

（三）产业集聚

从企业数量来看，据统计数据显示，截至 2020 年 12 月 31 日，我国区块链领域相关企业共有 6.73 万家。其中，在业、存续的企业接近 6 万家，占所有相关企业的 88.51%。从区块链相关企业地区分布来看，我国区块链企业主要聚集在广东、江苏、浙江、海南、山东、重庆、陕西、福建等地。广东、江苏、浙江、海南、山东、重庆、陕西、福建等地共有区块链企业 54655 家，占全国区块链企业总数的八成以上。在企业地域分布方面，我国区块链企业的地域分布相对集中，分布于四大聚集区，分别为：以北京、山东为主的环渤海聚集区，以上海、浙江为主的长三角聚集区，以广东为主的珠三角聚集区，以及以重庆、四川为主的湘黔渝聚集区。

（四）企业发展

从企业规模看，初创企业增速回升，2020 年新增企业数量超过 25000 家。我国绝大部分区块链领域相关企业成立于 2018 年及之后，2018 年我国区块链相关企业增长率达到 138%左右。2019 年新增企业 12767 家，增长率为 45%左右。2020 年我国区块链相关企业发展态势良好，企业数量稳步增长，增长率较 2019 年有所升高，达到 64%左右。2010—2020 年区块链相关企业成立数量变化情况如图 13-2 所示。

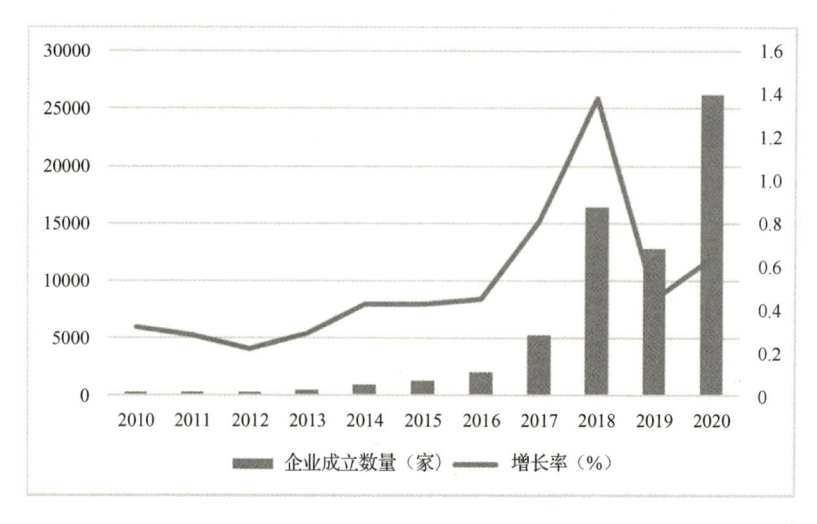

图 13-2　2010—2020 年区块链相关企业成立数量变化情况

从企业类型看，软件和信息技术服务企业占比显著提升。2020年，信息传输、软件和信息技术服务业涌现一大批区块链初创企业，占比达44.8%，位列第一名。批发和零售业以及科学研究和技术服务业分别以占比19.33%和12.46%位列第二名和第三名，而租赁和商务服务业仅占比8.4%。

第二节 发展特点

（一）政策特点

国家统筹规划，积极倡导区块链技术与时代建设融合发展。2020年，是"十三五"收官之年，"区块链"也被列入新型基础设施的范围，明确其属于新基建的信息基础设施。国家从社会和经济发展的大局出发，积极出台区块链相关政策，2020年全年国家层面出台的主要政策共计12项。范围包括区块链在农业领域、新能源产业、行政机关的在线核查、智慧监管、数字人民币等方面的应用，以及国家区块链技术和产业创新发展基地的建设等。

各部委响应国家总体布局，积极开展区块链相关研究和探讨。2020年全年国家各部委共发布区块链相关政策40余项。着重强调促进互联网、物联网、区块链、人工智能、5G、生物技术等新一代信息技术与农业、电信、互联网等行业的融合，推动行业高质量发展。

地方政府紧跟步伐，积极出台配套政策。根据赛迪区块链研究院统计，全国超过30个省市地区发布相关政策指导文件，加快区块链产业布局。截至2020年12月，我国各省、直辖市、自治区地方政府出台配套政策支持区块链产业发展的政策已达244项，广东、北京、山东、浙江、上海、江苏等地数量较多，且湖南、广西、海南、云南、河北等22个省市及自治区出台区块链专项政策，建设区块链产业园区，打造区块链产业发展高地，争夺区块链行业话语权。

国家监管部门及各地方政府针对区块链行业的监管持续发力。一方面，央行贯彻落实制定和执行货币政策，防范和化解金融风险，维护金融稳定，积极支持数字经济下央行数字货币的发展，持续加大金融科技的监管力度。另一方面，各地方政府严厉打击虚拟货币等网络传销，整顿虚拟货币挖矿等活动。2020年各地方政府部分区块链专项政策如表13-1所示。

表 13-1　2020 年各地方政府部分区块链专项政策

地　方		时间	政策/文件
省部级	省 广东	2020 年 10 月	《广东省培育区块链与量子信息战略性新兴产业集群行动计划（2021—2025 年）》
	山东	2020 年 4 月	《基于区块链技术的疫情防控信息服务平台建设指南》
	海南	2020 年 5 月	《海南省加快区块链产业发展若干措施的通知》
	自治区 广西	2020 年 8 月	《广西壮族自治区区块链产业与应用发展指导意见》
	直辖市 北京	2020 年 6 月	《北京市区块链创新发展行动计划（2020—2022 年）》
	上海	2020 年 6 月	《杨浦区推进区块链产业升级发展政策》
	重庆	2020 年 4 月	《关于印发重庆市区块链数字经济产业园发展促进办法（试行）》
市级层面	广州	2020 年 5 月	《广州市推动区块链产业创新发展的实施意见（2020—2022 年）》
	宁波	2020 年 5 月	《宁波市加快区块链产业培育及创新应用三年行动计划（2020—2022）》
	长沙	2020 年 6 月	《长沙市区块链产业发展三年（2020—2022 年）行动计划》

（二）应用特点

从行业应用来看，2020 年，区块链技术也正从概念逐渐走向落地，应用场景多点开花。在金融领域、政务服务、司法领域、医疗健康、产品溯源、公益慈善、社区服务、智慧城市等众多领域落地实施。2020 年，区块链在这些应用领域有不同程度的进展，落地项目共有 444 项，推动了行业应用发展水平的提升。区块链在金融、政府服务、司法等领域的应用发展尤为活跃。

金融服务多方发力。金融服务，尤其是供应链金融，是区块链最早涉足的领域，区块链被深度应用于支付清算、贸易融资、供应链金融、资产证券化等多种场景，为质押、融资、项目管理等环节提供可信的平台服务。根据赛迪区块链研究院数据统计，截至 2020 年 11 月，区块链金融应用落地项目有 132 项，相较于 2019 年区块链金融应用落地项目 96 项，同比增长 37.5%。区块链金融在同期应用落地项目中占比最高，正在信贷融资、电子签章、供应链金融、跨境支付、资产证券化等领域加速落地实施。

政务领域积极探索。区块链可以打破传统的政务服务，突破"各自为政""信息孤岛"等难题，实现协同跨地方跨部门工作，优化政务服务流程。目前，各地政府积极探索区块链与政府服务场景的融合，一些项目已落地试行并投入日常使用。据赛迪区块链研究院统计，2020年我国多地区实现区块链与电子政务相结合，电子政务应用落地项目达129项，占2020年区块链应用落地项目的29%，包括行政审批、电子证照、数据共享、精准扶贫、海关贸易、城市治理、电子票据等众多应用场景。

司法存证应用加速。利用区块链技术去中心化、不可逆性以及防篡改的特性，能从数据源保证相关数据的真实性、安全性、合法性和客观性，从而提高存证的可信度。同时，区块链构造出的低风险数据共享模式，能降低司法存证成本，提高司法存证效率，稳固完成司法存证过程。目前，区块链技术正在逐步应用于司法实践，在多个场景寻找新突破。2020年，区块链司法主要应用在电子存证、版权保护和立案审查等场景。2020年，我国司法存证区块链应用项目达43项，相较于2019年的39项，同比增长10.26%。

区 域 篇

第十四章

环渤海地区软件产业发展状况

环渤海地区包含北京、天津、河北、山东、山西和内蒙古等地区，是我国软件产业发展的重要集聚区之一，拥有以北京和济南为代表的综合型中国软件名城，以及以青岛为代表的特色型中国软件名城，汇聚了数量众多的国家规划布局的重点软件企业、软件业务收入百强企业和互联网百强企业，囊括中关村软件园、齐鲁软件园、青岛软件科技城等知名软件产业集聚区，科创资源丰富、综合配套能力突出，软件产业发展持续走在全国前列。

第一节 整体发展情况

（一）产业收入

2019 年 1—11 月，环渤海地区软件业务收入总计为 17229 亿元。2020 年 1—11 月，环渤海地区软件业务收入总计为 20805 亿元，同比增长 20.75%，增长态势平稳，高于全国总体 13.3% 的增速 7 个百分点，占全国软件业务收入的比重为 25.49%，受疫情影响，低于 2019 年一个百分点。

从分省市地区情况看，2019 年 1 月—11 月，北京、山东和天津分别实现软件业务总收入达 13157 亿元、5238 亿元和 2074 亿元，较 2018 年同期分别增长 16.8%、12.7% 和 17.1%，软件业务合计收入占本地区比重高达 98.38%，产业集聚态势明显。然而，河北、山西和内蒙古的软件业务总体规模较小，分别实现软件业务收入 286 亿元、39 亿元和 8 亿元，同比增长分别为 1.6%、14.0% 和 -64.5%，内蒙古软件产业规模呈显著下滑趋势。2020 年 1—11 月，在全国软件业务收入中排名前十位的省市中，环渤海地区的北京和山东，分别位居第一名和第五名，北京位次上升一名，山东位次下降一名。

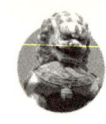

（二）产业结构

2020年1—11月，环渤海地区软件产品收入和信息技术服务收入分别为6120亿元和12934亿元，较2019年同比增长17.96%和25.22%，占全国比重分别为30.98%和29.01%；信息安全收入为728亿元，占全国比重为54%；嵌入式系统软件收入为1014亿元，占全国比重为13.5%。从区域内软件产业整体发展情况来看，软件产业服务收入所占比重为62.1%，信息技术服务化特征持续凸显，软件产品收入、信息安全收入和嵌入式系统软件收入占比分别为29.4%、3.5%和4.9%。

（三）企业情况

截至2020年11月，环渤海地区共聚集9266家软件企业，同比增长6.5%，占全国软件企业总数的22.8%。环渤海地区软件企业实力持续增强，企业单体规模进一步增长，从2019年的1.98亿元提高至目前的2.24亿元，比全国1.8亿元的平均水平高出24.3%。

第二节 产业发展特点

（一）龙头企业带动作用突出，中心城市产业集聚态势明显

在环渤海地区，以北京、天津、济南、青岛为代表的中心城市集聚了大量的软件龙头企业，形成了区域内中心城市的吸纳集聚效应，对产业的带动引领作用日趋明显。2020年1—11月，北京软件业务收入占环渤海地区收入的比重为63.25%，天津软件业务收入占比为9.97%，济南软件业务收入占比为13.91%，青岛软件业务收入占比为10.04%，四地合计占比为97.21%，较2019年增长1个百分点。由此可见，环渤海地区软件产业高度集中，这将有助于降低整体运营成本、提升协同效应、优化创新环境及便利投融资环境，深度促进区域内人才流动并形成产业外溢效应。作为全国重要的软件集聚区，环渤海地区已经形成了点状分布的中心城市产业集群，区域内以点带线、以线带面的整体协同效应有序形成，软件产业的升级发展将充分带动相关产业的发展。以北京为例，33家企业入选中国软件业务收入百强。39家企业入选软件与信息技术服务综合竞争力百强，百度、中国通信、京东入选榜单前十名。另外，9家企业入选红鲱鱼亚洲百强。16家企业上榜福布斯中国最

具创新力企业。25 家企业入选中国大数据企业五十强。38 家企业入选年中国互联网企业百强。

（二）京津冀持续一体化发展，新兴产业集聚效应显著

京津冀作为中国的"首都经济圈"，同时也是环渤海地区的重要经济区。2020 年 1 月—11 月，京津冀软件业务收入为 15517 亿元，占环渤海地区软件业务总收入的 74.59%，其中，北京软件业务收入为 13157 亿元，逐渐成为京津冀软件和信息服务业的产业辐射中心。在京津冀软件产业协同发展中，三地联合技术创新格局加速形成，形成"1+2+4"的产业格局，即北京中关村作为核心区域，天津滨海新区和武清作为重要拓展区，河北张家口、廊坊、承德和秦皇岛作为四个重点功能区。北京北大方正、中科廊坊科技谷有限公司等一批代表性软件企业在促进京津冀三地软件产业发展方面发挥重要作用。

依托环渤海地区在区位、人才、产业基础等方面的天然优势，以云计算、大数据、移动互联网、物联网为代表的新兴产业获得了长足发展。国家发展改革委、工业和信息化部、中央网信办联合批复了第二批 7 个国家级大数据综合试验区，其中，京津冀和内蒙古两大综合试验区均处于环渤海地区。京津冀属于跨区域类综合试验区，依托三地各自产业发展特色和比较优势，京津冀大数据综合试验区重点打造以"中关村数据研发—天津数据装备制造—河北张家口和承德数据存储"为主线的互联互通的"京津冀大数据走廊"，完善产业链布局，构建三地协同发展和一体化发展格局。内蒙古属于大数据基础设施发展类综合试验区，重点聚焦大数据基础设施建设，依托区域能源、气候、地质等优势资源，加大资源整合力度，强化绿色集约发展，扩展地区合作，实现跨越发展。

（三）软件名城引领成效显著，区域产业错位协同发展

依托要素优势与政策扶持，环渤海区域软件名城建设成果累累，继济南、北京获封综合型软件名城，青岛成为继福州、厦门、苏州、武汉之后，全国第五个中国软件特色名城。青岛软件产业发展特色鲜明，立足青岛实力雄厚的工业基础，突出工业互联网优势特色，加快自主可控的高端工业软件核心技术研发及产业化，形成了一批面向数字化车间、智能工厂、互联网工业平台的工业 App 和解决方案，为智能制造产业赋能、赋值、赋智。青岛包括工

业软件、云服务、装备自动控制产品等在内的工业互联网收入达 1000 多亿元，占全部软件收入的 42%，成为优势特色产业，走在全国领先行列。

环渤海地区的软件发展重点区域充分结合自身功能定位及产业布局规划，推动优势产业集中发展，凝聚区域核心竞争力，形成了各具特色、错位协同的产业发展格局。北京充分发挥海淀区、朝阳区核心地位，立足各区域功能定位，不断完善上下游产业链。海淀区聚集了大部分软件和信息服务企业，是软件创新创业孵化最为活跃的地区。朝阳区强化科技服务能力，引进阿里巴巴等企业，成为跨国总部的聚集区。东城区和西城区的信息传输业、石景山区的文化创意和游戏动漫产业发展迅速。亦庄开发区着力发展云计算。门头沟区建设了中关村人工智能产业园等。青岛则密切与华为、科大讯飞、商汤科技等行业头部企业合作，通过引入产业龙头，不断带动产业链发展，加紧完善错位协同的产业布局。青岛以国家通信产业园、青岛信息谷、青岛软件科技城为重点区域，集聚了中国电信、中国联通、中国移动三大运营商的大型云计算数据中心，浪潮大数据产业园，网络安全产业园，中国新媒体基地等重点园区，打造云计算和大数据集聚区；以青岛国家虚拟现实高新技术产业化基地为主要载体，发展虚拟现实产业示范园区；依托市南区泛海科技城、市北区青岛中央商务区、崂山区青岛国际创新园、高新区青岛软件科技城等重点园区，发展人工智能；以中国区块链湾、崂山区金融中心等为主要载体，集聚区块链相关企业。

第十五章

长三角地区软件产业发展状况

长三角地区包括上海、江苏、浙江和安徽全域。长三角地区是我国创新能力最强、开放程度最高、经济发展最活跃的区域之一，在国家现代化建设大局和全方位开放格局中具有举足轻重的战略地位。长三角地区也是全国软件和信息技术服务业最活跃的区域之一，产业规模约占全国的三分之一，各类新兴软件产品和新型软件服务层出不穷，形成了一批享誉国际的产业集群、创新共同体与龙头企业，成为我国软件产业发展强劲增长极，引领全国软件产业高质量发展。

第一节 整体发展情况

总体来看，长三角地区软件和信息技术服务业整体发展良好，产业规模不断提升，产业结构持续优化。2020 年，长三角一体化国家战略为长三角地区软件产业的发展提供了新的发展机遇，长三角地区充分发挥重点城市、龙头企业的牵引作用，不断集聚创新资源，持续完善产业格局，区域协同发展态势显现。

（一）业务收入

长三角地区软件产业在 2020 年整体保持高质量发展态势，业务收入稳步提升，发展水平位居全国前列。2020 年 1—11 月，长三角地区软件业务收入为 22607 亿元，同比增长 11.6%，增速受疫情影响同比降低 2.2 个百分点。长三角地区占全国软件业务收入比例为 31.0%，基本与 2019 年同期持平。其中，江苏、浙江、上海软件业保持稳中向好态势，软件业收入分别位居全国第三、四、五名；安徽软件业虽占全国比重不高，但仍

维持了 9.1%的增速。上海、南京和杭州作为三大中国综合型软件名城，软件产业实力保持全国领先地位；苏州是中国特色型软件名城，软件产业规模逐步扩大；无锡、宁波正在争创软件名城，软件产业发展蒸蒸日上；合肥正积极打造智能语音和人工智能产业聚集区，助力在电子政务、交通、教育等行业领域的应用。综合来看，长三角地区软件产业保持向好发展态势，二、三梯队城市已经充分形成与上海、南京、杭州等一梯队城市错位互补的发展格局。

（二）产业结构

2020 年，长三角地区软件产业结构持续优化，但软件四大细分领域的发展态势则呈现一定差异。综合来看，软件产品与信息技术服务收入呈现增长势头，嵌入式系统软件收入下降明显，信息安全收入在全国范围内表现欠佳。2020 年 1—11 月长三角地区软件产品总收入为 5896 亿元，同比增长 13.7%。信息技术服务收入为 14122 亿元，占全国信息技术服务总收入的 31.7%。嵌入式系统软件收入为 2413 亿元，与 2019 年同期的 2679 亿元相比下降明显，同时嵌入式系统软件收入占全国嵌入式系统软件总收入的 32.2%，与 2019 年同期相比也呈现一定程度下滑。信息安全收入为 174 亿元，占全国信息安全总收入的 13%，占比较 2019 年提升了 3 个百分点。

（三）企业情况

长三角地区软件企业在 2020 年持续维持了较好的发展水平和态势，整体规模和实力全国领先，龙头企业稳步发展，初创企业成长较快。2020 年 1—11 月，长三角地区软件企业数量为 10956 家。长三角地区的软件企业总数占到全国软件企业总数的 27.0%。与此同时，长三角地区拥有中国软件业务收入百强企业近 30 家，大数据智能企业数量全国占比最高。在 2020 年的长三角企业家圆桌会议上，江苏、浙江、安徽及上海成立了四条长三角产业链联盟，包括上海成立的长三角超导产业链联盟、江苏领衔的长三角软件和信息服务产业链联盟、浙江牵头的长三角数字健康产业链联盟及安徽的长三角人工智能产业链联盟，预计产值将超万亿元。

第二节　产业发展特点

（一）产业集聚效应凸显

软件和信息服务业产业在长三角地区呈现集聚度高的明显特点。软件名城和特色软件园区对软件产业发展的引领带动作用显著，培育出一批特色鲜明、创新能力强、品牌形象优、国际化水平高的龙头企业与初创企业。截至2020年，长三角地区共涌现了以上海浦东软件园、中国（南京）软件谷、苏州软件园、杭州软件园、合肥软件园等为代表的11家国家级软件园。各地软件园借助产业基地的综合优势协同发展，充分实现了优势互补、资源共享、互利双赢。

（二）产业资源优势明显

在政策方面，随着长三角更高质量一体化发展上升为国家战略，长三角地区软件产业迎来新的发展良机。一方面，长三角地区各地政府坚持开放合作的理念，加强融合，打造政策服务平台，形成了更加开放的长三角区域政策环境，充分实现信息和资源共享。另一方面，三省一市因地制宜，相继出台软件产业相关计划，全力扶持软件产业发展，不断优化产业发展动能。在技术研究创新方面，长三角地区拥有安徽合肥、上海张江两个综合性国家科学中心，并集中了浙江大学、南京大学、复旦大学、上海交通大学、中国科学技术大学等近全国四分之一的"双一流"高校，以及近300家国家级双创示范基地、国家工程研究中心和工程实验室。在人才体系构建方面，长三角地区不断整合社会、企业、高校资源，建立健全多层次、多类型的软件人才体系。在企业实力方面，长三角地区培育形成了一批具有国际竞争力的大型软件企业及大批人工智能、大数据、工业互联网等领域的中小型创新企业，如上海的中国银联、华讯网络、宝信软件，浙江的阿里巴巴、海康威视、大华技术，江苏的南瑞、熊猫电子，安徽的科大讯飞。

（三）协同创新势能强大

长三角地区积极顺应中国经济发展趋势，组织产业联盟与创新交流活动，逐渐形成以重点城市为中心、整个区域协同发展的体系。三省一市基于自身优势，打造培育了特点各异的新技术、新产品、新应用，形成了优势互

补的良好发展态势。上海的基础建设、科技教育水平领先，软件产业整体创新能力强劲；江苏的汽车、机械、电力等实体经济基础好，软件技术与工业机器设备的深度融合加速促进工业软件、嵌入式软件应用落地；浙江的市场活力强劲，互联网企业发展蓬勃，智慧城市建设迅速，大数据与各产业的融合不断加快；安徽虽起步较晚，但在人工智能研发及应用方面已初具引领行业之势。2020年，三省一市的软件行业协会代表签署《长三角软件品牌一体化发展战略合作协议》，共同打造长三角软件品牌，共同培养软件高技能人才，协同推进长三角软件一体化的高质量发展。

第十六章
珠三角地区软件产业发展状况

软件与信息技术服务产业是当前国际科技竞争和经济发展的重要战略制高点。作为广东软件与信息技术服务业的发展主阵地，珠三角地区在深圳、广州两个综合型中国软件名城"双子星"的示范带动下，已经形成先行带动粤东西北区域协同发展，进而辐射全省软件和信息技术服务业快速发展的格局。2020年以来，在新冠肺炎疫情持续严峻的形势下，珠三角地区软件和信息技术服务业发展形势良好，对城市经济发展和社会治理起到融合带动和精准支撑的作用，成为地区经济高质量发展的重要基础。

第一节 整体发展情况

（一）产业收入

近年来，珠三角地区软件业务规模持续稳定增长，重点城市软件和信息技术服务业展现出与城市经济社会持续融合的发展态势，以深圳、广州两个综合型中国软件名城为牵引的软件和信息技术服务业发展格局已经形成，软件和信息技术服务业辐射带动作用突显。广东软件与信息技术服务业综合实力和产业规模连续多年位居全国前列，截至2020年，广东软件企业超6000家，从业人员逾百万人，完成软件业务收入13510亿元，同比增速达到13.8%。深圳、广州两个软件名城分别实现软件业务收入7911.7亿元、4913.6亿元，在全国4个直辖市和15个副省级中心城市中处于领先地位。

（二）产业结构

产业结构不断优化。以云计算、大数据、人工智能、工业互联网等为代

表的新一代信息技术快速发展和融合创新，信息技术服务占比快速提升，成为拉动珠三角地区软件产业增长的重要力量。软件产品与信息技术服务在区域经济和社会治理各领域持续融合，成为新时期数字经济蓬勃发展的基石。

（三）企业情况

珠三角地区区位优势显著，智力型劳动者密集，是国内外资本集聚涌入的重要区域，培育出华为、中兴、金蝶、金山等一批细分领域龙头骨干企业，是我国枢纽型企业引领带动产业链上游、中游、下游企业协同发展的标杆。与此同时，随着国家制定实施《进一步鼓励软件产业和集成电路产业发展的若干政策》，珠三角地区迎来软件企业上市热潮，各地市纷纷出台配套措施，积极支持符合条件的软件企业采取发行股票等方式筹集资金，拓宽直接融资渠道。截至 2020 年底，仅深圳、广州的境内外上市软件企业就已达到 63 家。珠三角地区软件领域明星企业如表 16-1 所示。

表 16-1　珠三角地区软件领域明星企业

华为	全球电信设备商前五强；业界唯一拥有计算架构中"CPU、NPU、存储控制、网络互连、智能管理"五大关键芯片的厂商
中兴	全球 5G 技术研究、标准制定的主要贡献者和参与者
金蝶	16 年稳居中国成长型企业应用软件市场占有率第一；目前唯一入选 Gartner 全球市场指南（Market Guide）的中国企业 SaaS 云服务厂商
金山	拥有猎豹清理大师、WPS Office 移动版等产品，在同类产品中名列全球第一

第二节　产业发展特点

（一）产业集聚效应凸显，区域特色鲜明

广东是我国电子信息制造业大省，也是软件和信息技术服务业与电子信息制造业融合发展的典型代表。珠三角地区是广东软件与信息技术服务业持续快速的主阵地，以"软件园区+软件名城"为载体，不断开放新场景，持续出台新政策，软件和信息技术服务业生态良好，软件产业集聚发展成效显著。

珠三角地区依托各地市软件和信息技术服务业园区"筑巢引凤"，持续强化载体支撑优势。在四大老牌软件园区中，天河软件园聚集企业聚焦应用型软件产品体系化市场化推进；深圳软件园企业重点聚力开拓国

内和国际市场；落户于珠海软件园的企业主要发展通用型和行业应用型软件产品。多元化的软件和信息技术服务企业进驻该区域的不同软件园区，形成支撑珠三角地区软件和信息技术服务业"百花齐放"式快速发展的重要保障。

在深圳、广州两个软件名城的带动下，珠三角地区软件产业的优势领域进一步发展。深圳在信息通信、金融科技、互联网等多个领域具有全国领先的优势。深圳华为、中兴通讯的技术和产品已基本涵盖 5G 行业全产业链。深圳是七大全球金融科技中心城市之一，是亚太地区金融科技的领跑者，拥有平安科技、微众银行、腾讯金科等一批全球领先的巨型金融科技企业，15 家企业入围毕马威金融科技五十强，19 家上市企业纳入香蜜湖金融科技指数。广州在人工智能、区块链等领域具有显著优势。广州聚焦于人工智能产业链的锻造，已设立 26 个人工智能产业区块，以推进传统企业的智能化改造为抓手，不断推动人工智能领域的产品和技术创新，催生了丰富的应用场景，在政策引导下，在教育、医疗、交通等民生领域率先试点，区域居民共享发展成果。2020 年，广州获批创建全国首个区块链发展先行示范区，广州区块链国际创新中心、黄埔链谷、蚁米区块链众创空间、区块链未来空间载体先后投入运营，区块链全产业链式协同推进的产业集群培育成效突出。

（二）云化、平台化、服务化趋势明显，两化融合持续升级

据不完全统计，珠三角地区已累计建成 5G 基站 11.6 万座，深圳基本实现 5G 网络全覆盖，广州主要城区也实现 5G 网络的连续覆盖，其余城市基本实现中心城区的 5G 网络覆盖，为软件产品和信息技术服务的云化、平台化提供了高效的基础支撑。珠三角地区传统工业基础良好，新时期传统工业企业数字化转型需求迸发，工业化和信息化的持续深度融合历来是行业发展的重要手段，工业互联网平台支撑下的企业数字化转型脚步逐步加快，海量累积的工业知识转化为工业大数据，是该地区软件产品和信息技术服务云化、平台化的直接推手。2020 年，珠三角地区共有 4 家平台成功入选国家级跨行业、跨领域工业互联网平台，分别是 FusionPlant 工业互联网平台（华为）、Fii Cloud 工业互联网平台（富士康）、根云工业互联网平台（树根互联）、WeMake 工业互联网平台（腾讯），此次入选的 4 家"双跨平台"积极赋能中小型工业企业，在产业资源管理、工业数据整合、工业软件普及和应用服务等方面展现出优异能力，在推动全省制造业数字化转型过程中发挥了重要作用。

第十七章

东北地区软件产业发展状况

东北地区包括黑龙江、吉林、辽宁，在新中国成立后的很长一段时间里都是我国经济最为发达的地区之一。作为曾经东北亚地区最先进的老工业基地之一，东北地区的重工业产值一度达到了全国的95%以上，为新中国的发展壮大做出了巨大的贡献。一方面，传统工业的发展为制造业企业数字化转型提供了宝贵可靠的经验数据，极大促进了大数据技术、工业软件、嵌入式软件等领域的发展进步。另一方面，传统工业发展思维也不同程度地制约了信息技术服务业的创新与成长，导致东北地区软件产业的总体发展情况不容乐观。

第一节 整体发展情况

（一）产业收入

2020年，东北地区软件和信息技术服务业发展稳中有进，但与东、中、西部地区的差距进一步拉大。据统计，东北地区完成软件业务收入2330亿元，同比增长1.9%，占全国软件业的比重为3.0%。这显示出东北地区虽然实现了一定水平的软件业务增长，但离全国平均水平还相距甚远，东北地区的软件业务收入在全国的比重稍有下滑。

从分省情况来看，2020年1—11月辽宁软件业务收入达1618.1亿元，同比增加7.5个百分点；吉林软件业务收入达397.6亿元，同比下降28.3个百分点。黑龙江软件业务收入达28.9亿元，同比降低0.9个百分点。在最新的全国软件业务收入排名中，辽宁的位次进一步降低，位列第十三名，排在广东、北京、江苏、上海、浙江、山东、四川、福建、陕西、湖北、天津和

重庆之后。

（二）产业结构

2020年1—11月，东北地区软件业务收入的2044.7亿元中，软件产品收入达876.3亿元，占软件产业收入的42.9%，同比增加3.4个百分点。信息技术服务收入达933.1亿元，占比为45.6%，同比下降5.3%。信息安全收入达125.3亿元，占比为6.1%，同比增加5.6%。嵌入式系统软件收入达110.1亿元，占比为5.4%，同比降低20.4个百分点。共计实现利润总额125.4亿元，同比降低1.1个百分点。

从分省情况来看，辽宁依然是东北地区软件产业的龙头老大，软件业务收入占东北地区的70%以上。2020年1—11月共实现软件业务收入1618.1亿元，软件产品收入与信息技术服务收入在总业务收入中占比较高，分别为771.5亿元和715亿元，占比为47.7%和44.2%，同比增长7.4%和7.8%。信息安全收入为121.7亿元，同比增长5.9%。嵌入式系统软件收入为9.9亿元，同比增长5%。实现利润总额94.8亿元，同比增加7.9个百分点。

吉林与黑龙江的软件与信息技术服务业发展水平较低。其中，吉林2020年1—11月软件业务收入为397.6亿元，同比降低28.3个百分点。软件产品收入达99.6亿元，同比降低19%，占吉林软件业务总收入的25.1%。信息技术服务收入为198.8亿元，占吉林软件业务总收入的50%，同比降低34.5%。信息安全收入为2.9亿元，同比降低7.1%。嵌入式系统软件实现收入96.3亿元，同比降低23.2%，占吉林软件业务总收入的24.2%。实现利润总额29.7亿元，同比降低17.3个百分点。黑龙江2020年1—11月软件业务收入为28.9亿元，其中，软件产品及信息技术服务收入分别为5.2亿元和19.3亿元，合计占全省软件业务总收入的84.8%。信息安全收入为0.6亿元，嵌入式系统软件收入为3.9亿元，合计占软件业务总收入的15.6%。实现利润总额1.0亿元，同比降幅高达68.5个百分点。

第二节　产业发展特点

（一）区域分化严重增长乏力

东北地区软件和信息技术服务业增长乏力，截至2020年11月，东北地区纳入国家统计范畴的软件企业达2214家。2020年1—11月，东北三省实现

软件和信息技术服务业务收入2044.7亿元，低于2019年同期的水平，2019年1—11月为2146.4亿元。从各省情况来看，辽宁增长强劲，增速为7.5%，高于2019年同期增速5%。吉林降幅明显，相较于2019年同期的软件与信息技术服务业收入总额，降幅为28.3%，大幅低于2019年同期增速。黑龙江增速处于较低水平，相较于2019年同期的软件与信息技术服务业收入总额，降幅为0.9%。

（二）产业加速集聚形成合力

2020年，东北地区的软件和信息技术服务业分布格局没有发生显著改变，仍集中在沈阳、大连等相对较为发达的城市，其中，大连软件园、沈阳国际软件园、哈尔滨软件园等重点特色园区呈现出多元化集群发展的特征。

辽宁软件和信息技术服务业发展以沈阳、大连为核心，沈阳、大连两市软件业务收入占全省收入比重达到99%以上，仅沈阳的软件业务收入占据全省该软件业务收入的60%以上。大连高新技术产业园区、沈阳国际软件园、大连软件园等产业园区，定位清晰、特色鲜明，日益成为产业、技术和人才、企业集聚的坚实平台和有效载体。大连高新区目前已入驻的高新技术企业超过900家，IBM、惠普、爱立信、戴尔等世界500强企业超过100家，专业信息技术人才达16万人，创新实力和水平居全国高新区前列，先后获评国家创新型软件产业集群、国家创新型特色园区、国家软件产业基地、国家级文化和科技融合示范基地等荣誉。沈阳国际软件园已入驻企业超过1000家，包含多家世界500强企业、中国软件百强企业、上市公司及子公司。沈阳国际软件园先后被工业和信息化部认定为中国骨干软件园区十强、中国九大试点智慧园区之一、国家第三批小型微型企业创业创新示范基地、中国工业软件研发与服务领军园区，被科学技术部认定为国家火炬计划软件产业基地、国家级孵化器等。

黑龙江软件企业主要聚集在哈尔滨、大庆两地，其软件业务收入之和占全省比重为99%。哈尔滨软件园、大庆软件园、地理信息产业园、动漫产业基地等载体快速发展壮大，汇聚大批软件企业，在企业孵化创业、软件研发、教育培训科技产品交易、投融资、软件人才培养、离岸外包等方面的特色日益明显。

吉林软件产业聚集效应日益明显，以长春软件园、吉林软件园、延边中韩软件园三大软件园为依托集聚大量软件企业，软件企业数量和软件业务收

入占全省比重分别达到 80%和 85%以上。其中，长春软件园主要发展电子认证、生物识别、企业管理软件、人口信息管理软件、汽车软件、远程教育等网络与信息安全软件等。吉林软件园主要发展嵌入式软件和电力、石化、冶金等工业行业大型应用软件。延边中韩软件园面向韩国、日本等国家发展软件外包和信息服务。

（三）产业云化推动制造业转型

作为我国的老工业和重工业基地，东北地区一直以制造业作为核心的区域竞争力。当前东北地区的制造业正处在由传统制造业向智能制造转型升级的关键时期，大数据、物联网、人工智能等新兴信息技术成为转型升级的主要推动力。为此，东北地区不断加速云计算基础设施建设，进一步拓宽云计算应用服务市场，加快向"云端"转型，通过持续拓展云计算应用，加速信息技术与各行业的交叉融合，进而促进资源优化配置，催生新业态、新模式，为东北地区产业转型升级和经济发展提供新动能。这一阶段，东北地区涌现出大连华信的华信云、东软集团的健康云、英特仿真的仿真工业云、华为大连软件开发云等一大批具有自主核心技术的云计算企业。为了推动中小企业走上"云端"，大连市政府与大连华信共同搭建大连云计算公共服务平台并投入运营，能够提供云计算技术推广、共性技术支持、云应用孵化、云计算大数据技术研究、互联网创业、人才培养等公共服务，多家企业借助这一平台走上"云端"，服务于金融、教育、医疗、传媒、科技等众多行业用户。

第十八章

中西部地区软件产业发展状况

第一节 整体发展情况

中西部地区涵盖重庆、陕西、内蒙古、河南、山西、湖北、四川、湖南、安徽、贵州、西藏、新疆、江西、云南、甘肃、青海、广西及宁夏 18 个省市及自治区，属于我国覆盖省市最多、覆盖面积最大的区域。

（一）产业收入

将中部和西部地区分开来看，2020 年，中部和西部地区完成软件业务收入分别为 3726 亿元和 9999 亿元，同比增长 3.9% 和 14.6%，占全国软件业的比重为 5.0% 和 12.0%。而东部地区完成软件业务收入 65561 亿元，同比增长 14.2%，占全国软件业的 80.0%。东北地区完成软件业务收入 2330 亿元，同比增长 1.9%，占全国软件业的 3.0%。相比于中部、东部地区和东北地区，西部地区软件业增长较快。四川、重庆、陕西等西部地区发展势头较强，依托地域、文化、人才等优势，经济发展带动性和辐射性强，对软件产业发展要素的吸引力不断增强，具有较强成本优势。长沙、武汉、合肥等中部城市也乘势而起，形成了规模较大的软件产业发展集群。

总体来看，2021 年一季度，中西部地区软件业收入保持快速增长，软件业务收入在全国总收入中的占比为 13.9%。中部地区实现 593 亿元软件业务收入，同比增长 24.7%，比 1—2 月降低 5.7 个百分点。西部地区实现 2057 亿元软件业务收入，同比增长 23.5%，比 1—2 月上涨 2 个百分点。其中，四川、陕西和重庆位列全国一季度软件业务收入前十名。四川完成软件业务收入 754 亿元，同比增长 10.3%。陕西完成软件业务收入 623 亿元，同比增长 33.8%。

重庆完成软件业务收入 436 亿元，同比增长 21.2%。2020 年，西部和中部地区完成软件业务收入分别为 9999 亿元和 3726 亿元，同比增长 14.6%和 3.9%，共占全国软件业的 17.0%。全国软件业务收入增速高于全国平均水平的省市及自治区有 15 个，中西部地区集聚了增速高于 20%的省市及自治区，包括青海、海南、贵州、宁夏、广西等。总体来看，中西部软件产业不仅高速发展，而且占全国软件业的比重也不断增加。

（二）产业结构

2020 年 1—11 月，中西部地区软件业务总收入为 11853 亿元，西部地区软件与信息技术服务业保持快速增长，软件企业数量达 5284 家，中部地区增长较缓，软件企业数量为 4707 家。在信息技术服务收入方面，西部实现 5504 亿元信息技术服务收入，同比增长 18.8%；中部实现 1575.4 亿元信息技术服务收入，同比下降 0.1%；中西部地区信息技术服务收入占软件业务收入比重为 59.73%，较 2019 年有所提高。在嵌入式系统软件方面，西部地区嵌入式系统软件收入为 589.1 亿元，同比增长 11.6%；中部地区嵌入式系统软件收入为 214.6 亿元，同比增长 1.5%；中西部地区嵌入式系统软件收入占软件业务收入比重为 6.78%，较 2019 年有所降低。在软件产品方面，西部地区软件产品收入为 2388.7 亿元，同比增长 10.9%；中部地区软件产品收入为 1432.9 亿元，同比增长 1.6%；中西部地区软件产品收入占软件业务收入比重为 32.2%，较 2019 年有所降低。

第二节　产业发展特点

（一）软件名城保持发展主力军

中西部地区软件名城引领区域产业高速发展。中国软件名城成都、中国软件特色名城武汉、创建试点城市西安，以及重庆、长沙、合肥都在中西部软件产业发展中发挥着重要作用。2020 年 1—11 月，重庆、西安、武汉和成都 4 个重点城市软件企业数达 6432 家，软件业务收入分别为 1785.2 亿元、2374.0 亿元、1845.1 亿元及 3416.1 亿元，占中西部地区软件业务的 79.5%，成为中西部软件产业发展的主力军。成都软件产业列中西部之首，在 15 个副省级城市中居第五位；西安、重庆因具备较好的制造业及计算机硬件基础，在嵌入式系统软件规模方面居于领先地位。此外，长沙、合肥积极申报创建中国软件名城,软件产业规模实现快速增长。在中国软件名城整体发展的推动下,中西部地区软件产业保持快速增长,并在信息安全、数字新媒体等领域达到全国领先,涌现出许多优秀企业。

(二)软件园区成为发展排头兵

从园区数量、收入总额、创新投入三方面维度看,我国中西部地区软件园区已步入快速发展阶段。从园区数量看,我国西部地区拥有 8 个软件园区,中部地区拥有 4 个软件园区。占全国近四分之一以上。从收入规模看,西部地区软件园区 2019 年收入共计 5910 亿元,占总体的 12.73%,西安高新软件园和成都天府软件园营收均超过 2000 亿元,是带动西部软件产业快速发展的"双引擎"。中部地区软件园区 2019 年收入合计 2667 亿元,占总体的 5.74%,武汉光谷软件园营收达 1828 亿元,是中部地区软件产业发展的增长极。从创新投入看,中西部地区软件园区研究与试验发展经费支出远低于东部地区。

(三)服务外包打造发展新势头

中西部地区依托完善的基础设计、丰富的资源禀赋、较低的人力成本、较大的市场潜力、丰富的高等教育人才等优势,为服务外包产业发展提供了较好的保障,服务外包产业逐步成为中西部软件产业发展的重要支柱。

近年来,中西部地区信息技术服务产业增长迅速,已成为我国服务外包产业发展的重要组成。成都已形成覆盖设计、研发等环节的信息技术服务外包体系;西安已形成以研发服务外包为核心,国内外企业共同发展的信息技术服务外包格局;武汉已逐步打造信息安全、嵌入式软件领域的服务外包基地;重庆以软件服务外包为主,覆盖了工程设计、动漫、金融等服务外包领域;合肥也在积极培育服务外发增长极,覆盖动漫游戏、呼叫中心、大数据和软件研发等领域。

城 市 篇

第十九章

北京

第一节 总体情况

北京作为全国的政治中心、文化中心和国际交往中心，拥有得天独厚的教育资源、科创资源和企业总部资源，集聚了大量国内外软件企业总部及核心研发机构，形成了产业各环节协同发展的全产业链式发展模式。2020年以来，北京软件和信息服务业围绕"创新引领、统筹推进、融合发展"的总基调，完善落实产业规划政策，稳步推进高端领域建设，精准开展企业对接服务，使产业高质量发展迈入新阶段，对全市高精尖经济结构的构建发挥基础性、支撑性作用，将北京打造成具有世界影响力的软件产业创新高地。2020年1—11月，北京软件和信息技术服务业实现收入13157亿元，同比增长16.8%。其中，软件产品实现收入3753亿元，同比增长17.0%；信息技术服务实现收入8581亿元，同比增长17.5%；信息安全实现收入632亿元，同比增长11.0%；嵌入式系统软件实现收入190亿元，同比增长6.0%。

第二节 发展现状

（一）产业规模增长保持良好态势

立足于科创资源、人才资源、政策环境及雄厚的产业基础，北京软件产业保持稳步增长，2020年，北京规模以上软件和信息服务业实现营业收入17744.3亿元，同比增长15.2%。全行业实现增加值5540.5亿元，占全市GDP比重为15.3%，同比增长14.4%，增速居全市各行业首位，对全市经济社会发展形成强有力支撑。北京软件产业贡献财政收入478亿元，同比增长5.6%，高于全市平均增速 11.3 个百分点，产业贡献率地位持续增强。

（二）产业发展后劲持续增强

布局国家级基础设施。北京推动国家工业互联网大数据中心、标识解析国家顶级节点落地运行，接入二级节点 20 个，标识注册量约 32 亿个（全国第一）；完善创新支撑体系，培育形成 3 个跨行业跨领域平台，创建 3 个市级产业创新中心；加强产业生态集聚，在顺义区、海淀区、朝阳区、石景山区等区域创建国家新型工业化产业示范基地，为工业互联网新技术、新产品打造应用场景，推动示范应用落地；与天津、河北积极对接，共谋建设京津冀工业互联网协同发展示范区，创新示范区工作推动机制，围绕数据、资金、技术、人才等资源要素自由流动，打破区域行政壁垒，促进资源要素和服务合作共享。

培育北斗导航与位置服务产业集群。北京编制发布《北京市关于促进北斗技术创新和产业发展的实施方案（2020—2022 年）》，促进"北斗+"和"+北斗"融合创新应用，推动北斗产业在海淀区、顺义区、经济技术开发区协同布局发展；组织市属国企整合产业资源共建北京市北斗产业创新中心，打造具备创新孵化、标准研制、数据服务等能力的全国领先的产业公共平台。

（三）信息消费产业健康有序发展

扩大升级信息消费释放内需潜力。2020 年，北京成功启动信息消费节，还成功举办"新基建引领北京软件高质量发展论坛""数字赋能中小企业行""2020 全国信息消费城市行北京站"与"北京工业 App 和信息消费创新大赛"等系列活动，推动信息消费产业持续发展。根据各区产业布局，指导各区和企业利用自身优势打造信息消费体验中心。目前，海淀区、朝阳区、经济技术开发区依托小米、苏宁、海尔、美团、京东等企业正在与北京成熟商圈及产业园区紧密结合，积极筹建体验中心。

第三节　发展特点

（一）新兴产业生态完善，产业动能持续集聚

云计算、大数据、人工智能、移动互联网等新一代信息技术快速发展，新型产业生态圈逐渐布局完善，高端领域建设成果累累。神州数码、用友等

系统集成企业积极布局互联网金融、企业互联网等新兴领域，通过云计算、大数据实现自身产业的升级。搜狗、百度、京东等互联网企业逐渐向人工智能转型，加紧布局新一代信息技术产业。工业互联网、北斗导航与位置服务、网络安全、人工智能等领域重点项目加速推进，产业动能持续集聚，产业发展动力凸显。东方国信、用友和航天云网等工业互联网平台成功入选工业和信息化部 2020 年跨行业跨领域工业互联网平台，Zoom 云视频会议项目、苹果人工智能中心、西门子工业物联网赋能中心项目等一批互联网领域项目取得阶段性进展。北京依托政策扶持与市场优势，积极营造良好营商环境，推动高新领域技术创新发展，同时加紧完善上下游产业生态，为软件和信息技术服务业发展持续蓄能。

（二）产业区域布局显著，推动错位协同发展

北京各区域深度明确功能定位，推动优势软件产业集中发展，凝聚区域核心竞争力。海淀区聚集全市大部分软件和信息服务业企业，大力发展高端软件开发服务、互联网相关服务、网络安全、人工智能产业；朝阳区通信产业聚集，拥有爱立信、惠普、英特尔、三星等跨国总部型企业，以及阿里巴巴、58 同城等知名互联网企业；西城区引进奇安信集团，拓展网络安全、智慧城市、大数据等新兴业务；东城区出台《东城区促进信息服务业发展的若干意见》，促进信息服务业发展；石景山区重点发展文化创意、游戏动漫、虚拟现实产业；丰台区以嵌入式行业应用软件为发展重心；顺义区举力发展工业互联网、导航与位置服务业；怀柔区依托未来科学城带动产业发展；通州区积极推进国家网络安全产业园区落地；经济技术开发区积极发展云计算、工业互联网。北京结合各区域功能定位及高精尖产业布局规划，发挥海淀区、朝阳区核心地位，形成全市共同发展软件和信息技术服务业的局面，并逐步形成各具特色、错位协同的软件产业发展新格局。

第二十章 上海

第一节　总体情况

上海作为全国八个综合型软件名城之一，坚持以"软件定义、数据驱动"作为发展数字经济的坚实支撑，着力推动新一代信息技术与实体经济深度融合，充分发挥软件创新引擎作用，保障软件产业高质量发展。2020年，上海软件产业保持向好发展态势，产业发展稳中有进。据工业和信息化部运行局数据显示，2020年1—11月，上海软件业务收入达到6119亿元，同比增长11.2%，位列全国省市级行政单位第五名。其中，软件产品收入为1760亿元，同比增长10.0%；信息技术服务收入为4228亿元，同比增长14.9%；信息安全收入为60.79亿元，同比增长96.2%；嵌入式系统软件收入为70亿元。总利润达到817.5亿元，同比增长8%。

第二节　发展现状

（一）产业政策体系完备

近年来，上海深化落实《上海促进软件和信息服务业发展"十三五"规划》《上海市软件和集成电路产业发展专项支持实施细则》《上海市关于进一步鼓励软件和集成电路产业发展的若干政策》等政策规划，同时积极出台适应软件产业发展的新政策、新规划，强化政策扶持力度，进一步推进上海软件和信息服务业产业创新转型，并不断优化上海软件产业发展环境。2020年，结合上海国际金融科技中心建设，编制《关于推动区块链健康发展的实施意见》，推动行业健康发展。此外，上海坚持完善人才培养政策，充分发挥高

级人才在软件产业发展中的引领作用，着力打造软件产业人才高地。

（二）龙头企业实力强劲

上海软件企业体量稳步增长，企业规模和业务能力持续提升。其中，上海软件"百强"企业和高成长"百家"企业表现尤为突出，持续引领上海软件产业发展。全市"双百"企业收入获得了快速增长，规模实力迈上新台阶，创新成果增长显著，有力地支撑了本地经济发展。一批新生代互联网企业乘势崛起，占据全国第三方支付 60%、全国网络文学 90%、全国网络游戏 30%、全国本地生活服务 70%的市场份额。小红书、商米等 5 家企业入选 2020 工业和信息化部新型信息消费示范项目。

（三）载体环境持续优化

近年来，上海软件产业环境持续优化，园区载体等优势助推上海不断朝着高水平软件名城迈进。上海规模以上软件和信息服务产业基地超过 50 个，其中，经认定的市级信息服务产业基地累计达到 35 个。各基地产业服务能力、基础设施能级和公共服务水平全面提升，逐步成为上海软件业创新引领、产业高端、服务完善的新载体。其中，上海浦东软件园作为世界级软件产业创新社区，无疑是上海软件园中的引领者。经过二十多年的发展，上海浦东软件园已经形成了比较完整的上下游产业链，园区产业特征清晰、技术创新活跃、人力资源优秀、服务功能完善、辐射范围广泛、集聚效应显著。

第三节　发展特点

（一）"一中四方"空间格局持续发力

上海围绕软件和信息技术服务业着力打造合理集聚、错位发展、功能互补的"一中四方"空间格局。"一中"即以中心城区为主，产业定位为互联网信息服务、人工智能软件和电子商务。"四方"指的是浦东新区、闵行区、青浦区和静安区。其中，浦东新区的浦东软件园产业定位为移动互联网、行业应用软件和金融信息服务；闵行区的紫竹科学园区产业以网络视听、数字内容为主；青浦区的市西软件信息园产业以工业软件、物联网和信息服务为主；静安区的市北高新区以基础软件、大数据和云计算为主要发展方向。在经济转型升级的大背景下，各区因地制宜，加大在软件产业的布局力度，优化调整产业结构，同时，各区软件园入驻企业表现优异。浦东软件园入驻企业明略软件与腾讯云达成云端协同，共同打造企业中台，荣获赛迪网"2019 年度最佳数据中台创新者"奖项。森亿智能荣获"2019 全国医疗人工智能创新奖"的技术创新奖和临床应用创新奖。山石网科连续六年入选 Gartner 全球网络防火墙魔力象限报告。

（二）产业基础能力不断提升

信息技术应用创新体系加速完善。上海积极落实国家金融信创试点要求，组织浦发银行、海通证券、外汇交易中心等单位开展国产平台迁移和场景应用测试，指导浦软三林信创公共服务平台的建设，部署 24 台国产服务器及相关网络、安全设备。目前，上海已为 7 款本市产品发放适配认证证书，完成 1000 人次以上信创培训，推动华为鲲鹏生态创新中心、华虹计通鲲鹏适配基地落地。

网络安全产业高地建设持续推进。根据上海市委工作部署，上海启动本市建设网络安全产业创新高地三年行动方案编制工作；推进工控安全研发转化功能型平台建设，聚焦汽车、轨道交通等重点领域，联合国内外专业机构开展研发转化；联合市委网信办、市网安、市通管等开展工业互联网安全检查，摸排解决系统风险 30 多个。

（三）特色领域优势不断凸显

上海近年来致力营造优秀的在线新经济发展生态，围绕杨浦滨江、张江孙桥，高水平建设"长阳秀带""张江在线"生态园，指导开发规划，吸引龙头集聚；组建在线新经济协调工作专班，协调美团点评跨区迁移、灵活用工、软件产业政策等发展问题；联合市委研究室成立"小哨兵"团队，跟踪服务新生代互联网企业 20 余家，发表专访 120 余篇；定期开展在线新经济运行分析，组织编制本市重点行业运行动态月报。与此同时，上海积极聚焦金融科技场景应用，积极推进央行数字人民币在本市民生领域应用试点；支持央行数字货币研究所与长宁区、宝武集团、同济大学等开展合作，建设大宗商品供应链信用管理和金融服务体系，探索法定数字货币的应用场景。

第二十一章

南京

第一节　总体情况

南京自 2010 年被授予首个"中国软件名城"称号以来，始终将软件和信息服务业作为全市重点发展的主导产业，以软件名园、名企、名品、名人、名展为抓手，积极打造全省第一、全国前三、具有全球影响力的软件产业地标，加快向国际级软件名城迈进。2020 年，南京出台了《南京市数字经济发展三年行动计划（2020—2022 年）》《南京市国民经济和社会发展第十四个五年规划和二〇三五年远景目标纲要》等一系列政策方案，全面保障全市软件和信息技术服务业高质量发展。2020 年，南京完成软件业务收入超 6000 亿元，同比增长 16.6%，占全省比重超过 50%，产业规模较 2015 年翻一番。产业结构方面，平台化、服务化发展趋势凸显，信息技术服务在全市软件业务收入中占比不断扩大，2020 年超过 50%，产业结构进一步调整优化。

第二节　发展现状

（一）产业政策环境不断优化

南京按照工业和信息化部高水平建设中国软件名城的新要求，深化落实工业和信息化部《软件和信息技术服务业发展规划（2016—2020 年）》《大数据产业发展规划（2016—2020 年）》《中国软件名城创建管理办法（试行）》，同时陆续出台《南京市打造人工智能产业地标行动计划》《南京市打造软件和信息服务产业地标行动计划》等，以推动互联网、大数据、人工智能和实体经济深度融合为重点，集聚资源要素、创新发展路径，坚持以高端化和国际化为发展导向，高水平建设国际级软件名城，推动软件产业发展实现新跨越，继续在全国软件名城提升发展过程中做好试点示范。

（二）产业支撑能力日益完善

南京启动实施"两落地一融合"工程，不断加快创新名城建设，提升科研创新实力，加大软件人才队伍建设力度，全方位支撑软件产业发展。南京强化对软件领域新型研发机构等创新主体围绕重点领域开展关键技术联合攻关的支持力度。目前，南京拥有工程技术研究中心和企业技术中心、软件类省级以上重点实验室近130家，拥有涉软类新型研发机构近百家，占全市新型研发机构总量的48%，同时，南京拥有国家级工程技术研究中心5家、软件类国家重点实验室3家、国家级企业技术中心3家。南京大力实施软件企业家培育工程，引进"创业南京""345海外高层次人才引进计划"等市级人才计划，每年评选一批"南京市软件产业领军人物"和"成长型软件企业家"。作为国家科教资源中心，南京积极接轨前沿领域专业，拥有高等院校53所，涉软大学生数达20万人。以人工智能领域为例，南京积极探索产学研融合发展新模式，在南京大学、南京航空航天大学等各大高校相继设立人工智能学院、专业，建设南京图灵人工智能研究院、京东南京人工智能研究院等新型研发机构，形成高端人才积聚效应。

（三）名企名品培育成效突出

随着名企名品培育力度的持续加强，南京软件企业的核心竞争力和软件产品的市场竞争力稳步提升。南京持续打造龙头骨干企业、培育高成长型企业，引进享誉国内外的知名企业。全市拥有重点涉软企业4400家。其中，上市企业121家，"双软"企业1876家，瞪羚企业80余家，独角兽企业8家，"中国互联网企业100强"4家，"中国软件业务收入前百家企业"8家，"国家规划布局内重点软件企业"29家。新型电力装备（智能电网）、通信、智能交通等行业软件产品占有率全国领先，超高压继电保护、电网安全稳定控制、民航空管等软件产品优势明显。全市登记软件著作权超过7.5万件，96件入围"中国优秀软件产品"。

第三节 发展特点

（一）软件园区建设成效显著

近年来，南京软件产业发展特色越加鲜明，"一谷两园"的特色软件产业空间布局逐步优化。"一谷两园"，即为以中国（南京）软件谷、南京软件园、江苏软件园为核心集聚区的产业园区。2020年，"一谷两园"软件产业集聚区完成软件业收入4125亿元，占全市近70%。其中，中国（南京）软件谷成功入选首批国家数字服务出口基地，软件业务收入规模突破2000亿元。三个园区结合自身优势，规划落实了不同的重点发展方向：中国（南京）软件谷着力打造"四城一基地"特色园区载体，形成通信软件及运维服务、云计算大数据及信息安全、"互联网+"、人工智能及智能终端四大产业集群；江苏软件园提出以5G为主峰，云计算大数据、物联网、人工智能、网络安全为四大群峰的"五指山"产业布局；南京软件园重点发展集成电路设计、智能电网软件、健康医疗大数据、区块链应用等产业集群。目前，"一谷两园"的产业规模占全市比重已超70%。中国（南京）软件谷内拥有大批龙头企业，成为全国首批、江苏唯一的国家新型工业化产业示范基地（软件和信息服务业），获得了国家数字出版基地、国家级博士后工作站、国家火炬计划现代通信软件产业基地等多项国家级荣誉。此外，南京着力打造一批产业特色鲜明、错位发展的"多极"特色软件园区，包括徐庄软件园、江东软件城、麒麟科创园、新港高新园、幸庄科技产业园等。

（二）特色产业生态优势突出

南京持续加速推动软件产业向大数据、云计算、人工智能、工业互联网、智能网联汽车、5G、虚拟现实等新技术、新业态延伸发展，积极培育软件产业新经济增长点。在信息技术应用创新领域，目前南京集聚了百敖软件、翼辉信息、壹进制等信创产业链重点企业超过50家，信创发展初具规模。在云计算和大数据领域，南京拥有华为云、苏宁云、满运等重点企业200多家。在人工智能领域，南京积极构建"一带引领、两极支撑"的人工智能产业发展格局，集聚相关企业超百家，加快构筑人工智能产业新高地，引领新一代人工智能健康发展。2020年，全市数字经济规模约8000亿元；云计算和大数据产业集聚重点企业200多家，产业规模约1000亿元；人工智能产业集聚相关企业近 300 家，核心产业规模约 100 亿元；区块链产业集聚重点企业 205 家，区块链发展水平居重点城市前列。

（三）品牌宣传助推市场开拓

南京积极拓展软件产业宣传、产业交流等活动渠道，优化软件产业营商环境，加速推动涉软类企业、重大项目等落地。中国（南京）软博会作为中国规模最大、国际化程度最高、最具影响力的国际性软件和信息技术服务业展会之一，发挥招商引资、项目合作、人才交流、新品发布和产品交易等功能，有效推动南京软件和信息技术服务业先进产业集群建设和软件产品宣传。2020 年，南京继续举办了第十六届中国（南京）软博会。该届软博会以"数字经济 智创未来"为主题，举办了一场高峰论坛、一场项目签约仪式以及 20 多场专场活动，展示面积 8 万余平方米。信创产业展区作为本次博览会的一大特色展区，吸引了浪潮集团等信创软/硬件产品供应商、集成商的参展与深度合作。通过展示自主创新产品及信创相关解决方案，助力企业紧抓新基建、信创机遇，带动传统 IT 信息产业转型，构建区域级产业集群。

第二十二章

深圳

第一节　总体情况

深圳是我国最早建立的经济特区之一，已成为一座国际化创新型城市。在技术创新的不断驱动下，深圳在大数据、人工智能、5G 等新兴信息技术领域处于领先地位，数字经济成为推动地区经济增长的重要力量，软件和信息技术服务业持续高质量发展。2020 年，深圳实现软件业务收入 7911.7 亿元，同比增长 14.2%，占全国软件业的比重为 11.4%，在全国 4 个直辖市和 15 个副省级中心城市中位列第一；深圳软件园集聚软件企业数量、园区软件从业人员总数、软件企业规模、园区企业软件业务收入总量以及其利税贡献均保持"领跑式"快速增长态势。自从中国软件名城创建工作开展以来，深圳紧抓名城建设新机遇，不断增强软件产业供给能力，拓展软件产业渗透领域，培育软件产业骨干企业，优势软件企业不断汇聚，全市软件产业的全球比较优势与核心竞争力持续增强，为构建现代产业体系提供了有力支撑。

第二节　发展现状

（一）创新发展能力全面提升

深圳以创新立市，研发投入强度常年位居全国前列。近年来，通过《深圳市关于进一步加快软件和集成电路设计产业发展的若干措施》的快速落实，深圳围绕提升研发和产业化水平、推进产业集聚发展、支持企业拓展市场、加强知识产权工作、强化人才引进和培育、优化投融资环境、加大财税支持力度、优化行业管理服务等八个方面，全面提升软件产业创新引领发展水平。深圳落实产业发展专项资金，2020年，在高端软件、信息安全、互联网等领域资助金额预算达到3.6亿元。2020年以来，深圳进一步组织实施2021年数字经济产业扶持计划，聚焦信创、区块链、云计算、大数据、信息安全、互联网六大重点领域。深圳发挥重大项目的创新引领作用，大力推进腾讯"互联网+"未来科技城、平安科技超大数据中心、华为中国鲲鹏产业源头创新中心、中软国际"云智能"项目等重大项目建设。

（二）新兴领域技术快速发展

深圳立足自身各区域经济社会发展优势和特色，通过优化布局战略性新兴产业基地和聚集区建设，实现优势领域和载体建设的充分协同，优质企业和重点项目呈现"网格化"汇聚态势，战略性新兴产业集群化发展形势良好。根据《深圳市关于打造全国鲲鹏产业示范区的若干措施》，深圳抢抓全国鲲鹏产业发展重大机遇，加快鲲鹏生态体系规划布局建设，助力全国自主可控战略在深圳率先全面落地，全力打造全国鲲鹏产业示范区。截至2020年7月15日，深圳已有金蝶、宝德、深信服等261家企业加入鲲鹏伙伴计划（全国有2674家），提交431个基于鲲鹏云的行业解决方案（全国3902个），已完成适配115个鲲鹏云行业解决方案（全国1480个），创新中心已向129家企业开通鲲鹏云服务资源6404万元。

（三）工业互联网深入融合发展

得益于《深圳市工业互联网发展行动计划（2018—2020年）》的发布和《深圳市关于加快工业互联网发展的若干措施》的落实，深圳工业互联网发展实现了政策体系保障、产业生态完善和应用模式建设同步推进。深圳从工业互联网的顶层设计出发，彰显核心支撑、融合应用、生态体系三大体系的总体布局，关键技术支撑能力大大增强，重点领域应用创新活力迸发，工业互联网产业示范基地建设开创新局面。行动计划的发布全面推动了以平台为代表的技术创新、产业发展、应用培育和生态构建。目前深圳拥有华为、富士康、腾讯三家入选国家十大双跨平台的工业互联网平台，同时华为、富士康与汇川科技成长为工业互联网平台领域具备较强竞争力的企业。除此之外，深圳还拥有大疆、华星光电、赢领智尚等一批工业互联网应用标杆企业，更有工业互联网·宝安区获批国家新型工业化产业示范基地，工业互联网融合发展态势良好。

第三节　发展特点

（一）软件产业园区加速软件产业集聚

深圳软件和信息技术服务产业经过多年的发展，已初步形成以各类软件园区为载体，向着规模化、集群化发展的产业格局。深圳软件产业集群建设机制不断探索创新，集群的发展模式和体制创新得到了各级政府的支持和肯定，4 个国家新型工业化产业示范基地及各区软件产业园区建立了完善的基础设施服务平台和产业发展服务平台，为园区内企业提供技术支撑与公共服务，有力促进软件产业快速聚集，提升园区企业的科研开发能力、质量管理水平和创新能力。打造公共技术服务平台，提供云计算数据中心、研发测试实验环境、软硬件检测中心、质量管理体系及企业资质认证、技术专题培训等服务。打造企业管理服务平台，提供知识产权、咨询规划、人才交流等服务。打造科技金融服务平台，整合投控内部科技孵化器、贷款担保、风投、证券、银行、保险等资源，为园区内企业提供全生命周期的一站式、个性化金融服务，包括科技孵化、股权融资、债务融资等。

（二）电子信息制造业优势助推嵌入式软件产业发展

深圳是全国电子信息产业重镇，电子信息制造业是深圳重要的支柱产业，产业规模约占全国六分之一，产业增加值占深圳市 GDP 比重近 1/4，全市拥有 22 家全国电子信息百强企业。依托电子信息制造业优势，以市场带动技术研发及成果转化，深圳嵌入式软件产业发展得到有力推动，已成长为深圳最具特色和最具竞争力的软件领域，以手机、移动通信基站设备、服务器、路由器、光纤、通信产品零部件及光电器件等为代表通信技术领域支柱地位凸显，已发展成为深圳一张面向世界的国际名片，以华为、中兴为龙头，集聚华讯方舟、海能达、天源迪科、梦网科技等优质企业，形成了元器件、云网端和软件服务的全产业链式发展模式，具备示范带动的标杆型实力。

（三）新兴技术推动智慧城市特色产业布局

近年来，深圳大力推进智慧城市和数字政府建设，优先支持华为、腾讯、平安、天源迪科、深信服等深圳本地企业积极参与相关项目建设，深化在支撑平台（大数据中心、政务云平台、政府管理服务指挥中心等）、公共服务

（包括政务服务、医疗、教育、社区服务等）、公共安全（包括公安、应急、安全生产等）、城市治理（包括交通、环保、税务、城管等）等领域的应用示范，为深圳智慧城市产业发展提供更多的项目支撑和应用场景。同时，支持华为、腾讯、平安等科技巨头布局智慧城市，逐步完善智慧城市特色生态系统。华为从移动通信、物联网络、IT基础设施出发，提出"城市智能体"。腾讯提出"AI in all"战略，助力政府打造数字政府，积极整合内部云和人工智能资源，推出"城市超级大脑"，搭建全方位多层次的生态服务，提升城市管理水平，目前已与长沙、三亚、重庆等多地签约开建。平安集团积极参与智慧城市建设，发布《平安智慧城市白皮书》，依托智能认知、人工智能、区块链和云科技四大核心技术构建了"1+N"平台体系，全面覆盖优政、兴业、惠民的21个智慧版块。

第二十三章 广州

第一节 总体情况

广州是八大综合型软件名城之一。近年来,全市从优化顶层设计、做大产业规模、突出自主创新、构建产业生态四方面推进软件产业高质量发展,先后创建了国家综合型信息消费示范城市、国家区块链发展先行示范区、通用软硬件适配测试中心等。2020年1—11月,广州软件产业实现低迷市场环境下的逆势快速增长,收入规模达到4464.0亿元,同比增长13.9%,增速位列全国副省级城市第四位。从收入细分来看,软件产品收入1105.0亿元,同比增长11.9%;信息技术服务收入3146.0亿元,同比增长14.7%;信息安全收入98.9亿元,同比增长16.2%;嵌入式系统软件收入114.1亿元,同比增长9.3%;利润总额达到703.6亿元,同比增长13.2%。广州持续出台政策、加紧规划,为软件产业发展提供支撑;完善软件园区区域分布,发挥产业集聚与协同优势;加快引进软件龙头企业,提升发展质量与竞争力;建立信创、工业软件等行业产品资源地,强化平台服务能力,重点推动区块链等新技术应用落地;以游戏电竞产业作为信息消费的重要引擎,带动软件产品经济效益的提升。

第二节 发展现状

(一)软件政策持续发力

广州出台《加快软件和信息技术服务业发展若干措施》,紧抓粤港澳大湾区发展机遇,充分利用发挥好广州"中国软件名城"已有的基础,产业发展表现出新特点，软件和信息技术服务业集聚发展趋势显著，服务支撑产业链上企业、项目和平台主体。政策将高端人才奖励、示范平台和适配研发项目补助纳入专项支持，2020年，累计给予软件和信息服务类企业扶持资金1.34亿元。《推动区块链产业创新发展的实施意见（2020—2022年）》印发后，广州着手推进以区块链为特色的中国软件名城示范区建设，加速促进区块链技术与全市经济社会融合发展。为塑造软件名城建设新优势，培育制造业数字化转型新动能，广州还研究编制并发布了《加快打造工业软件产业生态城的行动计划（2020—2022年）》，政策优势更加凸显。

（二）产业布局逐步优化

软件园区加紧规划，载体布局日益完善。广州紧盯壮大产业重点，初步形成"双核"（天河软件园、黄埔软件名城示范区）、两区（琶洲人工智能与数字经济试验区、白云湖数字科技城）、多点（南沙国际人工智能产业园、越秀黄花岗科技园、荔湾电子商务、番禺万博商务区等）产业发展格局。全市软件和信息服务企业超2200家，约占全国总数的5.5%，位列全国第四。天河区在软件和信息服务业具有产业规模优势，是全市软件产业发展的排头兵，制定并发布《天河区软件产业发展规划（2020—2025年）》，明确了广州软件谷、软件产业融合创新示范区、软件产业创新策源地"一谷、一区、一策源地"空间布局。广州将继续进行软件园区载体扩容，摸查软件企业用地用房需求，加强与各区对接，划分"软件区块"，提高软件企业根植性。

（三）平台服务强化支撑

贯彻落实软件业发展政策，构建开放发展的产业生态环境。2020年，广州组织遴选出一批软件示范平台，实行动态管理机制，加强软件和信息技术服务应用。在信创领域，围绕通用软硬件、工业软件、高端软件基础框架"三受限"问题，推动设立一批信创产业平台，提供一站式应用示范、行业解决方案服务。通用软硬件适配测试中心、设计仿真工业软件适配验证中心和广州"鲲鹏+昇腾"生态创新中心挂牌成立，全市形成"2个操作系统+3个主流芯片+4个整机厂商"的自主创新的信创生态。在工业软件领域，中望CAD&中望3D、华佳Mos智慧地铁工业互联网平台、极点三维家居智能设计与生产一体化平台脱颖而出，在云移动办公、智慧地铁生态、家具设计与生产方面提供一站式解决方案，推动传统行业数字化转型和信息化建设。在区块链

领域，运通链达打造区块链基础设施平台，提供多种模式供企业对接上链，建设和运营区块链公共资源环境，帮助企业完成生态构建；智度区块链持续深挖区块链底层技术，推动区块链技术的应用场景落地，在央行数字货币相关方面优势明显。

第三节　发展特点

（一）骨干企业加速壮大

广州完善招商机制，设立专项资金，建立龙头企业培育库，整合人才、土地、金融等资源，培育一批创新活跃、技术先进、实力雄厚的本地龙头骨干软件企业。全市主营收入超亿元规模的软件企业超过 600 家，其中，主板上市企业 36 家，全国互联网百强企业 7 家，中国软件百强企业 5 家，广州成为软件企业的重要集聚地。各领域名牌企业和产品不断涌现，网易、趣丸等 7 家企业入选中国互联网百强，海格、北明等 5 家企业入选中国软件百强。广州还培育出全球最大的移动互联网平台微信、直播互动平台虎牙、以特卖形式为主电子商务网站唯品会、第三方手机浏览器 UC 以及国内最大的互联网音乐互动平台酷狗，在各自领域带动互联网人才、资源充分集聚，推进产业快速发展。

（二）工业软件紧抓机遇

广州通过打造国家工业软件产业发展高地，形成全市重视工业软件产业发展新局面。基于自身拥有 35 个工业大类的坚实基础，汽车、智能装备等已发展成为千亿级产业，集成电路、医药制造也是百亿级产业，传统制造业转型升级和企业数字化转型催生工业软件应用新场景，新场景产生的复杂需求是全市工业软件产业良性发展的重要牵引。涌现出一批拥有自主知识产权的品牌企业。其中，中望龙腾是国内领先的 CAD/CAM 类工业设计软件提供商，打破了我国 CAD 软件领域由国外垄断的局面；科东软件的工业操作系统逐步应用于电力、石化、轨道交通等领域。2020 年，《加快打造工业软件产业生态城的行动计划（2020—2022 年）》对外发布，广州着力创建全国首个设计仿真工业软件适配验证中心，具有核心竞争力的工业软件生态体系加速构建中，全市工业软件发展迈上新台阶。

（三）三链协同促进发展

着力推动软件产业"信创链""互联网链"和"游戏电竞链"三链协同发展，构建以"链主"企业为核心的自主创新全产业链生态。培育"信创链"，推动统信、麒麟两大主流操作系统和飞腾、龙芯中科在广州设立华南中心，奇安信、天融信、东方通、金蝶、数科网维、福昕等一大批信创企业落户发展，夯实软件产业底座。陆续出台加快软件和信息技术服务业发展措施、推动区块链产业创新发展等政策，集约建设"互联网链"，以人工智能、电子商务等产业为发展重点，加快软件应用赋能，支撑数字经济发展。注重发挥游戏产业优势，打造游戏电竞产业园，举办"中国游戏产业年会"扩大影响力，为软件产业融合"游戏电竞链"，扩大信息消费能力，拉动软件产品及服务需求。广州获批全国首个区块链发展先行示范区、国家综合型信息消费示范城市，为软件产业加速发展再添动力。

第二十四章

杭州

第一节 总体情况

　　软件作为新一代信息技术服务产业发展的灵魂，是制造强国和网络强国建设的关键。近年来，杭州紧抓新一轮科技革命和产业变革机遇，持续推进软件产业研发创新与融合应用，积极培育软件和信息服务新功能，加快产业高质量发展态势。近年来，中国软件业综合竞争力百强、全国电子百强，杭州每年都有 6~8 家企业上榜，上榜数居全国前列。2020 年，新型冠状病毒引发的肺炎疫情全球肆虐，全球经济发展面临不确定性更加突出，杭州软件领域企业迎难而上，技术突破、新业态不断涌现，新模式持续产生，产业结构进一步优化，软件业务收入等主要指标好于预期，产业发展稳中向好。据统计，2020 年杭州实现软件业务收入 5664.9 亿元，同比增长 13.7%，占浙江省软件产业规模的比重达 80.5%。作为全国八大综合性软件名城之一，从建设"天堂硅谷"到打造"全国数字经济第一城"，杭州一直将发展软件产业作为"一把手"工程。通过强化数字赋能、优化产业发展环境、提供政策保障等举措，全市软件产业发展持续跃升新台阶，杭州也向着打造"国际级软件名城"的目标加速迈进。

第二节 发展现状

（一）信息技术服务引领增长

　　随着网络强国和数字中国建设的不断推进，以新一代信息技术为代表的信息技术服务业与各行业领域的不断融合渗透，智能网联汽车、远程协同办公、互联网金融、智慧医疗等一批新业态涌现，成为支撑杭州软件产业快速发展新的增长极。2020 年，从产业结构来看，信息技术服务收入继续占据主导地位，引领行业增长，实现收入 3952.4 亿元，产业占比达到 69.77%。

（二）龙头企业带动明显

2020 年，在中国软件和信息技术服务竞争力百强中，有 11 家企业来自杭州，较 2019 年增加两家。来自全市的 11 家百强企业借助 G20、APEC、数字金砖、"一带一路"等框架和平台，充分利用产业链国际大循环的机遇，紧抓国内产业布局的客观需求，技术实力和企业影响力不断提升。阿里巴巴跻身全球企业市值前十强；阿里云入选 Gartner 全球数据魔力象限，位列世界前三。杭州在龙头型软件企业的引领带动下，软件产业与城市经济社会各领域全面融合，经济结构持续优化，社会治理现代化程度不断提升，新业态新模式持续涌现，软件产业发展动力十足。

（三）典型产品极具竞争力

杭州软件和信息技术服务在多个领域形成明显优势，孕育出一批具有影响力的知名品牌。2020 年，杭州共有 95 个软件产品入围《2020 年浙江软件产业高质量发展重点项目目录》，占全部产品的比重高达 62%。以智能交通产品为例，2020 年，阿里云在综合地面运输领域的数字化、道路智能化方向上，综合执法、运输安全、交通治理、车路协同、交通运行指挥与控制中心（TOCC）及出行即服务（MaaS）等各个领域都得到了新拓展，主导成立了阿里巴巴数智交通研究院，推出了全域交通解决方案，发布了阿里云智慧交通操作系统 TBOS，发布了阿里云控平台 3.0 版本，提出了交通综合治理与IT 技术结合的发展思路，发布了路侧智能终端硬件产品 NEURO。

第三节　发展特点

（一）依托数字经济产业基础，打造金融科技发展高地

近年来，杭州大力发展数字产业化和产业数字化，以人工智能为代表的数字技术不断向金融领域延伸，金融科技发展高地建设持续推进。2020 年以来，在中国人民银行的支持指导下，杭州有序开展金融科技创新监管试点。目前，全市已拥有十多家金融科技领域高融资待上市型软件企业，融资总额

超 230 亿美元，居全球首位。杭州金融科技中心指数稳居全球第一方阵，金融产业数字化应用不断牵引产业实现快速发展。

（二）服务化趋势凸显，融合带动作用不断增强

2020 年以来，杭州持续加快制造业智能化升级和服务化转型，大力推动服务业数字化升级，并在提升农业数字化升级上持续发力。统计数据显示，2020 年，杭州信息技术服务实现收入 3952.4 亿元人民币，占全市软件业务收入的比重高达 69.77%，是支撑全市软件产业快速发展极其重要的增长极。传统工业尤其是制造业领域，以软件为代表的新一代信息技术持续发挥"赋能"作用，促进传统制造业转型升级、提质增效的同时，服务水平不断提升，服务能力持续增强。

（三）聚焦核心产业，打造世界级软件集群

杭州紧抓部省市共建国际级软件名城新机遇，推进世界级软件集群建设，持续推进国际软件名城建设步伐。2020 年，杭州软件业务收入总量在全国 13 个已授牌软件名城中排名第 5 位。杭州通过抢抓国产替代机遇，加快数字安防、通信网络设备两大主导产业链提升，精准服务海康、大华破解产业链"断供"难题，在关键核心芯片部件替代方案的研发及适配方面给予全力支持协调。杭州深耕信息软件、云计算与大数据、人工智能、物联网、电子商务、数字内容等核心产业，通过申办第 24 届中国国际软件博览会，提升杭州软件企业和产品的影响力，丰富了国际级软件名城创建的内容，成为助力世界级软件集群打造的新举措。

第二十五章

成都

第一节 总体情况

成都是全国首批、中西区地区唯一的综合型中国软件名城,也是"科创中国"试点城市、特色型信息消费试点城市、国际化营商环境标杆城市,连续五年蝉联"新一线"城市榜首,正着力打造践行新发展理念的公园城市示范区。成都将平台融合应用软件、工业互联网软件、信息技术应用创新软件、未来汽车电子应用软件及人工智能软件五大领域作为软件产业发展重点方向,不断提升在工业软件、网络信息安全、集成电路设计、数字文创等领域的企业竞争力。2020年1—11月,成都软件和信息技术服务业实现业务收入3416.1亿元,同比增长12.6%。其中,软件产品实现收入1101.5亿元,同比增长9%;信息技术服务业实现收入2105.3亿元,同比增长14.8%;嵌入式系统软件实现收入124.9亿元,同比增长19.6%。

第二节 发展现状

(一)创新能力持续增强

软件和信息技术服务业是成都发展最快、渗透性最强的新兴产业之一。截至2020年底,成都软件企业累计主持或参与国家标准制定166项、行业标准73项、国际标准5项,2020年新增国家科学技术奖1项、中国专利奖2项。成都在基础软件等重点领域布局建设了一批技术创新平台,并推动建设联合创新平台和技术资源库。成都涉软各类科技创新平台已达831家,其中,国家级43家,省级366家,市级422家。成都软件著作权累计超20万

件，2020 年 1—11 月，新增软件著作权 5.5 万件。2020 年 1—10 月，涉软专利新增 3972 个，软件产业创新能力及核心竞争力不断提升。

（二）政策措施夯实基础

成都以推动中国软件名城发展提升为抓手，以全力打造世界软件名城为目标，不断加强政策扶持和引导，聚焦提升行业要素供给和保障能力，拓展软件服务渗透领域，优化产业发展生态。2020 年，成都印发《关于进一步加快推进软件产业高质量发展的工作实施方案（2020—2022）》《关于加快培育发展鲲鹏产业工作方案》《成都工业互联网创新发展三年行动计划（2021—2023）》；2019 年，成都建立"软件服务业发展推进工作联席会议制度"，出台了《关于促进软件产业高质量发展的专项政策措施》《成都市软件产业高质量发展规划（2019—2025）》《成都市"蓉贝"软件人才评定办法（暂行）》《成都市软件产业"蓉贝"计划实施办法（试行）》等规划和系列政策措施。全市发展软件产业的规划和政策使其在全国赢得先机，规划和政策与国家战略高度契合。

（三）载体建设成效显著

为推动新一代信息网络基础设施和数据服务平台建设，2019 年，成都建成 5G 基站 1 万余个，实现绕城内重点区域 5G 信号全覆盖，成为全国首个"5G 双千兆+"全面商用城市，国际通信专用通道带宽达 40G，国家级互联网骨干直联点带宽高速扩容至 660G。在载体建设方面，成都天府新区、成都高新区、成都影视硅谷喜获国家新闻出版广电总局中国（成都）网络视听产业基地、中国（成都）超高清创新应用产业基地授牌。成都天府新区推动建设华为鲲鹏生态产业园，构筑软件产业新生态。锦江区积极谋划建设成都天府软件园（锦江园），打造产业新载体。

第三节　发展特点

（一）协作生态不断构建

通过国家专项、基金等，成都促进在高校、研究所与企业、用户等之间的紧密协作，打造"研究院+产业园"与"创业苗圃+孵化器+加速器+产业园"等新型网络化协作新模式、新体系；筹建电子信息产业生态圈联盟，促进功能区、企业、高校等五类主体紧密协作；推进"新型软件学院""软件实训基地"等四类基地建设，加快校地深度合作。多年来，成都形成了多方参与的生态共建模式。

（二）人才供给强力支撑

通过"蓉贝"软件人才特色品牌，积极壮大人才队伍。截至 2020 年底，成都累计评选"蓉贝"软件人才行业领军者 5 人、技术领衔人 52 人、资深工程师 175 人、软件资深工程师 1086 人，近两年通过住房、汽车、资金三类支持方式发放人才奖励超过 6000 万元。支持电子科技大学为主体创建国家级"特色化示范性软件学院"，2020 年评选 6 个"中国软件名城人才基地"。据统计，在蓉 60 家高校每年培养软件及相关专业毕业学生约 4.9 万人，其中，本科及以上学历约 2.5 万人。

（三）产业链条加速完善

成都积极谋划软件产业发展布局，出台多项专项政策与推进方案。通过定位于软件产业链、供应链中高端，持续开展补链强链专项行动，加快软件产业强链补链，加快引进工业软件、基础软件领域的优质企业、项目，支持企业积极参与开发数据库、EDA 工具、嵌入式操作系统等短板领域关键技术。成都形成了"龙头+骨干+伙伴"的新型企业生态，成飞集团、中国网安等龙头企业加快成长，2020 年，规上软件企业数量达到 1780 家，业务收入超百亿企业近 10 家，推动游戏产业发展，不断做强"成都造"品牌。

（四）产融合作体系健全

成都利用市场化手段，引导建立多层次金融支撑体系。成都打出壮大贷、科创贷、科创投、科创保系列"组合拳"，并吸引上交所、深交所、新三板西部基地落地，使成都成为全国唯一一个拥有三家交易所区域性基地的城市。加快支持企业上市，全市已拥有 A 股涉软上市公司 33 家，新三板挂牌公司 111 家，天府股交中心信息技术业挂牌企业 1006 家，以成都产业引导基金作为母基金，联合多家金融机构合作发起设立 11 支产业子基金，基金规模累计超千亿元，成功引进规模 1500 亿元的国家级基金（国新建信股权投资基金）落户。

（五）开放合作不断深入

成都连续 18 年举办中国国际软件合作洽谈会，其已成为中西部地区影响力最大的软件行业活动。2020 年，成都成功举办第十八届软洽会，吸引 500 余家企业 1200 余人现场参会，会议在线视频直播观看人次达 39.4 万，在线照片直播浏览人次超 1.8 万，创历史新高；2020 年，累计开展"校企双进"活动 366 场（次），促成 500 余家产业功能区企业与高校院所达成技术攻关、成果转化等校地合作项目 800 余项；举办项目招引活动 16 场，签约引进中科院大连化学物理研究所、大连理工大学等 27 个项目；举办中国网络视听大会、中国信息通信大会、中国成都国际软件设计与应用大赛、成都全球创新创业交易会等多项大型国际交流活动，累计举办 9 场大型国际性涉软展览；同时支持龙头骨干企业在海外建立研发、分支机构，开发具有全球竞争力的国际化品牌。

目前，成都已有 6 家全球软件十强企业、24 家百强企业，10 家国际大会及会议协会会员，12 个 UFI 认证展会项目，多达 16 个国际性展会合资合作项目。2020 年 1—11 月，全市软件产业获得外商实际投资超 4.8 亿美元。索贝数码融媒体平台、卫士通安全加密软件等一系列"成都造"软件产品出口全球。

第二十六章 济南

第一节 总体情况

济南作为继南京之后的全国第二个"中国软件名城",优先推进新一代信息技术的发展,聚焦软件名城提质升级,近年来软件和信息技术服务业持续健康发展。济南形成了"三核两廊多园"产业发展的空间载体布局和"三核引两廊、两廊领多园、多园带全市"的发展格局。据统计数据显示,2020年1—11月,济南软件业务收入达2900.6亿元,同比增长12.7%。其中,软件产品实现收入1132.3亿元,同比增长10.2%;信息技术服务实现收入1656.3亿元,同比增长14.7%;信息安全收入20.7亿元,同比增长11%;嵌入式系统软件实现收入91.3亿元,同比增长9%。截至2020年11月,济南共有软件和信息技术服务业企业1930家,大量的中小型企业使济南软件产业发展充满了活力。目前,济南拥有良好的数字经济发展生态,大数据、智慧城市、云计算、区块链等产业领域发展优势突出,带动软件产业集聚发展。济南聚焦"加快软件名城提档升级"重点任务,在关键基础软件、行业应用软件等领域,培育了一批名企、名品、名家,为软件产业发展打造一流的生态,着力推进产业新发展。

第二节 发展现状

（一）提升产业发展动能

济南基础软件、行业应用软件和信息安全软件特色优势突出,基本形成以浪潮集团、中创软件、瀚高股份、中孚信息、金现代、山大华天等企业为

代表的良好发展局面。全市企业资质创新优势明显，累计入选全国软件百强、互联网百强、区块链备案产品、省级首版次软件、省级软件工程中心、CMMI、ISO27001 认证企业数量居全省首位。此外，济南先后出台一系列政策措施，主要包括在人工智能领域、软件产业领域、数字经济领域以及工业互联网领域等，加快构建形成具有济南特色的"1+N"政策和产业规划体系；特别是在软件产业方面，专门出台《加快软件名城提档升级促进软件和信息技术服务业发展的若干政策措施》，为加快产业发展提供了强有力的政策保障。

（二）夯实企业发展基础

济南大力培育龙头骨干企业，为全市经济社会发展和新旧动能转换提供服务和支撑。济南软件产业纳统企业近 2000 家，特色优势企业发展呈现良好态势。当前，济南从税务、统计、行政审批、省市软协等挖掘存量，通过剥离软件业务、招引企业纳统等方式扩大增量。深入服务企业，积极申报并获批各级资金，其中，济南 8 个项目获评国家试点示范，70 个产品获评省第四批首版次产品。同时，全市加强推进国产化生态建设，促成华为软件开发云、人工智能、鲲鹏三个创新落地济南。

（三）构筑园区发展生态

争创中国软件名园，齐鲁软件园率先提出争创"中国软件名园"目标，5 个牵头项目中标工业和信息化部软件协同攻关专项。推动打造"中国算谷"，制定工作方案，济南积极出台《关于促进软件和信息技术服务业高质量发展的意见》等政策措施，编制产业规划，促成部省共建，推进核心载体规划建设与运营平台组建，推进产业链式集群规模化发展，打造算力产业新高地、数据汇聚共享新典范、未来智慧产业新航标。同时，济南加快构建"三核两廊多园"的产业空间发展布局，为产业合理有序和集群集聚发展奠定了基础，在支持园区打造"拎包入住"的生态系统、支持企业入住园区发展等方面也都提出了具体的支持措施。

第三节　发展特点

（一）人工智能生态逐步构建

近年来，济南持续加强人工智能产业创新发展生态建设，通过政策发布、试验区建设以及重点行动等逐步构建产业生态。自 2019 年以来，济南连续两年获批建设国家人工智能创新应用先导区和人工智能创新发展试验区，成为全国第三个人工智能"双区"同建的城市。2021 年 4 月，在首届济南国家级人工智能创新应用先导区高端峰会上，重点发布了《济南市人工智能产业创新发展白皮书》，全面梳理人工智能产业发展情况，进一步加强济南人工智能产业创新发展。此外，济南持续开展"1+311 AI 泉城赋能行动"，加快推动人工智能产业集聚，构建人工智能产业发展良好生态，实现人工智能与实体经济深度融合。

（二）公共服务体系建设完善

济南公共服务平台建设不断完善，平台建设涉及面广，涵盖电子商务、交通、医疗、政务等领域。近年来，济南中小企业公共服务中心荣膺"国家中小企业公共服务示范平台"称号。该服务中心主要围绕大众创业、万众创新，以需求为导向，为中小企业提供信息、技术、创业、培训、融资等多种公共服务，具有示范带动作用及开放性和资源共享特征。近年来，济南通过持续完善公共服务体系建设，以实施"五名"工程为引领，在园区（载体）提升、平台（实验室）建设、协会（联盟）支撑、测试评估等专业化服务、企业培育、双创服务等方面持续进行流程再造。

（三）智慧城市建设效果显著

2020 年 11 月 26 日，济南举行以"数智生活 慧聚泉城"为主题的 2020 智慧泉城创新建设发展论坛。赛迪网向济南颁发了"2019 全国智慧城市十大样板工程"奖项，济南新型智慧城市连续 2 年蝉联全国"智慧城市十大样板工程"，成为全国唯一连续两届荣获该奖项的城市。济南新型智慧城市建设在建设理念、体制机制和建设生态等方面做出了有益探索，通过突出产业促进、突出共建共享，进一步深化拓展提升新型智慧城市建设，为推进国家治理体系和治理能力现代化贡献中国"智慧名城"力量。

第二十七章 福州

第一节 总体情况

福州作为福建省经济发展重地,在创建"中国软件名城"及建设"数字福建"期间,软件和信息技术服务业取得了长足的发展,早在 2016 年首次突破千亿元规模,并成为第一个"中国软件特色名城",逐步形成了以大数据、物联网为代表的特色产业,东南大数据产业园、物联网产业基地相继成立与形成,并在基础软件、应用软件、IC 设计等领域具备一定发展基础。在产业集聚与发展过程中,福州汇聚了省内大部分的全国软件百强企业,培育了福大自动化、星网锐捷、新大陆、瑞芯微、网龙、福昕、亿榕、福富等一大批知名骨干企业。2020 年,福州紧紧围绕"数字福州"战略目标,抓住数字中国建设峰会举办的重大机遇,持续深化"中国软件特色名城"发展,扶优扶强重点产业,抢抓培育新兴产业,不断提升产业发展水平和竞争力,软件和信息技术服务业得到了进一步跃升。

第二节 发展现状

(一)加快布局软件名园建设

2020 年,福州"中国软件特色名城"城市品牌和聚集效应持续提升,全市软件产业"名园、名企、名品、名人、名展"协同发展的良好态势进一步深化,产业结构不断优化。在名园建设方面,福州印发实施了《关于促进软件和信息技术服务业发展五条措施》,推动软件园"一园多区"建设,加快实现"全市一盘棋,功能有侧重"的特色软件名城格局。目前,福州软件园已汇聚企业770家，集聚各类技术人才3万多名，涵盖行业应用软件、IC设计和智能控制、文化创意、互联网大数据四大行业领域。

（二）持续加强骨干企业培育

在名企培育上，福州坚持市场主导与政府推动、分类指导与重点扶持相结合，持续发挥福大自动化、星网锐捷、新大陆、网龙等软件百强企业的示范带头作用，着力壮大瑞芯微电子、顶点软件、福昕软件等细分领域"单打冠军"企业。在工业互联网领域，正式上线国家工业互联网标识解析二级节点，"上云上平台"工业企业累计达近2000家；在人工智能和区块链领域，百度云（福州）AI实验室等一批人工智能重大项目快速推进，组建数字福州区块链研究院，打造市级区块链"孵化器+实训基地"；在大数据领域，中国东南大数据产业园聚集中电大数据、东湖数字小镇等专业运营主体和贝瑞基因、复寅精准医学等企业，呈现出国家级大数据集聚发展的态势；在物联网产业领域，福州物联网产业基地集聚效应不断显现，已认定物联网企业超150家。

（三）不断凸显名会名展成效

在名展搭建上，福州成功举办三届数字中国建设峰会，近500家数字经济领军企业参展。其中，第三届数字中国建设峰会成为新冠肺炎疫情常态化期间线下首场成功举办的国家级信息化领域展览会。同时，积极举办了2020数字中国创新大赛，阿里、华为、奇安信等领军企业参与承办各赛道赛事活动。八大赛道围绕信息技术创新应用、医疗行业智慧化、人工智能等主题设置应用导向型赛题，参赛选手由上届8915人增至2.6万人，打造政、产、学、研协同创新的赛事生态体系。

第三节 发展特点

（一）特色优势产业聚焦发展

作为第一个中国软件特色名城，福州积极把握名城品牌建设机遇，集聚各类产业要素，在保持工业控制软件、行业应用软件、IC设计等领域发展优势的同时，重点推动人工智能、大数据、物联网、区块链等新兴领域发展，形成了良好的基础和优势。近年来，福州加快培育平台型的龙头企业，引导并扶持骨干企业以资本、技术和品牌开展联合重组，鼓励骨干企业拓展国际市场，并通过鼓励大中小企业开展产业链上下游合作，共同拓展国内外市场。

（二）产业承载能力大幅提升

福州持续加强资源整合，推动"一园多区"产业规划编制工作，明确各分园产业定位和发展方向，加快实现"全市一盘棋，功能有侧重"的特色软件名城格局。2020年，通过福州软件园"一园多区"建设，全市软件产业规模空间进一步提升，产业规模效应逐步显现。福州软件园各规模企业数量均保持高速增长，园区入围"全国双创升级专业资本集聚型特色载体"。

（三）公共服务平台逐步完善

福州公共服务平台建设不断完善，推动清华—福州数据技术研究院、中国教育大数据应用研究院、福州物联网开放实验室、华为云服务平台、北京软交所福州分中心、知创福建等一系列公共服务平台落地，帮助企业解决知识产权、人才、采购等问题，不断优化产业发展环境。其中，北京软交所福州分中心2019年以来签约合作招商银行、建设银行等金融机构，总授信额度60亿元，为多家企业提供普惠金融服务；华为福州软件云创新中心作为全国第三个省级华为云服务平台，已为近2000家企业提供云技术支持服务，与80余家优质企业建立生态合作伙伴关系。

第二十八章 武汉

第一节 总体情况

武汉作为全国重要的工业基地、科教基地和综合交通枢纽，在城市格局中占有重要地位，为软件和信息技术服务业的发展奠定基础，在经历过"疫情"的大考后，全市集聚多方资源，经济稳步恢复，工业生产明显回暖，"英雄城市"的光辉形象赢得世界瞩目，投资项目纷纷落地，随着人工智能技术的应用加快，软件市场活力有望被激发。数据显示，2020 年 1—11 月，武汉市软件业务收入 1845.1 亿元，同比下降 2.6%，增速有所放缓，利润总额达 199.8 亿元。其中，软件产品收入 861.4 亿元，同比下降 2.5%；信息技术服务收入 896.0 亿元，同比下降 2.2%；信息安全收入 11.3 亿元，同比增长 1.1%；嵌入式系统软件收入 76.4 亿元，同比下降 7.3%。武汉已进入工业智能化改造的攻关之年，涌现出一批"灯塔工厂""黑灯工厂"，软件支撑服务能力提高。工业软件巨头企业在汉布局，人工智能产业联盟、工业互联网产业联盟成功建立，软件百强企业、规划重点软件企业等持续扩容，为软件产业实现恢复式增长提供保障。

第二节 发展现状

（一）产业规模增长放缓

全市软件产业跟随经济状况从"按下暂停"到"重启恢复"。2020 年 1—11 月，武汉软件和信息技术服务企业个数达 2436 个，位于全国副省级城市第二位。武汉有 5 家企业入选 2020 年中国软件企业竞争力前百名榜单，数量

为历年之首，2 家企业入选 2020 年中国互联网百强，9 家企业入选国家规划布局内重点软件企业，近 20 家软件企业收入超过 10 亿元。软件从业总人数超过 34 万人，其中，本科及以上学历人数占比近四分之三，集聚 2000 余名软件和信息技术服务业高端人才在汉集聚创新创业。全年开展 28 场工业智能化改造提升推广会，提升软件支撑能力。总体来看，武汉市政策落实到位，软件产业发展动力依然强劲，收入水平呈现暂时性下降。随着数字经济等创新政策的进一步落地，软件业将迎来新的发展机遇。

（二）政策措施配套完善

武汉持续夯实创新发展的政策基础，优化营商环境，推动软件产业生态建设。武汉完成了软件和信息技术服务业"十四五"发展规划编制工作；制发《武汉市北斗产业发展行动计划（2020—2022 年）》；起草《武汉市加快区块链技术和产业创新发展实施方案（2021—2023）》；出台《武汉市突破性发展数字经济实施方案》《武汉市促进线上经济发展实施方案》两项产业发展总体实施方案。策划并推动市政府与华为合作发展鲲鹏计算产业，长江计算服务器整机产品已中标中国联通集采项目并投产，成功举办长江鲲鹏产业上海招商对接会。武汉推动市政府与浪潮集团签订战略合作协议，在汉落地浪潮华中总部并建设"一园区七中心"项目。协调推进腾讯电竞、文网亿联云电脑、360 华中大区总部、阿里华中总部等项目落地。

（三）四大产业集群培育成型

武汉软件和信息技术服务业聚焦关键领域，产业集群化发展，已培育形成基础软件和信息安全、互联网+、光通信嵌入式和工业软件、地球空间信息四个特色产业集群。在基础软件和信息安全方面，武汉在国产数据库、操作系统、可信计算、传输网网管系统等领域颇具特色，在信息安全领域发挥重要作用，是我国唯一的国家网络安全人才与创新基地。在"互联网+直播""互联网+出版""互联网+语言""互联网+PC 制造"领域的用户数、销售规模以及经济社会效益达到国内领先水平。在光通信嵌入式和工业软件方面，武汉光通信、移动通信、数控机床、激光加工等传统领域的嵌入式软件全国市场占有率超过 30%，工业软件研发技术成熟，形成了一批高质量行业应用解决方案。在地球空间信息方面，武汉聚集了 7 名院士，拥有以实景三维数字系统等为代表的一批具有自主知识产权的高端产品以及武大吉奥、中地数码等数十家优秀企业。

第三节 发展特点

（一）龙头企业队伍持续壮大

武汉软件龙头企业实现突破，竞争能力显著增强。全市已有主板上市软件企业十余家、海外上市软件企业3家，60家企业在新三板和创业板上市。中国信科、烽火通信、领航动力、天喻信息、佰钧成5家企业入选2020年中国软件和信息技术服务综合竞争力百强。斗鱼科技、物易云通入选2020年中国互联网百强，其中，斗鱼科技名列第21位。达梦、中地数码等9家企业入选国家规划布局内重点软件企业。聚集互联网第二总部企业70余家。海思光电子、烽火通信、物易云通等企业收入规模突破100亿元，软通动力、斗鱼科技等企业收入过50亿元，近20家软件企业收入过10亿元。

（二）创新应用体系协同发展

武汉着力建设创新载体，推动信创产业加快发展，利用平台优势推广创新应用。软件研发中心和科研机构数量超过130家，包括4个国家级重点实验室、1个企业国家重点实验室、2个国家工程实验室等13个国家级科研机构，以及华工科技、虹信通信、烽火通信、长飞、天喻、理工光科等6家国家级企业技术中心。武汉建有国内唯一网络安全人才与创新基地和中部地区规模最大的武汉软件新城，光谷软件园等成熟园区产业综合实力全国一流，中金数谷、众维亿方、腾龙数据、盘古大数据等投资百亿以上的互联网数据中心正加快建设。华为、腾讯、小米等龙头企业纷纷在汉设立研发总部，并与本地院校和研究机构联合建立创新实验室。武汉支持本地骨干企业参与我市信创采购项目，成功推动攀升公司国产整机产品进入国家三期补充目录。支持信创产业在汉发展，7月底武汉统信完成更名注册。湖北长城信创整机产线已于7月建成投产，长江鲲鹏生态创新中心正式启用，相关软硬件适配、人才培养、产业招商、开发者赛事和训练营活动有序展开。武汉推进信创人才培养，8月首届达梦数据库精英挑战赛启动，武职信创学院正式挂牌，江汉大学等多所本地高校与长江鲲鹏生态创新中心合作共建"鲲鹏学院"。武汉先后成功举办了中国北斗应用大会暨中国卫星导航与位置服务第九届年会、2020中国数字经济高峰论坛、"链×云"英雄城市峰会、第三届世界区块链大会、2020中国5G+工业互联网大会等高规格峰会论坛活动。

第二十九章

苏州

第一节　总体情况

2019年以来，苏州以获得"中国软件特色名城"称号为新起点，抢抓制造强国、网络强国和数字中国国家战略推进新机遇，立足雄厚的工业基础实力，以工业软件（含嵌入式系统软件）名城特色产业为前进方向，通过推进软件园区载体建设，加快重点领域高成长型企业培育，构建全市软件产业高质量发展新格局。当前，作为以工业软件为特色的中国软件特色名城，苏州软件产业载体建设已形成以苏州工业园区软件园、苏州高新区软件园、昆山软件园和太仓软件园等国家级软件园为重点，以昆山软件园、苏州吴中经济开发区和常熟国家大学科技园等省级软件产业基地为支撑的软件产业空间布局。2020年，面对新冠肺炎疫情影响，苏州疫情防控和产业发展两手抓，全力推进全市软件和信息服务业发展，完成软件业务收入1727亿元，实现逆势增长。

第二节　发展现状

（一）重点企业发展势头强劲

苏州持续引导重点软件企业发展，2020年全市获评国家规划布局内重点软件企业13家，累计获评江苏省规划布局内重点软件企业30家，专精特新软件企业18家，总数居全省第二。此外，为进一步带动细分领域发展，推进苏州数字经济发展，苏州重点瞄准工业软件、平台软件、云计算、大数据、人工智能、区块链六大领域，选拔及培育一批技术能力先进、成长态势良好的"头雁"企业。目前，苏州市已拥有 30 家"头雁"企业，22 家"头雁"培育企业。在 2020 年的财报中，这些"头雁"企业整体取得了亮眼的成绩。其中，凌志软件完成营业总收入 6.30 亿元，同比增长 5.61%，利润总额为 2.22 亿元，同比增长 36.25%；山石网科完成营业总收入 7.25 亿元，同比增长 7.53%；伟创电气完成营业总收入约 5.72 亿元，同比增长 52.13%；"头雁"相关企业汇川技术实现营业总收入 115 亿元，同比增长 5.73，实现利润总额 23 亿元，同比增长 123.45%。

（二）重点园区集聚效应凸显

软件产业园区是促进软件产业升级调整、推动区域经济发展的重要空间聚集形式，对于聚集创新资源、提高软件核心竞争力具有重要意义。目前，苏州拥有国家级软件园 1 个（包括工业园区软件园、高新区软件园、昆山软件园和太仓软件园 4 个分园）和省级软件园 3 个（包括昆山软件园、苏州吴中经济开发区和常熟国家大学科技园），先后吸引了阿里巴巴、百度、华为、腾讯等国内知名互联网企业在园区内设立研发中心、创新基地。其中，苏州工业园区软件园作为苏州最早启动的软件园区之一，凭借完善的产业生态和市场优势，持续吸引软件企业入驻。近年来，该园区依托国家软件产业基地、国家动画产业基地、中国软件欧美出口工程试点基地和中国服务外包示范基地，集聚软件产业相关企业 2000 余家，在日化、消费电子、电器、光电等领域相继涌现出多家软件领军企业，9 家企业入选 2020 年省重点软件企业培育库，约占全市一半，6 家企业入选 2020 年省专精特新软件企业培育库，占全市 1/3，两项入库企业数均位居全市第一。此外，园区内的鲜橙科技、博纳讯动等企业入选中国潜在独角兽企业榜单，凌志软件、思瑞浦、同程、友谊时光、罗博特科等多家园区软件企业在境内外上市，已基本形成"领军—瞪羚—独角兽—上市"的雁阵型软件企业集群。

（三）工业软件持续发展

改革开放以来，苏州开辟了一条以制造业为主的开放型经济发展道路，迅速成长为全国第一大工业城市与全球重要制造业基地，发达的制造业与完整的产业链为工业软件持续发展壮大提供了沃土。2020 年，苏州全市工业软件产业链实现相关收入 763 亿元，同比增长 12.4%，占全省比重达 34.4%，约占全国的 9%。在重点企业方面，苏州拥有浩辰、同元、千机等研发设计

类软件提供商，欧软、盟思、慧工云等控制管理类软件提供商，汇川、博众、汇博等嵌入式领域龙头企业。苏州以千机智能、汇博机器人、同元软控为牵头单位，获得国家高质量发展专项，计划项目建设总投资 3 亿元。其中，获国拨资金支持近 6000 万元。苏州以市政府名义，与国家信息技术应用创新工作委员会、省工业和信息化厅共同签订三方合作协议，共同推进建设以工业软件为特色的苏州信创产业园，为下一步推进工业软件产业链高质量发展打下扎实基础。

第三节　发展特点

（一）持续推进新一代信息技术发展

新一代信息技术产业是电子信息产业中技术更先进、附加值更高的部分，也是苏州优先发展的先导产业。近年来，苏州持续推进新一代信息技术发展，在大数据领域，先后推动吴江区、高新区获评江苏区域大数据开放共享与应用试验区，累计获评"腾云驾数"优秀企业、优秀案例 57 项，居全省第二；在区块链领域，在全省率先制定出台《关于加快推动区块链技术和产业创新发展的实施意见》，加快推进区块链技术与产业融合创新发展，2020 年以来，吸引长三角数字货币研究院、中银金融、纸贵科技、阿尔山等一批区块链重点企业来苏落地，企业总数超 80 家，推动盛虹集团、斯莱克精密、国泰新点、凌志科技等 200 余家传统企业加速探索区块链技术在传统行业的实践应用。5 月 11 日，江苏唯一一个区块链产业集聚区落地苏州，苏州区块链产业协会、产业园、人才培养基地等载体正式运营，"链谷杯"区块链应用创新大赛、区块链主题沙龙、长三角区块链高端研讨会等活动密集召开，基本形成涵盖底层技术支撑、人才培养、应用开发、检验测试、应用场景实践的产业发展生态。在 5G 领域，作为全国首批 5G 试点城市，苏州按照国家和省委省政府的工作要求和统一部署，积极整合各方资源，落实以"5G 基站建设规模全省第一"的工作目标，开展大规模网络建设，于 9 月份提前完成省定的 5G 基站建设任务 9269 个，数量居全省第一。

（二）积极构筑良好的产业发展生态

苏州为全市软件和信息服务业构筑了良好的产业发展生态，从载体建设、产才培养、服务保障等领域持续发力，为产业发展保驾护航。苏州在全国范围内率先建设完成中国软件特色名城展馆，系统展示苏州软件发展成果和信创发展情况，加强企业交流和产业对接；以建设国家级、省级软件名园为目标，对标找差，全力推荐工业园区为中国软件名园试点单位，以载体为基础，加强对软件企业的各项服务支持；组织各地工业和信息化部门、重点企业参加工业和信息化部软件高质量研修班、江苏育鹰计划高级研修班等，推进人才交流、产业对接；编制发布《人工智能、软件、区块链、信息技术应用创新一本通》《苏州市人工智能发展白皮书》《苏州市区块链产业发展白皮书》，助力各地结合自身实际，精准招商，科学发展；建设苏州信创产业园，吸引包括爱数、达梦等国内重点信创企业来苏落地，并积极承办工业软件专题座谈会、首期信创精英论坛等形式，吸引国内院士、专家、重点企业家代表来苏交流工业软件和信创发展经验。

第三十章

厦门

第一节 总体情况

厦门自2019年3月获得"中国软件特色名城"称号以来，持续出台软件和信息技术服务业配套政策，营造良好的营商环境，以游戏动漫为特色的提质升级建设持续深入推进。2020年1—11月，厦门软件和信息技术服务业保持良好的发展态势，实现收入1677.1亿元，同比增长11.8%，占全国的2.29%，其中，软件产品收入为348.7亿元，同比增长11.8%；信息技术服务收入为997.4亿元，同比增长12.1%；信息安全收入为11.1亿元，同比增长14.7%；嵌入式系统软件收入为319.9亿元，同比增长10.9%；利润总额达108.2亿元，同比增长8.4%。全市拥有软件企业1915家，3家企业入选全国软件百强，4家企业入选全国互联网百强，2家企业入选全国IT上市百强。厦门颁布《厦门市软件产品和应用解决方案工作实施细则》，面向政府管理、公共服务、企业生产等方面的软件产品和应用展开征集，加强本市软件企业的宣传推广。厦门在软件人才"引、培、育、用"上加强落实，对软件人才培训、软件人才生活补贴投入资金914.6万元。厦门举办了第十三届厦门国际动漫节，促成8个产业项目签约落地，达成14个动漫领域合作项目。

第二节 发展现状

（一）惠企政策落到实处

厦门从税收、用电等方面为软件企业提供优惠减免，在防疫物资供应方面提供保障，助力软件企业正常运营。厦门贯彻落实国家"软件企业两免三减半"税收优惠政策，开展软件企业所得税优惠政策核查工作，共计核查28家软件企业，其中26家通过。厦门落实福建省大数据产业重点园区企业电价扶持政策，组织84家软件企业申报用电优惠。厦门面向重点软件企业启动口罩配售工作，保障软件企业日常生产运营的防护物资需求。

（二）服务水平日益提高

厦门在提供产业资金支持、扩大企业市场影响力、引进培育软件人才等方面的服务能力持续增强。2020年，全市兑现软件产业资金7000万元，涵盖优秀案例奖励、研发增量补助、工业软件产品奖励、新媒体及游戏运营奖励、游戏出口补贴、标准制订补贴、参展补贴等，支持软件企业加强研发创新和市场拓展，支持200余家软件企业。厦门组织开展国家、省、市级软件领域优秀企业及案例征集评选、推荐活动，强化宣传增强企业市场影响力。厦门加强软件人才"引、培、育、用"，落实软件人才落户政策，为359名软件人才解决落户难题；兑现培训机构就业奖励资金51.8万元，支持开展实用型技术人才培训；兑现软件人才生活补贴资金862.8万元，惠及713名企业骨干人才。

（三）企业实力不断增强

厦门发挥产业引导作用，推动软件企业提高竞争能力。在国家级榜单方面，2020年，信息集团、吉比特、亿联网络3家企业入选软件百强，4399、美图、点触科技、吉比特4家企业入选互联网百强，亿联网络、美亚柏科2家企业入选IT上市百强。在省级榜单方面，22家企业上榜福建省互联网企业30强，2家企业上榜福建省互联网最具成长型企业，3家企业上榜福建省互联网最具创新型企业，26家企业上榜福建省数字经济领域创新企业名单。其中，独角兽企业1家，未来独角兽企业1家，瞪羚企业19家。在市级评选方面，组织遴选50家市级重点软件企业，支持企业坚持自主创新，持续提供优质软件产品及服务。企业产品应用重点项目持续推进，优秀方案不断涌现。新增2个工业和信息化部支撑疫情防控和复工复产复课大数据产品和解决方案、5个工业和信息化部大数据产业发展试点示范项目、1个工业和信息化部工业互联网App优秀解决方案、5个省级工业互联网App典型应用案例，评选出20个市级优秀软件产品和20个应用解决方案。

第三节　发展特点

（一）信创产业聚力发展

厦门多部门、多企业、多机构共同推进信创产业发展，汇聚产业资源，促进技术创新。2020年，厦门先后成立信创产业联盟，成立信创工委会，举办首届厦门信创发展论坛，通过校企联合的方式，建设信创产业学院，打造国家信创产业人才高低。厦门重点围绕"自主可控"生态建设，聚焦试验验证标准规范编制、验证测试环境搭建和国产软件体验推广平台，积极申报国家级协同攻关和体验推广类项目，不断丰富信创融合软件示范应用基地建设内容。

（二）产业推广成效突出

厦门通过搭建高层次产业推广平台、开展软件产品和应用征集、组织企业参加推介会等活动，促进软件产业项目合作。厦门举办了第二届中国人工智能大赛；举办第十三届厦门国际动漫节，推动首届中国动漫年会落地，进一步为动漫名城建设添砖加瓦。本届动漫节促成国际动画协会（ASIFA）中国代表处项目、融创未来文化娱乐（北京）有限公司东南区网剧创作运营中心等8个产业项目签约落地，并有14个动漫领域合作项目成功"牵手"。厦门出台了《厦门市软件产品和应用解决方案工作实施细则》，面向软件企业征集政府管理、公共服务、城市运转、企业生产、市民生活等领域的软件产品和应用解决方案，加强宣传推广，此项工作将常年开展。厦门组织神州鹰、绿网天下等数字教育企业参加"中国福建-埃及数字教育云对接会"，进行推介交流。

（三）软件园区建设加快

厦门软件园营收规模持续扩大，三期建设进一步推进，产业集聚、创新驱动功能充分展现。2020年，厦门软件园实现营收1371亿元，同比增长15.9%，新增116家"三高"企业，拥有134家营收超亿元企业。园区继续围绕"龙头+短板"开展重点企业招商，华为厦门DevCloud创新中心、信息集团信创应用适配中心等公共技术服务平台加速落地，软件园为企业发展共性需求提供服务的能力显著增强。厦门引导园区企业加快发展线上经济新业态、新模式。厦门积极开展"中国软件名园"创建工作，继续依靠软件园区战略发展委员会和事务型委员会，激发园区企业间的强强联合，继续完善引进人才、留住人才的配套措施，提高企业服务能力，驱动软件产业加速创新发展。

第三十一章 青岛

第一节 总体情况

青岛落实"高端制造业+人工智能"攻势行动方案，发起"中国软件名城创建"攻坚战，以"五名"即名品、名企、名园、名展、名人培育为重点，扎实推进产业运行、双招双引、展会举办、政策落实等各项工作。2020年1—11月，青岛软件和信息技术服务业实现收入2090.2亿元，同比增长10.2%。其中，软件产品实现收入667.5亿元，同比增长12%；信息技术服务业实现收入744.6亿元，同比增长12.2%；信息安全实现收入46.5亿元，同比增长4.9%；嵌入式系统软件实现收入631.6亿元，同比增长6.5%。截至2020年11月，青岛共有软件和信息技术服务业企业1833家，全市软件和信息技术服务业继续保持平稳较快发展，青岛软件和信息服务示范基地获评全国四个五星级软件示范基地之一。

第二节 发展现状

（一）加快推动产业恢复发展

青岛全面落实部省市协同工作机制，持续推进名城发展，全市大力发展工业软件、嵌入式软件、大型行业应用软件、新型平台软件等，着力提升软件产业规模和品牌影响力。2020年，青岛软件产业运行监测工作开展有序，持续保障了软件产业的平稳运行。通过软件企业复工率、到岗率等方面进行的实时监测，全面掌握复工复产情况，及时了解疫情对全市软件企业造成的影响及面临的困难和问题，加快推动全市软件产业恢复发展。疫情期间，青

岛加强汇总收集软件企业的反馈情况，对全市软件行业发展形势研判和确定下步工作重点提供有力支撑；同时，积极开展软件企业走访调研，对影响较大的 70 余家企业进行重点走访，帮助协调解决企业面临的困难问题。

（二）聚力发展特色高端软件

青岛紧抓现有软件企业，不断培育壮大新企业，鼓励企业研发具有自主知识产权和自主品牌的软件产品，不断拓展业务领域。同时，青岛持续完善软件百户重点企业监测坐标，加强行业发展趋势研判和运行监测分析。此外，青岛持续推动工业企业软件业务剥离。整体来看，青岛 3 个项目入选 2019 年国家工业互联网 App 优秀解决方案，2 个项目入选 2020 年国家新型信息消费示范项目，19 个项目入选第四批山东省首版次高端软件产品，16 个产品获评"中国优秀软件产品"，97 个产品获评 2019 年度国家、省、市优秀软件产品。

（三）加强完善企业对接服务

青岛加快落实国家、省、市制定的助力企业疫情防控、复工复产、财税支持等有关政策文件。青岛落实国家软件产业税收政策，软件企业减免所得税 1.94 亿元。青岛通过中国人民银行青岛中心支行、青岛软件行业协会、青岛中小企业公共服务中心等机构联合，加强融资需求对接，助力全市软件产业恢复生产。同时，全市加强与财政部门协调，提前向企业拨付了软件与信息产业发展专项资金。此外，青岛印发《关于做好 2020 年度青岛市软件与信息产业专项资金有关项目申报工作的通知》，积极组织开展奖励项目申报评审。

第三节　发展特点

（一）特色产业深入聚焦

青岛按照"高端制造业+人工智能"攻势要求，推进"中国软件特色名城"建设。全市大力培育"名企名品"，加强"青岛软件"品牌意识的树立；鼓励企业做大做强，提升企业资质，培育一批上规模软件企业。青岛创新推进名园名展，坚持"东园西谷北城"产业集聚布局，加快软件产业项目开工和建设，创新筹办软件、工业互联网特色展会等。青岛重点突出智造特色，发挥青岛智能制造产业优势，培育一批骨干工业互联网 App 企业和技术标准，开展工业互联网 App 征集评优活动，加强工业互联网 App 创新应用推广。

（二）产业生态持续优化

青岛印发《青岛市"高端制造业+人工智能"攻势作战方案（2019—2022年）》，打响新一代信息技术"振芯铸魂"攻坚战，加速 5G 布局，发力人工智能，突破集成电路，发展高端软件。5G、人工智能、虚拟现实、超高清视频产业行动计划等一批产业规划发布。青岛推动产业生态良性发展，叠加放大平台生态效应。青岛抢抓产业发展"风口"，超前布局赛迪（青岛）区块链研究院、青岛"链湾"研究院等研究机构，集聚区块链相关企业 100 多家。青岛区块链发展在全国城市总体排名第 8 名。

（三）政策引导不断加强

青岛持续发挥《关于加快培育提升"五名"高标准创建中国软件名城的实施意见》等政策文件作用，加快培育提升软件产业名企、名品、名人、名园、名展（"五名"），持续加强特色优势明显、"五名"特色突出的中国软件名城建设。近年来，青岛持续加强市级财政资金对做大做强软件和信息技术服务业的扶持力度，印发了《青岛市人民政府关于促进先进制造业加快发展若干政策实施细则》，放大软件产业资金扶持范畴，支持软件上规模、领军和高成长企业，支持引进知名软件企业，支持打造标志性软件产品，支持创建国内外标准资质，支持行业系统解决方案，软件产业奖励和补助资金额度逐年提升。

第三十二章

无锡

第一节 总体情况

无锡围绕创新驱动核心战略和产业强市主导战略,大力发展软件和信息服务业、物联网、大数据、人工智能等新一代信息技术产业,通过落实政策、健全制度,招商引企、育才引智、整合平台、优化服务等措施,积极推动软件业高质量发展,充分发挥对城市经济发展的支撑作用。近年来,无锡以创建"中国软件名城"为契机,紧紧围绕打造"名园、名企、名人、名品、名展",大力推进全市软件产业高质量发展,现已形成产业规模稳步增长、园区建设持续推进、骨干企业迅速成长、软件人才日益集聚、创新体系不断完善、特色优势逐步显现的良好格局。

第二节 发展现状

(一)创新能力显著提升,创新体系日趋完善

无锡软件和信息技术服务业自主创新日益活跃。全市软件著作权登记数量逐年增加,整体呈现出创新能力快速提升的发展趋势。全市创新技术服务体系日趋完备,拥有省级以上软件相关工程技术研究中心 55 个,和软件强相关的有 17 家,省级软件企业技术中心 19 家,省信息产业企业联合研发创新中心 16 家。同时,全市拥有江苏大数据产业技术创新战略联盟、无锡大数据发展联盟等众多企业技术创新联盟。此外,无锡还大力构建软件技术服务平台,成功获批建设国家"芯火"双创基地,成为全国首家获批的地级市。

（二）园区发展成效显著，载体建设稳步推进

无锡市政府积极培育软件园区和基地，成功创建了多个功能完善、服务优良、产业配套完善的国家级和省级软件园区。目前，全市拥有软件产业相关园区23家。其中，国家级软件园1家（无锡软件园），江苏省级软件园4家。无锡软件园已汇聚微软、联想、文思海辉、曙光城市云等创新企业500余家，先后获得8项国家级品牌。无锡惠山软件园培育了大唐融合、智科传感等规模型亮点企业，逐渐成为高端人才汇聚、创新创业活跃、孕育新兴产业的特色园区，先后获评近30个荣誉。江阴软件园、山水科教产业园等软件专业园区集聚效应不断显现。

（三）搭建专业展会平台，加大产业宣传推广

为加强软件产业知名度，扩大软件企业的品牌效应，无锡积极举办或参与各类知名涉软展会，搭建专业展会平台。全市紧密结合中国软件名城创建、国家传感网创新示范区和云计算服务创新发展试点示范城市建设，高水平举办世界物联网（传感网）博览会，加快成为新一代信息技术产业领域规模最大、层次最高、影响力最大的国际性专业展会之一，发挥更大品牌宣传和招才引企作用。同时，全市积极组织重点企业参加北京软博会、南京软博会等国内外知名软件博览会，鼓励、扶持本地软件企业积极参展，帮助企业扩大品牌宣传、拓展市场规模。

第三节　发展特点

（一）培育本地优势产业，加快打造特色名城

无锡软件名城创建工作始终紧紧围绕打造"名园、名企、名人、名品、名展"，在发展优势产业、扶持重点领域、打造产业集群、培育骨干企业、完善载体平台建设、培养领军人才等方面加大推进力度，充分发挥无锡在物联网、云计算等领域的国内领先优势，推动软件产业与物联网、云计算技术融合发展，构建集技术创新、产业化和市场应用为一体的产业发展体系。无锡以应用带产业、以示范拓市场、以模式促推广的物联网发展思路，以功能平台为依托，推动物联网产业集聚，形成了覆盖传感器、感知设备、网络通信、应用服务、智能硬件等较为完整的产业链体系，为软件名城的创建工作提供了坚实基础。

（二）建立完善政策体系，保障产业持续发展

近年来，无锡不断出台有关"互联网+"、云计算、大数据、物联网、智慧城市建设、现代产业发展等方面的政策意见，推动软件和信息技术服务业创新发展。此后，无锡各级政府及相关机构纷纷出台相应配套意见规划，为辖区内软件与信息化产业的持久稳定发展提供了良好的政策保障。2020年，无锡发布《无锡市促进软件产业高质量发展的若干政策》（锡政发〔2020〕34号），促进全市软件产业高质量发展，持续优化政策环境。

（三）软件赋能智慧城市，带动效应不断扩展

软件和信息技术服务已广泛应用于全市教育、医疗、卫生、社会保障、城市交通、市政服务等社会管理领域，城市管理水平和效率得到了显著提升。在智慧城市方面，全市信息化和新型智慧城市建设成效显著，无锡入选"全球智慧城市Top20"榜单，连续获得中国智慧城市建设领先奖。在电子政务方面，无锡电子政务云端化快速发展，无锡城市云、无锡政务外网云平台，网站群私有云和政务网私有云四大云平台共同构成无锡电子政务云平台，已被广泛应用于民政、财政、规划、交通、经信、商务等部门的电子政务系统，有效降低了能耗和综合运维费用，简化了管理，提高了安全水平，提高了系统的可扩展性。在其他领域，全市积极打造"智慧校园""智慧课堂"，积极实施基于大数据的医院绩效评估信息系统建设，推进电子病历的升级改造，扩大电子病历的实施单位和实施范围。

园 区 篇

第三十三章

中关村软件园

第一节　园区概况

中关村软件园于2000年成立，先后被国家相关部委等授予"国家软件产业基地""国家软件出口基地""国际科技合作基地""国家火炬计划软件产业基地""国家级工程实践教育中心""国家软件与集成电路人才国际培训基地""2020年中国最具活力软件园"等数十项荣誉。成立二十多年来，中关村软件园始终站在行业创新发展的最前沿，园区企业不断创新突破，更新迭代，优秀企业不断涌现，形成了以大数据、人工智能、5G、量子科学等产业为代表的特色产业集群。

截至2020年底，园区共入驻企业700余家。其中，上市公司70家，收入过亿元的企业87家，国家规划布局内重点软件企业26家，中国软件百强企业16家，中国互联网百强企业9家。企业总收入达3366亿元，比2019年增长17.3%，从业人员达9.45万人。园区企业研发投入381亿元。2020年，园区企业贝壳找房（纽交所）、国盾量子（科创板）、芯原微电子（科创板）等三家企业完成海外或科创板上市。联想、百度、新浪、微博、腾讯等园区龙头企业增长平稳，中大型企业成为拉动园区增长的新引擎，如万集、千方科技、曙光、博彦、广联达、亚信、浪潮、立思辰、启明星辰、瑞斯康达、倍升互联等企业聚焦人工智能、大数据、5G、区块链等新技术，对园区经济增长拉动明显。

第二节　重点行业发展情况

（一）大数据

中关村软件园依托丰富的数据资源和强大的应用市场优势，在大数据关键技术研发领域不断取得突破，始终领跑大数据技术创新前沿，已形成了从技术研发到产业化应用等一系列完整的大数据产业链，并为电力、能源、交通等不同领域提供大数据解决方案和技术支撑。在基础架构大数据领域，一批信息服务企业面向存储管理、云服务、信息传输、数据安全等特定领域研发数据分析工具，提供创新型数据服务，如太极计算机、紫光股份、大唐电信、神州绿盟等。在领域应用服务方面，越来越多的企业在商业智能、虚拟现实、可视化、数据分析等应用领域崭露头角，如用友网络、暴风科技、利亚德光电、七麦科技等。在行业应用服务方面，大数据在"互联网+"等新兴行业中得到广泛应用，网络社交、电商、广告、搜索等个性化服务和智能化水平大幅提升，催生了共享经济等数据驱动的新兴业态，如今日头条等。大数据产业还加速向传统产业渗透，驱动生产方式和管理模式变革，推动制造业向网络化、数字化和智能化方向发展，如北大千方、龙信思源、广联达科等企业。此外，园区还注重加强国际合作、技术发展与国际进步。园区不断加强产业服务体系建设，整合各种资源，提供多方面的产业服务，为大数据产业发展提供良好的环境。

（二）人工智能

中关村软件园围绕人工智能技术创新和产业化应用推广，不断进行拓展延伸，促进全国乃至全球的技术更新、产品迭代、商业模式创新。中关村软件园积极发展人工智能计算框架，如百度开发了深度学习开发平台 PaddlePaddle 和 DuerOS 操作系统，旷视科技面向视觉领域开发了人工智能开发平台 Face++，中科创达开发了 TurboX 智能硬件大脑。2020 年，百度飞桨新一代人工智能底层开源深度学习平台、中关村软件园 AI 标准评测和数据分享平台、旷视科技计算机视觉开源开放协同创新平台等入选"中关村国家自主创新示范区高精尖产业协同创新平台"，AI 标准评测和数据分享平台通过建设开放、灵活、可扩展的 AI 开源数据平台，有效打破各行业数据系统的界限，解决了数据质量孤岛问题，促进我国人工智能统一规范的数据标

准建设和完善的数据质量评测指标体系建设，有效解决了我国各领域（包括语音、视觉、电信等）和各行业（通信、家居、金融、医疗、交通、教育等）人工智能发展过程中存在的数据质量问题，发挥中关村示范园区的前沿引领作用，助力国家 AI 产业健康有序发展。

（三）5G

中关村软件园 5G 产业构成丰富，布局全面，在关键核心技术领域、融合创新应用、特色发展以及 5G 产业生态搭建方面，覆盖了技术和标准制定、芯片设计、终端等重点领域，成果非常显著。2020 年，中关村软件园成功举办了"5G 创新应用大赛"，推动了无人驾驶及接驳车、园区智慧大脑、园区公共安全、自动清扫、智能驾培、智慧停车、无人配送与新零售、云端数字营销平台等十大应用场景在园区率先落地，开展应用推广，充分展示了当前国内 5G 在智慧园区等行业应用的科技活力与商业活力，加速前沿技术落地和商业化进程。

第三十四章 上海浦东软件园

第一节　园区概况

上海浦东软件园成立于 1992 年，是原信息产业部和上海市人民政府的合作项目，作为全国最早的软件园之一，汇聚了全国各地的软件产品、技术和人才资源。目前，浦东软件园有六大园区，分别是郭守敬园、祖冲之园、三林世博园、昆山园、川沙园以及三林园。其中，除川沙园以外的五大园区已投入运营。截至 2019 年底，上海浦东软件园共有软件企业 1589 家，其中，入驻企业 742 家，从业人员 45000 人，园区软件和信息服务业实现经营收入 749.7 亿元。

发展至目前，上海浦东软件园已在多个产业形成了较完备的产业链条，在技术、人才、服务等方面取得了显著成果，凭借良好的集聚效应有效带动周边发展。园区主导产业涵盖集成电路、移动互联、数字文化、金融科技、人工智能、智能制造和信息安全等多个领域，示范和引领作用日渐显著。围绕"创新驱动、转型发展"的主线，以优化产业结构为目的，园区将目光转向业界高端资源，逐步建立起"龙头企业+产学研联合"的发展体系，形成了需求牵引、创新应用的发展模式，培育了 3D 打印、互联网金融以及大数据等一批新兴产业。

上海浦东软件园聚集了国内乃至国际上众多在技术、产业等方面领跑的科创企业。在 2020 上海软件和信息技术服务业百强名单中，上海浦东软件园共有 5 家企业入选。它们分别是花旗金融信息服务（中国）有限公司、上海七牛信息技术有限公司、上海二三四五网络科技有限公司、中国银联股份有限公司、上海金桥信息股份有限公司。

2019年1月，上海浦东软件园荣获"2018年中国最具活力软件园"称号。2019年8月18日，上海市经济和信息化委员会公布了上海市信息服务产业基地（2019—2021年）名单，上海浦东软件园成功入选"上海市信息服务产业基地（2019—2021年）"综合信息服务产业基地，上海浦东软件园三林园成功入选"上海市信息服务产业基地（2019—2021年）"特色信息服务产业基地。2020年1月8日，在2020中国软件产业年会上，上海浦东软件园荣获"2019年中国最具活力软件园"的称号。2020年1月10日，在"拥抱数字技术，践行智慧运营"研讨交流会暨中国软件园区发展联盟2019年终会上，上海浦东软件园入选"2019全国影响力园区"。

第二节 重点行业发展情况

（一）3D打印

在后端从事应用服务开发领域，上海浦东软件园已经汇聚了大批企业，具备有利的区位竞争优势。在3D打印领域，由园区内企业智位机器人有限公司研发的基于RepRap开源设计的DreamMaker目前已经成功面市，此款产品是首款桌面国产3D打印机，打印速度可以达到150mm/s，层厚度则可以达到0.05mm，与市面上其他同类产品比较，在打印尺寸、打印速度、打印精度以及市场售价上竞争优势明显。

（二）互联网金融

在金融信息服务领域，园区内的花旗金融、胜科金仕达等国际一流的金融信息服务厂商为园区金融信息服务领域的进一步发展打下了坚实的基础。在金融类软件开发领域，园区汇聚了从事金融软件应用系统的天用唯勤和棠棣信息，以及从事金融交易工具与量化模型开发的无花果信息等优秀企业。特别是国内第一家由工商部门特批并获得政府认可的互联网金融平台——拍拍贷金融信息服务有限公司，同时也是国内首个P2P网络信用借贷平台。

（三）大数据

自开园以来，友邦保险、花旗银行和高通公司等知名企业就把数据中心建在园内。近年来，园区还在云平台开发建设、文本智能处理、数据挖掘、云存储、数据管理、数据库自主创新等领域涌现了诸如汇智软件、达观数据、

锦融决策、七牛云、信核数据、运筹信息、达梦等一大批优秀企业。其中，达观数据凭借核心产品之一达观机器人流程自动化（RPA）获得了2019年大数据产业技术创新金奖并成功入选"WIM2019全球人工智能TOP50"榜单，同时也是国内文本智能处理领域首家获得ISO27001：2013信息安全管理体系认证的AI企业；七牛云以云存储起家，如今已荣登2019年"卓越云服务提供商TOP5"，服务的企业数超过80万家，间接服务全国超过80%的网民。同时，园区内还集聚了基础设施、公共研发平台等综合性优势。这将继续积极推动园区大数据产业的发展。

第三十五章

天府软件园

第一节 园区概况

　　天府软件园位于成都高新区南部园区的核心地带，是首批国家软件产业基地、国家数字服务出口基地和国家备案众创空间，也是目前四川唯一同时获得工业和信息化部、科学技术部、人力资源和社会保障部、中国共产主义青年团中央委员会认定的创新型科技园区。

　　自运营以来，天府软件园已经招引了 SAP、IBM、Dell、Wipro、EMC、DHL、NCS、Garmin、西门子、飞利浦、普华永道、阿里巴巴、宏利金融等 600 多家国内外知名企业。其中，世界 500 强企业有 34 家，同时成功孵化医联（Medlinker）、tap4fun、TestBird、极米、咕咚、鲁大师、狮之吼（LionMobi）等众多国内外领先的企业和产品。截至 2020 年上半年，天府软件园年总产值已超过 600 亿元。

　　目前，天府软件园通过持续地整合产业资源、打造产业生态，已经培育形成 5G 通信、人工智能、软件产品研发、数字娱乐等几大产业集群，成为成都发展软件与信息技术服务业的重要载体和国内外知名的创新地标。

第二节 重点行业发展情况

（一）5G 通信

　　天府软件园作为成都发展时间最长、发展最为成熟的产业社区之一，在发展 5G 产业方面，起着先锋带头作用，集聚了 Alcatel-Lucent、TCL、Garmin、Marvel、Nokia、Ericsson、鼎桥等一批 5G 通信领域龙头企业。其中，鼎桥

聚焦 TDD 技术与产品的创新，产品和解决方案已全面应用于中国移动 3G、4G 商用网络，2020 年成立的鼎桥"5G 行业终端与应用创新中心"成为国家 5G"新基建"战略在成都落地的关键创新载体，共同促进 5G 行业终端与应用的生态建设；爱立信成都研发中心是全球增长最快的研发中心之一，具备无线全产品线研发能力，覆盖从点系统、微蜂窝、宏蜂窝到大规模天线单元（Massive MIMO）等各种产品形态，以及 2G/3G/4G/5G 等多种标准制式，所研发的产品已经部署在全球 100 多个国家的运营商网络。

（二）人工智能

成都是西部城市人工智能影响力排名靠前的城市。天府软件园作为成都发展人工智能不可忽视的一股创新力量，集聚了一批人工智能领域的引领者和佼佼者。智元汇作为目前中国城市公共交通场景极具代表性的 AI 赋能平台，是国家级专精特新"小巨人"企业、成都高科技高成长 20 强企业、成都新经济百强企业，估值已超 50 亿元；医联用人工智能助力慢病管理，现已成长为拥有超 80 万名注册医生、5 万余名签约医生的行业龙头企业；博恩思致力于创新研发制造机器人外科系列产品，博恩思微创外科机器人可广泛应用于各类腹腔镜微创外科手术，实现微创外科手术机器人技术的重大自主创新；晓多科技致力于以人工智能技术提升客服行业效率，目前累计为客户服务超过 90 亿次。

（三）数字文创

天府软件园围绕游戏、视频、动漫、文旅等领域，已经成功孵化了 Tap4fun、TestBird、天象互动等众多国内外知名的数字文创企业，以及《银河帝国》《王者帝国》《三剑豪》《花千骨》《战地风暴》等精品文创产品。Tap4fun 是国内领先的具备研发和运营实力的手游公司，旗下主要的游戏产品包括《海岛帝国》《银河帝国》《王者帝国》等。其中，《银河帝国》iOS 版本在全球 15 个国家登顶畅销榜，《王者帝国》位居中国区 App store 畅销榜之首；天象互动一年内出品了《花千骨》《三国威力加强版》《热血精灵王》等众多千万用户级别的手游产品，《花千骨》凭着月流水破 2 亿元的成绩成为现象级手游；华栖云专注"云+视频"领域，掌握多项媒体云服务核心技术，拥有知识产权 100 余项，获得"国家级专精特新小巨人""中国媒体云影响力企业""4K 技术创新奖"等行业重大奖项，服务超过 1500 家 B 端企业用户。

第三十六章

中国（南京）软件谷

第一节　园区概况

坐落于南京主城雨花台区的中国（南京）软件谷（以下简称：软件谷），规划面积 73 平方千米，至今已发展近十年。成立的第二年，软件谷即被授予全国首批、江苏唯一的国家新型工业化（软件和信息服务业）示范基地，至今已获得多项国家级荣誉，如"国家火炬计划现代通讯软件产业基地""中国服务外包基地城市示范区""国家级博士后工作站""国家数字出版基地"等。

软件谷由三大园区组成，分别是北园、南园和西园。北园聚焦通信软件产业，引进了华为、中兴、维沃等一批具有国际竞争力的行业领军企业，并建成全国最大的通信软件产业研发基地。南园聚焦云计算大数据、互联网、人工智能产业，聚集了浩鲸科技、诚迈科技、满运等重要企业，正在成为软件谷发展的第二高地。西园围绕装备生产制造、轨道交通的智能化、数字化发展，以及数字内容、数字文创、数字出版等数字服务产业孵化，走出差异化协同发展的路线。

2020 年，软件谷涉软企业达 3142 家，全年实现软件业务收入 2170 亿元，同比增长 20.6%。涉软企业中，以世界 500 强、世界软件百强、中国软件百强、中国电子信息百强及中国互联网百强企业为代表的企业近 50 家，自主培育主板上市企业、新三板挂牌企业 26 家，自主培育独角兽及瞪羚企业 43 家。

软件谷是南京创新名城建设的主阵地。软件谷集聚高新技术企业 562 家，涉软人才达 30 万人，国家级、省级众创空间和科技企业孵化器共 19 家，累

计签约落地新型研发机构 24 家。截至 2020 年，通过市级备案新型研发机构 18 家，落地机构孵化引进企业 200 余家。

第二节 重点行业发展情况

软件谷现已形成了"六大创新产业集群"：通信软件及运维服务产业集群，云计算大数据及信息安全产业集群，互联网产业集群，人工智能及智能终端产业集群，芯片设计、测试、封装产业集群，以及信创产业集群。

（一）通信软件

软件谷通信软件产业集群建筑面积超过 130 万平方米，是科学技术部认定的"中国通信软件特色产业基地"，已集聚华为、中兴、亚信、三星电子、中邮建、嘉环科技、欣网视讯等近 200 家企业，从业人员超过 6 万人。依托华为、中兴、中博研究院、绛门科技等重点企业和机构，软件谷加快建设具有全球竞争力的通信软件及移动智能终端产业研发基地，打造国内通信领域的行业集聚高地。

（二）云计算大数据及信息安全

软件谷集聚了紫光、华软、云创存储、斯坦德等一批云计算龙头企业，致力于建设国内一流的超级云计算技术研发中心、产业拓展基地和服务示范窗口。软件谷集聚了亚信、中新赛克等一批网络安全企业。亚信在 2019 年和 2020 年上半年度中国身份和数字信任软件市场份额中排名第一，在中国终端安全软件市场份额中排名第二。中新赛克研发的"面向钢铁行业的工业互联网安全一体化平台"和"电信网省际出入口诈骗电话防范系统"入围工业和信息化部 2020 年网络安全技术应用试点示范名单。

（三）互联网产业

软件谷互联网产业集群建筑面积约 30 万平方米，已集聚京东、苏宁、满运软件、领添信息、众能联合、网觉等相关企业 100 余家，从业人员约 3 万人。谷内的众能联合是一家专注于工程设备租赁的高新技术产业互联网企业，累计服务客户超过 50000 家，已完成累积 30 亿元的 C 轮融资。谷内的另一家代表性企业网觉，是最大的超休闲产品发行商之一，已获得毅达资本 B+轮投资。

（四）人工智能

软件谷人工智能产业集群建筑面积达 20 万平方米，实现收入超 100 亿元，从业人员约 2 万人。软件谷目前已培育形成了一批具备一定实力的人工智能企业。睿悦信息是全球领先的 AR/VR 系统、三维数字引擎及互动式内容工具供应商，入选 2020/2019 世界 VR 产业大会中国 VR 企业 50 强，已完成亿元 C1 轮融资。亿嘉和是工业和信息化部小巨人企业，具备特种机器人研发优势，持续为关于公共安全的民生、能源领域提供智能机器人及相关应用服务。硅基智能专注于全球性技术研发和商业交互落地，已完成数亿元 C 轮融资，年收入过亿元。

（五）集成电路

软件谷芯片设计、测试、封装产业集群集聚了中兴光电子、国网智芯、泰治科技、沁恒等一批具有核心竞争优势的高新技术企业。泰治科技是国内极少数具备完整、独立知识产权的标准 SECS/GEM 协议研发能力和非标设备 iSECS 的高科技企业，在国内芯片封测企业软件服务领域占据领导地位。沁恒微电子是国内隔离卡、单向导入产品及方案的主芯片供应商，全球已有数万家公司基于沁恒芯片设计电子产品，每年超亿台设备通过 WHC 芯片（沁恒产品主品牌）建立连接，USB 系列芯片累计出货量超亿颗。

（六）信创产业

软件谷信创产业集聚了航天科工、统信软件、翼辉信息等一批先导企业。航天科工 706 所信创总部于 2020 年 6 月在南京成立，成立当年营收规模达到亿元级，截至 2021 年 3 月，用户数量达到百万人级。翼辉 SylixOS 大型实时操作系统拥有完整自主知识产权，解决了航空航天、轨交、电力、自动化控制等领域工业操作系统的关键问题，已成功应用于国内首套百万千瓦级 100%全国产化 DCS、中国首发民营火箭"双曲线一号"、全国产化高铁信号系统和新一代卫星系统等平台，相关技术已获得多项国家级科技专项。

第三十七章

福州软件园

第一节 园区概况

福州软件园于1999年开始筹建,规划用地面积330万平方米,先后被工业和信息化部认定为"国家新型工业化产业示范基地",被国家新闻出版广播电视总局授予"海峡国家数字出版产业基地",被国家外国专家局授予"国家软件与集成电路人才国际培训(福州)基地"。2020年,园区技工贸总收入突破1200亿元,同比增长18.6%,全省首个国产化软硬件适配中心落户园区。福州软件园已然成为福州市软件和信息服务产业的重要集聚区,成为省内软件产业发展的龙头和重要引擎,更为产业创新发展创造了新经验、新模式。

第二节 园区发展情况

(一)产业集聚发展

2020年,园区汇聚770家软件相关科技企业,上市挂牌企业有36家、上市公司分支机构有15家,产值超亿元企业有58家,国家重点软件企业有10家,高新技术企业有163家,在数字经济细分领域涌现出24家"单项冠军"企业,形成了集成电路及智能制造、软件产品及行业应用、文化创意与科技融合、互联网及大数据四大特色产业集群。

集成电路及智能制造。园区充分发挥集成电路设计与制造业优势,积极提升产业链垂直一体化和横向整合能力,形成一批在全国行业细分领域优秀的集成电路及智能制造企业。瑞芯微电子2020年在主板正式上市,连续13

年获选"中国芯"优秀市场表现奖；福晶科技是全球最大的三硼酸锂晶体（LBO）和低温相偏硼酸钡（BBO）晶体供应商，三硼酸锂晶体器件被工业和信息化部列入第三批制造业单项冠军产品；联迪商用中国金融POS机市场占有率第一，被工业和信息化部认定为第四批制造业单项冠军产品、省服务型制造示范企业、省级科技成果产业化基地，入选世界品牌实验室《中国500最具价值品牌》；睿能科技在针织电控领域成绩突出，其针织横机电脑控制系统曾荣获全国纺织行业科技进步类最高级别奖项的中国纺织工业联合会科学技术奖一等奖。

软件产品及行业应用。园区持续推进工具软件和行业应用软件发展，大力支持软件产品在新一代信息技术领域的应用创新，集聚了众多国内知名软件企业。榕基软件、福昕软件被《互联网周刊》列为2020年中国创新软件100强企业。其中，榕基软件在电子政务细分领域竞争力全国领先，入选国家安全可靠系统集成服务厂商目录，拥有安全可靠相关标准制定资格；福昕软件是版式文档应用软件领域的全球知名品牌，在PDF电子文档核心技术与应用领域位列全国第一、全球第二，2020年成为福建省首家转科创板的新三板挂牌企业。晨曦科技基于REVIT平台自主研发了全系BIM应用软件，并结合人工智能推出了一系列丰富全面的AI&BIM产品，是BIM技术在建筑行业中的知名品牌，2020年被赛迪网评为"行业信息化竞争力百强"。国脉科技、亿榕信息、中电福富、中富通等企业在高端电信服务综合竞争力、电力服务领域、质检行业电子申报领域、通信信息行业位居全国前列。

文化创新与科技融合。园区积极推动科技和文化产业深度融合，为产业经济的创新发展提供了强大动力，拥有一批在文创领域颇具影响力的网络科技企业。富春科技的《古龙群侠传之大掌门2》入选"中国原创游戏精品出版工程"。风灵创景手机个性美化工具91桌面用户已超3亿人，在第三方手机桌面市场行业排名第一。宝宝巴士网络科技在互联网早教领域全球领先。宝宝巴士App现面向全球144个国家和地区发行了19个语言版本，在全球App下载量公司排行榜最高位居第七，是全球唯一上榜的教育类产品。大娱号信息科技是提供广播级虚拟演播室产品以及视音频行业解决方案的国家高新技术企业，在中国广电行业享有广泛知名度。掌中云旗下拥有掌中云小说、掌中云漫画、掌中云游戏等多个业务形态，月均活跃用户超过1亿人。

互联网及大数据。园区积极引进培育互联网与大数据领军骨干企业，支持企业面向全国提供大数技术产品、服务和应用解决方案，鼓励企业探索数

据服务模式创新，开发面向政府、企业和个人的数据服务。南威软件是数字政府服务与运营商、公共安全大数据领域龙头企业，入围全球大数据供应商名录，大数据产品在20余个国家部委使用，覆盖超80个国家和地区。长威信息的智慧城市建设解决方案全国领先，近年连续被评为"中国大数据企业50强""中国信息技术领军企业"。顶点软件的营销证券业务支持平台全国第一，具备自主知识产权的金融大数据分析体系，在金融科技行业具有重要的影响力。达华智能超前布局卫星通信，拥有海洋卫星大数据分析和应用能力。鼎旸信息、吉星智能等企业深入研究空间地理大数据分析，开展物联网、车联网等方面的应用。

（二）双创载体建设

园区深入实施"苗圃计划"和"数字精英孵化计划"，积极创建"孵化空间+产业园区"的产业发展链条，全力打造数字经济标杆区、总部经济示范区、平台经济集聚区，围绕IC设计及智能制造、行业应用软件、人工智能、物联网、大数据应用、移动互联网、文化和科技融合、新一代信息技术应用等行业领域开展孵化，汇聚国家级众创空间1家，省级众创空间6家，市级众创空间9家，国家级科技企业孵化器1家，省级科技企业孵化器2家，省级互联网孵化器5家，累计培育创业企业（团队）超520个。同时，完成人工智能加速器、区块链孵化中心等专业领域孵化器和加速器建设。2020年，福州软件园获得第三批"大众创业万众创新示范基地"。

（三）公共服务体系建设

园区积极推进专业化服务建设，成功打造华为福州软件云创新中心、基金公共服务平台、北京软交所福建工作中心、"五凤论见"产业交流平台、"知创福建"省级知识产权公共服务平台、海峡人力资源产业园、海峡两岸信息服务大赛等专业化服务平台，不断致力于创新服务生态圈，从技术、资本、IP、人才、市场全方位服务企业。

第三十八章

齐鲁软件园

第一节　园区概况

　　齐鲁软件园成立于 1995 年 11 月，是我国成立最早的"四大软件园"之一，园区位于济南高新技术产业开发区，1997 年被国家科学技术部认定为全国首批"国家火炬计划软件产业基地"，自 2001 年起先后被国家发展和改革委员会、国家信息产业部认定为"国家软件产业基地""国家信息通信国际创新园（CIIIC）""国家软件出口（创新）基地"等。国家级品牌也纷纷落户齐鲁软件园。齐鲁软件园凭借大数据产业优势，2019 年以高新区管委会为主体申报，荣膺工业和信息化部国家新型工业化产业示范基地（大数据）；园区大数据产业集群荣获山东省"十强"产业"雁阵形"集群和济南市先进制造业特色产业集群；齐鲁软件园获批山东省首批示范数字经济园区，是济南唯一一家获批园区；2020 年齐鲁软件园入选国家数字服务出口基地；2020 年齐鲁软件园国家级科技企业孵化器连续两年获评优秀（A 类）殊荣。

第二节　园区发展情况

（一）重点行业领域

　　历经几十年的发展，齐鲁软件园已然成为华东地区重要的软件产业基地，微软、英特尔、松下、NEC、日立等许多世界 500 强企业在这里设立分支机构及开放实验室。华为、中兴通讯等国内计算机通信和软件巨头企业也入驻其中。目前，产业发展范围已覆盖济南高新区中心区 22 平方千米，成为山东自贸试验区济南片区的核心产业承载区。园区的主导产业也由建园之

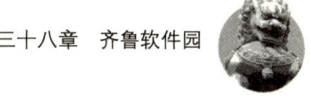

初的以软件为核心，发展形成大数据、集成电路、人工智能、信息技术创新应用、总部与金融五大主导产业，主导产业领域企业超过3000家。

在大数据产业领域，齐鲁软件园形成了相对完善的产业链，从上游数据中心，到中游大数据技术平台、下游大数据应用，实现了在政务、交通、电力等领域的典型应用。2019年，"中商惠民""作业帮""蚂蚁金服""Tradeshift"等一批独角兽企业集中落户。以浪潮集团为龙头，金现代、华天软件、众阳健康、航天九通等2000余家骨干企业，涵盖从数据生产、采集、存储到加工、分析、服务的全产业链，形成"1+N+N"（一个龙头企业引领、N个骨干企业共进、N个中小企业发力）协作共赢的产业发展大生态，打造千亿级大数据产业集群。在电子政务、智能制造、智慧教育、智慧医疗、智慧环保、智能安防等多个领域的场景实现应用，形成"智慧辐射圈"。

在集成电路产业领域，齐鲁软件园积极推动芯片与整机、行业应用的联动发展，持续打造以设计为核心、应用为先导、整机产品与系统集成为基础的产业格局。齐鲁软件园聚集了联曝半导体、富鸿芯、世芯、概伦、高云半导体等知名企业，在半导体材料研制、通信芯片研发、国产FPGA芯片研发、国产EDA工具研发、8K高清、5G、AI、国产EDA、FPGA等核心领域，带动产业快速发展。

在人工智能产业领域，以齐鲁软件园为载体，济南高新区已培育近百家人工智能企业，一大批产品和应用已经处于国内领先水平。依托齐鲁软件园规划建设"双孵化器+双加速器"的人工智能产业基地，打造集资源聚合、产学研转化、创新产品孵化功能于一体的产业生态环境，实现人工智能产业规模化发展，打造产业聚集地。博观智能、深兰科技、神思电子等一批知名企业入驻，深入各个应用场景，提升人工智能产业与实体经济的融合度，助力"人工智能+"新经济产业体系建设，打造具有竞争力的人工智能产业发展高地。

在信息技术创新应用产业领域，齐鲁软件园聚集了中孚信息、蓝剑钩新、华软金盾等一批前沿企业，在信息安全、硬件加密、智能身份识别、支付信息安全等方面具有多种场景应用的解决方案，以及信息技术创新应用的丰富经验。新松工业软件研究院、航天人工智能芯片研究院、省密码技术与网络安全技术转化中心项目等一批重大创新项目落地，形成信息技术创新应用产业发展格局。

在总部与金融产业领域，齐鲁软件园聚集重汽集团、山东黄金集团、山

钢集团、山东金融资产管理公司、山东国惠投资、山东产权交易所、德华安顾人寿等 800 多家总部和金融类企业，为产业发展注入强劲动力。

（二）人才服务体系

齐鲁软件园发展中心建立健全人才企业联系人制度，深入做好高层次人才精准化服务工作，在人才引进、人才招聘、员工培训、大学生实训等各个环节，形成了多层次、全方位、立体化的人才服务体系。利用国家软件人才国际培训、国家海外高层次人才创新创业等多个国家级人才平台，齐鲁软件园累计引进和培养了省级以上各类人才 134 人、市级领军人才 245 人，紧缺高技能人才 2000 多人，在大数据、人工智能、集成电路及信息技术等产业领域集聚了科研实力。园区将围绕产业发展方向部署人才规划，突出产业导向，引进人才，通过引进关键技术人才，组建研发团队，带动大量基础人才提升，同时做好人才子女入学、人才租房补贴等服务工作，全力构建以企业和人才为核心，全方位全要素共同促进的发展环境。

加大招才引智力度。齐鲁软件园积极宣传国家、省、市、区人才政策，做好高层次人才服务工作，为各类人才提供政策咨询、工商注册、项目申报等一站式服务。运用国家级、省级、市级和济南高新区四级人才政策，积极在园区内营造人才创新创业、快速成长的良好生态。

提升骨干人才素质。为促进企业骨干人才交流、学习、提升，齐鲁软件园提供齐鲁学堂高端培训，涵盖开发技术、人力资源、财务税务、法律法规、政策解读、项目管理等方面，打造公共服务平台，为企业的可持续性发展提供动力支持。

校企合作不断发力。齐鲁软件园确立了校、企、园三位一体的发展思路，促进高校、企业与园区三方合作。齐鲁软件园注重关键性问题，建立集成电路人才实训基地，为生产设计领域引进骨干研发机构，培养研发设计人才。培养即将踏入集成电路领域的学生们的参与项目设计的基本能力。齐鲁软件园与山东大学软件学院、山东大学控制学院等多个知名院校建立合作并建立微电子学院。齐鲁软件园与联华电子集团共同建设"集成电路人才实训中心"并与多家企业深入探讨产学研发展思路，进一步深化校、企、园一体的合作模式。

（三）金融服务体系

在金融服务方面，齐鲁软件园与政府相关机构合作，通过投资机构和相

关合作银行为企业提供多种类的资金服务。为了解决中小企业融资难题，监控辖区金融形势，园区联合网金中心开发打造了"高新金融大脑"政府金融公共投融资服务平台，运用金融大数据技术手段有效匹配金融机构与资金需求企业，有效解决金融资源对接问题。园区的100多家上市挂牌企业累计实现直接融资354亿元，其中，新三板企业直接融资比例和数额均居全国前列。融资企业家数占高新区挂牌企业总数的64.7%，平均每家企业完成两轮以上的融资，平均单次融资额达到7193万元。自上线以来，已完成注册企业726家、金融机构68家，完成融资对接2.136亿元，大大促进了区域内金融机构与企业的良性互动。

第三十九章

青岛软件园

第一节 园区概况

青岛软件园位于青岛南区,由青岛软件园产业发展中心主管,是"国家火炬计划软件产业基地""国家欧美软件出口示范基地""国家火炬计划软件产业基地管理先进单位""全国先进科技产业园""国家科技企业孵化器""青岛市留学人员创业基地"。青岛软件园致力于打造特色数字化软件园区,在2020年被评为"山东省数字经济园区""山东省重点服务业园区""青岛市数字经济试点园区"。园区引入了数字化运营建设体系,将大数据、人工智能、云计算、5G等新一代信息技术应用到园区的管理、经营、服务等各个环节,为入驻园区的企业提供更加优质的公共服务和创新发展环境。

青岛软件园一期建筑面积约26万平方米,吸引了微软(中国)、日本NEC软件、日本软脑、澳大利亚高登、加拿大新立迅科技、美国优创数据、韩国NHN等上百家外资软件企业和浪潮、金蝶、用友等上百家国内软件企业落户,园区内软件研发人员达到8000多人。青岛软件园二期致力于支撑动漫游戏产业发展,园区建筑面积约11.5万平方米,吸引了国内外200多家动漫游戏企业落户。青岛软件园三期建筑面积约100万平方米,正处在规划建设阶段。目前,青岛软件园内已集聚40多个专家工作站、数十位高层次人才(如泰山学者),以及多家国家级高新技术企业,一大批企业通过了CMMI、ITSS、ISO9000质量体系等相关资质认证,初步形成了以集成电路、软件外包、动漫影视、软件人才培训为主的优质产业发展生态。

第二节　重点行业发展情况

（一）集成电路

青岛软件园大力发展集成电路产业，在集成电路设计方面引进了博晶微电子、智腾微电子等 10 多家企业，在集成电路制造方面引进了省内第一条 6 英寸模拟晶圆芯片生产线，在集成电路封装测试方面引进了华翔半导体等多家封装测试企业。同时，青岛软件园投资 3000 万元建成了全省首个集成电路设计公共服务平台，为芯片设计类、制造类、封装测试类企业提供优质的软硬件支撑环境，通过产业链与服务的相互协同，初步建立起了集成电路产业生态圈。

（二）软件服务外包

青岛软件园正逐步加大软件服务外包业务的发展力度，企业纷纷开展针对日本、欧美等国家的软件服务外包业务。在对日方面，日本软脑集团、日本创迹软件、日本宇通信息、大手海恩等一批优质企业纷纷落户青岛软件园，与青岛海尔软件、青岛恒远天地、山东易科德软件等中国本土软件企业协同联动促进软件对日外包业务蓬勃发展。在对欧美方面，青岛软件园集聚了美国优创数据、英国斯邦、加拿大赛得、瑞典拓讯软件、澳大利亚高登信息技术等一批有实力的欧美软件企业，并充分发挥了这些外资企业的引领作用，带动了圣安德、青岛智洋、译通未来等企业积极参与软件服务外包业务。

（三）动漫影视

青岛作为第六个被批准为国家动漫创业产业基地的地区，动漫影视产业正在快速发展。青岛和青岛软件园区在政策层面上将动漫影视类企业作为重点扶持对象，每年在产业发展资金和房租等方面给予相关企业一定的优惠政策。同时，青岛软件园积极做好数字动漫影视业发展的服务支撑工作，搭建动漫影视专业服务平台，为园内以及整个青岛的数字动漫企业提供设备、技术、培训等产业相关服务，为动漫企业研发创作提供了有力的支撑。如今，青岛软件园吸引了多家动漫企业落户开展动漫影视创作工作，涌现了以山东金东数字创意股份有限公司为代表的多家国家高新技术企业，产出了诸多家喻户晓的动漫影视类作品，如山东的首部三维原创动画片 TV 剧《卡卡王国》、

在央视播放的《秦汉英雄》等。

（四）软件人才培训

青岛软件园为解决软件企业人才需求与软件人才匮乏的矛盾，积极创新办学体制和办学模式，吸收社会和产业资本，培养信息化社会发展所需要的基础知识扎实、实践能力卓越、综合素质优秀的软件行业人才。一是打造一流的软、硬件实训环境，采取校政企三方共建模式创办软件行业人才培训基地，建设了青岛软件园人才实训服务中心（简称"QST青软实训"），每年可容纳3000多名学生实习实训，为全国地区的软件企业输送大量的优秀人才。二是与北京大学、同济大学、哈尔滨工业大学、中国海洋大学等国内众多知名高校合作，联合培养并输送高水平人才。三是建设企业外包实训基地，向指定企业定向输出软件外包优秀人才。

第四十章

广州天河软件园

第一节 园区概况

广州天河软件园（以下简称：天河软件园）是名副其实的"老字号"软件园区，其前身是成立于 1988 年的广州天河高新技术产业开发区。1997 年，在"一区多园"的管理体制下，整合多个园区形成广州高新技术产业开发区天河科技园（以下简称：天河科技园）。1999 年 8 月，在天河科技园的基础上组建了广州天河软件园。目前，园区由 23 个分园组成，主要的园区有科韵分园（63.7 万平方米）、高唐分园（150 万平方米）、科贸分园（7.5 万平方米）、智汇分园（10 万平方米）等。天河软件园集国家软件产业基地、国家火炬计划软件产业基地、国家网络游戏动漫产业发展基地、国家软件出口创新基地、广东省战略性新兴产业基地、中国服务外包基地城市广州示范区等荣誉于一身，是华南地区软件产业聚集程度最高、市场基础最发达、高校资源最集中的软件园区。天河软件园始终围绕打造国际一流创新创业园区的发展目标，形成了以新一代信息技术产业为主导和特色的高新技术产业体系，落实创新驱动发展战略，集聚高端创新要素，园区产业逐步迈向高端、高质化。

天河软件园历经 30 余年的发展，产业要素高度集聚，整体保持平稳较快发展。2020 年，天河软件园已聚集 1950 家科技和服务类企业，约 1000 家高新技术企业，园区营业总收入突破 2000 亿元。园区结合自身基础与广州产业发展方向，构建了"363"产业体系，提出要巩固加强软件、移动互联网、地理信息 3 个优势产业，重点发展大数据、云计算、物联网、信息安全、数字创意、电子商务 6 个主导产业，积极培育人工智能、生物与健康、新材料 3 个潜力产业。园区围绕重点产业，不断拓展上下游产业链，形成了以龙

头企业为引领，大中小企业融通发展的良好态势。天河软件园在软件领域拥有北明软件、华资等综合型软件公司，更有服务金融、能源、政务等多个细分领域的大量中小企业；在移动互联网领域拥有酷狗、网易游戏、阿里巴巴旗下的 UC、悦跑等龙头企业；在地理信息领域拥有细分龙头南方测绘，涵盖了卫星导航、测绘装备、系统软件等范围。

园区智力资源优势突出，科研创新基础雄厚，周边汇聚华南理工大学、华南农业大学等 30 多所高等院校、53 个国家和省市科研机构、20 名两院院士，以及 400 多家人才服务机构。园区长期鼓励科技创新，不断扶持和培育科技研发平台，着力提升科技研发与成果转化能力。据统计，天河科技园、天河软件园已建有市级以上各类工程技术研究中心、技术实验室、技术中心共计 113 个，南方测绘、航天精一等园区骨干企业已建立院士工作站。

第二节　重点产业发展情况

（一）大数据与云计算

园区大数据与云计算产业基础良好，具体体现在以下几个方面。一是行业应用覆盖领域广。二是具体数据分析、挖掘、应用产品提供商多。三是骨干企业研发实力强。园区目前围绕数据采集、数据存储、数据挖掘、数据安全等大数据产业的关键环节聚集了一批优质企业，致力于推动产业向高端化发展。南方测绘作为测绘地理信息产业龙头，业务范围涵盖测绘装备、精密监测、地理信息软件系统等方面，其测绘成图软件市场占有率超过 90%。京信软件是城市大数据的服务提供商，提供大数据全生命周期管理服务，主要发展电子政务业务，主要的产品有政务数据共享交换平台、综合治税服务平台等。品高软件则提供云服务，进行基础架构开发，推动公有云与私有云的商用服务，公司目前拥有自主研发的 BingoCloudOS、BingoFuse、BingoInsight 等以云计算为核心的产品，可为轨交、政府、电信、汽车、公安、金融、教育等细分行业客户提供专业的云计算及行业信息化服务。

（二）移动互联网

依托园区内软件和信息技术服务业的产业基础、沿海区位优势以及良好的应用环境，天河软件园抓住新兴领域发展契机，充分利用网络、软件、终端、数据、人才和业务创新等关键要素，大力发展移动互联网产业，目前已

形成龙头企业增长强劲、小微企业蓬勃涌现、创业人才不断聚集的产业局面，培育出一批知名互联网企业。网易在园区内建有集研发、总部、培训等为一体的网易游戏总部及智慧型的产业研发中心，集聚高端人才超过 3000 人。21CN 近年来致力于移动互联网领域与云计算领域的产品研发，汇聚电信智能管道能力，为跨网络、跨终端用户提供通信、支付、定位、内容和应用等一站式移动互联网服务。UC 优视专注移动互联网业务创新，打造了 UC 浏览器、神马搜索、阿里应用分发等移动互联网信息服务平台。

（三）人工智能

园区围绕人工智能产业链上下游关键环节积极招大引强、培大育强，鼓励企业加强在人工智能芯片、传感器、平台等核心技术方面取得研发突破，推动人工智能技术在产业和其他领域的深度应用。目前，园区内人工智能产业已覆盖工业、通信、交通、教育、医疗、金融和生活消费等领域，逐渐成为推动园区高质量发展的新引擎。佳都在人脸识别、视频结构化等人工智能技术、大数据分析处理、移动支付等新一代信息技术方面已达到全球领先的水平。极飞科技不断探索机器人、人工智能等新兴技术在农业领域的应用，研发出农业无人机、农机自驾仪等产品，提升生产效率。京华信息前瞻性规划和实施大型领域知识工程，研发出新一代知识引擎和京华慧眼、智慧工作台等基于知识服务核心技术的系列产品。

第四十一章

深圳软件园

第一节　园区概况

　　深圳软件园的建设遵照"统一规划，分期建设，多方参与，共同发展"的原则，按照"一个主园，多个分园"的发展思路，充分发挥市、区和企业的积极性，结合高新区软件园主园，福田、南山、罗湖、蛇口火炬创业园等软件分园，以及正在进行的"厂房改造，产业置换"的工程，统一规划建设，形成以主园为核心，覆盖全市的软件产业园区。

　　深圳软件园曾荣获"国家火炬计划软件产业基地""国家服务外包基地城市示范区""国家欧美软件出口工程试点园区""国家集成电路产业基地""广东省软件出口基地"等称号。深圳软件园包含产业化区、孵化区、集成电路设计村、园区服务管理区等。深圳软件园的自然条件十分优越，城市依托程度高，社会配套好，是发展软件产业的理想地。

　　2020年，国家科学技术部火炬中心发布2020年国家火炬软件产业基地评价，其中，深圳软件园摘得综合排名榜首，同时在产业发展规模、产业发展水平、成长性等多个细分领域取得评分第一名。园区拥有软件从业人数25.62万人，入园企业总数为1724家，同比增长59.63%，云集了IBM、Oracle、HP研发中心，以及中兴、华为、金蝶、腾讯、现代、科健、天源迪科、方直科技、证通电子、长亮科技等高新技术企业1302家。同年，深圳软件园总收入为1.42万亿元，同比增长239.91%，软件收入为6263.07亿元，同比增长135%。从收入构成看，软件产品收入为787.62亿元，系统集成收入为868.74亿元，嵌入式系统软件收入为1664.65亿元，软件技术服务收入为2942.06亿元，软件产品收入中新产品收入为339.27亿元，均实现了大幅增长。

第二节　重点行业发展情况

（一）游戏娱乐

深圳文娱市场日益健壮，在 206 家中国上市游戏企业中，广东上市游戏企业达 49 家，占比达 23.8%。广东 49 家上市游戏企业中，深圳有 28 家，占全省 57.1%。腾讯游戏是全球领先的游戏开发和运营机构，也是国内最大的网络游戏社区。从 2020 年腾讯财报来看，网络游戏营收为 1561 亿元，中国音数协游戏工委与中国游戏产业研究院发布的《2020 年中国游戏产业报告》显示，2020 年，我国游戏市场实际销售收入为 2786.87 亿元，腾讯一家就占了中国游戏产业 56% 的市场份额。华强方特是全国文化科技创新的标杆企业，蝉联十届"中国文化企业 30 强"，是文化部"十大最具影响力国家文化产业示范基地""国家文化出口重点企业"，原创动漫作品"熊出没"已成为目前国内最具影响力的国产动画品牌，多次在央视播放率排名中夺冠，网络点击超 3000 亿次，六部"熊出没"原创动画电影国内上映屡创佳绩，累计总票房近 27 亿元，先后打破多项行业纪录。目前方特动漫已实现累计出口 25 万分钟，登陆 Nickelodeon、Disney、Sony 等全球知名主流媒体，覆盖美国、意大利、俄罗斯、新加坡等 100 多个国家和地区。

（二）金融科技

依托深圳金融与 IT 行业的雄厚基础，深圳软件园金融科技发展迅速，形成了一批聚焦金融业新业态，将互联网化、移动化、智能化赋能金融业的企业。其中，平安科技自主研发的平安云已经建设为金融行业内最大的云平台；怡化电脑作为国内金融科技领域的领导品牌，深耕金融科技行业，为国内外银行机构提供系统化、精准化智慧银行建设解决方案，并获得国家商用密码产品生产指定单位、中国软件和信息技术服务综合竞争力百强企业等 50 项荣誉称号；金证科技深度布局了"大证券、大资管、大银行、大数字、创新类"五大业务板块，成为交易所、证券、基金、私募、期货、银行、信托等机构整体解决方案的首选服务商，获得"国家规划布局内重点软件企业"称号。大数金融面向银行等金融机构输出数字小微信贷技术与业务解决方案，是国内领先的信贷科技（Credit-tech）解决方案提供商，荣获"2020 年胡润新金融 50 强"称号；乐信软件以科技创新不断创造新消费方式，打造了以分期消费品牌"分期乐"、数字化全场景分期消费产品"乐花卡"、跨生态会员权益聚合平台"乐卡"、智能化契约式消费产品"约惠"、先享后付产品"买鸭"为核心的新消费服务生态。乐信软件作为中国领先的新消费数字科技服务商，荣获第十八届财经风云榜"2020年度卓越金融科技创新奖"。

（三）物联网

深圳拥有完整的物联产业链以及相应的服务配套产业。深圳聚集了汇顶科技、远望谷、科敏传感器、信为科技、安培龙、顺络电子等本土企业，泰科电子、博思发、盛思锐、根本电子、德州仪器等国外企业也在深圳设点。数据传输层方面，华为和中兴总部均在深圳。在平台与计算层（从 IaaS 层、PaaS 层到 SaaS 层）有一批代表性企业，如华为、腾讯等巨头在 IaaS 层有着广泛的布局，和而泰、智物联、明源云等创新 PaaS 层企业也各具特色。在 SaaS 层有深信服、优博讯科技、达实智能、同洲电子、金溢科技等行业龙头企业。

汇顶科技触控产品的市场占有率位于行业前三位，在全球十多亿台移动设备上已成功运行。华为已经发展成为中国乃至全球物联网生态建设的主导者和推动者之一，华为推动着全球 NB-IOT 标准化的进程，目前，全球通过的 NB-IOT 技术标准提案中有 41%来自华为。2020 年，在国际知名调研机构的报告中，腾讯云首次入选魔力象限代表企业，这意味着在全球顶级的 IaaS 和 PaaS 平台中，腾讯云已占据一席之地。深信服云计算业务已初步形成包括桌面云、超融合、软件定义存储、私有云、专属云、混合云的业务布局，能够提供从本地到云端，从私有云、行业云到混合云的完整云计算解决方案及服务。

第四十二章 厦门软件园

第一节 园区概况

厦门软件园是厦门市政府于1998年9月投资兴建的专业化高科技园区，是推动厦门软件产业发展的主要承载地和促进海峡西岸软件企业集聚的助推器，被国家科学技术部先后认定为"国家火炬计划软件产业基地"和"大学生科技创业见习基地"，被国家外国专家局授予"软件开发国家引进外国智力示范基地"。2020年4月，厦门软件园与中关村软件园等12个全国知名园区入选首批"国家数字服务出口基地"。20多年来，园区产业水平和建设规模"双提升"，2020年营收达1371亿元，同比增长15.9%，园区营收实现连续三年超千亿元。同时，园区已建设形成一期、二期、三期的良好发展格局，面积也由当初的0.1平方千米拓广至11平方千米，将成为全国最大的软件园之一，引领全国软件产业发展。

第二节 重点行业发展情况

目前，厦门软件园已聚集了大数据人工智能、数字创意、电子商务、智慧城市与行业应用、移动互联等领域的一批骨干企业和高成长性企业。截至2020年，园区共拥有相关科技企业2629家、各类人才3.9万名，汇聚"三高"（高技术、高成长、高附加值）企业数量达534家，累计孵化企业超500家，其中，上市企业有20多家（包括新三板）。

（一）大数据人工智能

厦门软件园人工智能产业集群已建立了"底层基础支撑—核心算法技术—应用端"较为完整的产业体系，通信网络和大数据企业众多，集聚了网宿科技、雅迅网络、绿网天下、美亚柏科、南讯软件等一批骨干企业，为人工智能基础设施发展提供了有力支撑。应用端产业优势明显，在安防、医疗、交通、家居、金融、消费、能源等领域涌现出一批以罗普特、易联众、精图信息、路桥信息等为代表的领军企业。罗普特成立于2006年，2021年2月正式在上交所科创板挂牌上市，在计算机视觉、语义分析、元素感知等核心技术领域长期深耕，并将核心技术拓展应用于智慧城市建设的各个领域，目前已通过CMMI5级评估认证并取得证书，获评厦门火炬高新区建设30周年"突出贡献企业奖"。精图信息致力于探索地理空间信息技术的前沿领域，构建了以卫星遥感、卫星导航、卫星通信为纽带的"天地一体"技术体系，拥有具有自主知识产权的软件著作权和专利300项，软件产品登记67项，其中2项技术成果达到国际先进水平。

（二）数字创意

厦门软件园是数字创意新兴产业的主要聚集区，数字创意产业集群涵盖动漫游戏和新媒体产业两大类别，集聚了咪咕动漫、飞鱼科技、4399、吉比特等一批业内知名企业，企业原创能力持续增强，影响力不断扩大。园区荣获"国家动画产业基地""文化部国家级文化产业实验园区""海峡国家数字出版产业基地""福建省创意产业重点园区"等重要产业基地称号。咪咕动漫、4399等公司的营业收入达亿元级别。吉比特成立于2004年，2017年1月在上交所主板上市，成功研发出《问道》端游和《问道》手游，以及《一念逍遥》《异化之地》《奇葩战斗家》等多款游戏，入选中共中央宣传部文化体制改革和发展办公室第十二届"全国文化企业30强"提名企业。

（三）移动互联网

厦门软件园移动互联网产业集群已形成龙头企业、中小企业、创业人才梯队分明的产业格局，细分领域优势明显，涌现出美图、美柚、同步推、云朵等一批知名互联网平台及产品。美图公司成立于2008年，2016年12月在香港联交所主板挂牌上市，美图公司研发的影像、社区应用已在全球22.2亿台独立设备上激活，月活跃用户超过 2.61 亿人，拥有超过 8.85 亿名海外用户。美柚公司创立于 2013 年，从经期工具 App 发端，逐步推出女性社交互联网平台，并衍生发展出宝宝记、柚子街等丰富的女性健康管理、知识科普、线上购物产品，用户数突破 3 亿人。同步网络于 2010 年由李开复、蔡文胜投资设立，主营业务是移动应用分发和移动设备管理应用研发，主营产品同步推 App、同步助手 App 的用户数超过 1 亿人，月活跃用户超过千万人。

企 业 篇

第四十三章

基础软件企业

第一节 麒麟软件

（一）发展情况

麒麟软件有限公司（以下简称：麒麟软件），是国产操作系统引领企业。2020年3月20日，麒麟软件发布"遨天"计划，顺应人工智能、移动计算、云端互联等前沿技术发展趋势，组建超万人的自主操作系统开发团队，攻关桌面与服务器操作系统、云操作系统、嵌入式操作系统三大方向。麒麟软件注重核心技术创新，荣获包括国家科技进步一等奖在内的各类高层次奖项400余个，并被授予"国家规划布局内重点软件企业""国家高技术产业化示范工程"等称号。

（二）发展策略

兼容国内主流云计算平台。阿里云计算有限公司是麒麟软件自主创新生态圈的重要合作伙伴，近年来，麒麟操作系统与阿里云在产品互认证方面持续合作，助力阿里云构建产品生态、行业生态、区域生态、云市场、教育生态。未来，麒麟软件将继续深化与阿里云的合作，进一步提升云端服务能力，帮助客户更好地实现云化转型以及业务升级。

打造操作系统产业生态。麒麟软件积极与产业链上下游合作伙伴进行合作，参与70多个国产化产业合作创新联盟，并担任重要角色。截至2020年12月底，麒麟操作系统生态合作软硬件产品数量超过30000款。同时，麒麟软件在天津、北京等地设立了实验室和适配中心，并在天津、北京、上海等

地设有分支机构，服务网点遍布全国 31 个省会城市。

第二节　人大金仓

（一）总体情况

北京人大金仓信息技术股份有限公司（以下简称人大金仓）是具有自主知识产权的国产数据管理软件与服务提供商。人大金仓构建了覆盖数据管理全生命周期、全技术栈的产品、服务和解决方案体系，累计获得专利 24 项，软件著作权 99 项，产品广泛应用于电子政务、国防军工、电力、金融等超过 20 个重点行业。截至 2020 年，人大金仓在信创市场占有率超 50%。利用在数据库产品研发能力、资源整合能力、项目实施服务能力的突出表现，人大金仓一举斩获"2020 年度国产数据库领军企业""2020 国产数据库用户满意第一""2020 产品满意第一"三项荣誉，同时获得"2020 政府信息化产品技术创新奖"。

（二）发展策略

强化品牌生态建设。人大金仓提出"推动国产数据库产业崛起"的口号，并期望围绕"坚定信念、成就客户、开放透明、创业激情"这一全新文化理念，向着"成为世界卓越的数据库产品与服务提供商"这一新目标发起冲锋。人大金仓秉着合作、赋能、共生的理念，以兼容认证、认证培训、开发者社区、数据生态产品为抓手，积极开展生态建设。

推动产品技术创新。人大金仓在 2020 年发布新产品智能迁移评估系统 KDMS，并有针对性地提出能够大幅提升迁移效率的一站式创新数据库迁移方案。除此之外，人大金仓还持续强化创新投入，推动核心产品 KES 和其他产品的技术研发，提升产品竞争力。同时，构建本地化、标准化、自动化、工具化的服务体系，确保提供高水平的服务。

第三节　深之度

（一）发展情况

武汉深之度科技有限公司（以下简称：深度科技）成立于 2011 年，是专注基于 Linux 的操作系统研发与服务的商业公司。深度科技的操作系统产品，已通过了公安部安全操作系统认证、工业和信息化部国产操作系统适配认证等多项认证，广泛应用于党政、金融、电信等多个行业领域。2020年，深度操作系统对上游社区累计提交代码贡献（changesets）、代码修改行（line changed）共233次。目前，深度操作系统已开源项目112个，累计收到补丁提交1250个，社区累计注册用户突破11万人。

（二）发展策略

深化社群互动。为了让更多用户了解、使用deepin，深度操作系统在微信、微博、Facebook、Twitter等国内外平台都开通了自媒体账号，粉丝数超20万人，2020年累计发布视频及文章300条/篇。2020年11月，举办了第十届深度开发者与用户大会（DDUC），本次大会得到了deepin用户、国内外开源社区、技术爱好者的广泛关注，超过20万人在线观看DDUC直播。2020年12月，上线deepin社区文档网站，分为三部分内容，包括DTK文档、经验分享、社区作品，促进用户交流，提升用户使用感受。

强化平台企业合作。深度科技与华为在基于鲲鹏处理器的泰山服务器上进行了深入合作，深度研发团队与openEuler系统团队密切配合，完成了深度服务器操作系统的适配、移植和优化工作，深度科技基于鲲鹏平台已经发布三款操作系统产品。在生态建设上，深度科技全力支持构建openEuler社区与鲲鹏生态，承接鲲鹏平台操作系统商业应用和商业技术服务。

第四节 金山办公

（一）发展情况

北京金山办公软件股份有限公司（以下简称：金山办公）为金山软件集团子公司，主要研发并运营WPS系列办公软件。经过30多年的发展，金山办公已在办公软件领域成为全球领先的公司之一，同时有效兼容国产软硬件平台。截至2020年12月，金山办公主要产品月度活跃用户数（MAU）超过4.74亿人，WPS Office桌面版月度活跃用户数超过1.85亿人，WPS Office移动版月度活跃用户数超过2.82亿人。在《互联网周刊》公布的2020年度App分类排行中，WPS Office荣膺"2020年度高效办公App排行"第一名。

（二）发展策略

打造差异化产品布局。金山办公开发了一系列桌面版、移动版、云服务全方面办公产品矩阵，通过差异化和精品化的产品竞争和低价/免费的产品/服务策略进行市场扩张。桌面版标准通过小而精的产品策略与微软差异化竞争，利用国产替代和安全功能打入信创市场。移动版通过优秀的产品性能打造移动端办公王牌应用，利用免费策略捕获中小型客户。

创新协同办公体验。在2020年WPS"CHAO"办公大会上，金山办公宣布将"协作"提升至核心产品战略，形成"多屏、云、AI、内容、协作"五大件，同时发布金山日历、表单、待办、会议、FlexPaper五大协作产品。协作产品的"跨平台"能力可以打通产品线并形成闭环，是办公软件提升用户黏性的关键发力点，有助于提升办公产品用户黏性、加速付费转化。

第四十四章

工业软件企业

第一节 中望软件

（一）总体发展情况

广州中望龙腾软件股份有限公司（以下简称：中望软件）是我国 CAx 工业软件的龙头企业，2020 年 10 月 21 日首发申请获得上海交易所通过，将成为我国首家三维 CAD 软件上市企业。中望软件成立于 20 世纪末期，成立初期定位于二维 CAD 软件产品的开发服务，通过 20 多年技术积累和品牌沉淀，公司在研发设计工业软件领域的知名度逐步形成，渐渐扭转了国外大型工业软件的垄断局面。中望软件通过收购美国 VX 公司的三维几何内核等知识产权以及软件研发团队，推出自研三维 CAD 软件，再结合典型场景的应用实践和迭代更新，成为建模功能丰富、接口兼容性高的平台型软件企业。近几年来，中望软件持续扩大三维 CAD 在智能制造、建筑模型、流程工厂领域的模型开发，又积极开拓高端制造领域中的 CAE 分类，掌握了全波三维电磁仿真核心技术。

经过长期的技术深耕和市场开拓，中望软件发展路线清晰、产品线稳定，形成了以 CAD/CAM/CAE 为主的产品矩阵，借助成功上市后的资本市场支持，中望软件将对内加强基础技术研发和产品标准建设，对外通过兼并重组壮大企业规模，致力于成为中国领先、世界一流的工业软件开发商。

（二）发展策略

专注核心技术研发。中望软件是国内少有的长期坚持自主研发创新的研

发企业，完整掌握二维、三维 CAD 几何内核技术，重点布局电磁仿真，同时也是我国掌握 CAD 核心技术的少数企业之一，拥有发明专利 3 项、计算机软件著作权近 180 项、作品著作权 3 个。一方面，中望软件拥有的三维几何内核解决了我国 CAD 领域的关键问题，底层的自我开发能力，摆脱了产品低端化困境，避免附身于国外高端软件。另一方面，中望软件的三维混合建模内核能够完全商业化，解决了我国工业软件产学研脱节的问题。

重视全球市场拓展。打破欧美大型工业软件公司的垄断局面，是每个处于萌芽状态的国内企业的历史重任，中望软件借助有利政策不仅开拓了国内市场，也积极探索国外市场。在国内市场中，中望软件的客户群体覆盖大多数为央企，如中国中车集团有限公司、中国船舶集团有限公司、国家电网有限公司、中国南方电网有限责任公司、中国建筑集团有限公司。其中，中望软件和中船进行源代码级的深度合作，是通用性三维 CAD 软件在具体行业定制开发的经典案例。在国外市场中，中望软件为全球近 150 家世界 500 强公司提供二维 CAD 软件产品，包括大众、丰田、本田等知名企业。

第二节　华大九天

（一）总体发展情况

北京华大九天有限公司（以下简称：华大九天）是一家专注于软件工具开发、IP 和集成电路产品解决方案的 EDA 研发企业。华大九天正式成立于 2009 年，但其核心技术来源于国家重大科技技术攻关项目 IC CAD 系统，当初的科研成果经过艰难转化，成为如今可以产业化、商业化应用的 EDA 工具。华大九天起初为国有企业，隶属于中国电子旗下的华大电子，经过独立分离、四轮资本市场融资、上市辅导准备等市场化改革，已经初步具备现代集成电路软件研发企业的组织架构。相比于国外三大 EDA 软件巨头，华大九天在软件技术、营业规模、研发团队方面还有巨大鸿沟。

（二）发展策略

聚焦细分应用领域。华大九天作为国内实力最雄厚的 EDA 软件工具平台，数字电路工具仍然不够丰富，难以提供全定制电路的各类点工具，但是，华大九天借助于我国显示器行业发展优势，基于产业链融通，打造出一套显示器面板的全流程设计工具。基于显示器行业特殊性和行业壁垒，华大九天

为京东方、华星光电、熊猫、和维信诺等提供全流程研发工具。

重点支持先进工艺。近年来，华大九天只有极个别工具能够支持14nm、7nm、5nm工艺制程的芯片研发。未来，华大九天将着力做好软件技术升级，完善芯片各流程配套开发能力，解决先进工艺的设计难题。华大九天将携手中芯国际、华力微电子、华虹宏力、华为海思、中兴微电子、紫光展锐等晶圆制造和IC设计公司，从产业生态角度共同提升我国芯片行业工艺水平。

第三节　中控技术

（一）总体发展情况

浙江中控技术有限公司（以下简称：中控技术）成立于1999年，是国内自动化控制系统的龙头企业。中控技术在成立初期的主要定位为中小型项目集散控制系统供应商；发展中期，中控技术突破各类大中型项目自动化控制系统技术难点，软硬件产品覆盖现场仪表、安全栅、控制阀等；近年来，中控技术积极打磨智能制造解决方案，结合安全仪表系统、混合控制系统等为自动化企业提供智能工厂和智能制造数字化方案。

（二）发展策略

精耕控制系统工业软件。中控技术主要的工业软件产品包括集散控制系统（DCS）、安全仪表系统（SIS）、混合控制系统、先进过程控制（APC）、制造执行系统（MES）和仿真培训软件（OTS），是当之无愧的控制系统工业软件龙头。中控技术侧重研发控制系统软件，其中，中控技术在DCS国内市场处于首位，在SIS国内市场占有率中处于第二位。

打造工业自动化平台。近年来，中控技术正在从基于软件集成的智能制造解决方案提供商，向工业4.0的工业自动化平台转变。中控技术的招股书中，3.66亿元的募集资金将用于研发自动化管家5S一站式服务平台建设项目，反映出中控技术在注重基础控制系统研发的同时，积极布局工业4.0平台建设。

第四十五章

信息技术服务企业

第一节 中软

（一）总体发展情况

中国软件与技术服务股份有限公司（以下简称：中软）是业内领先的全球化软件与信息技术服务企业之一，致力于服务制造企业转型升级，为政企客户提供"多快好省"的信息技术服务，业务已覆盖政府、电信、金融、制造、能源、公共服务等多个行业，并取得了不菲的成绩。2020年，中软紧抓企业数字化转型机遇，制定长足的大客户发展战略，夯实以技术专业服务和解决方案为主的基石业务，在复杂的内外环境挑战下保持业务稳健增长，实现收入141亿元，同比增长17.1%，其中，云智能业务收入为33亿元，同比增长63.1%，蝉联Gartner全球IT服务市场份额TOP100，成为国内最大的软件与信息技术服务企业之一。中软2016—2020年营业收入增长情况如表45-1所示。

表45-1 中软2016—2020年营业收入增长情况

年 度	营业收入情况		年度溢利情况	
	营业收入（亿元）	增长率（%）	归母净利润（亿元）	增长率（%）
2016	67.8	32.2	4.4	24.2
2017	92.4	36.3	5.7	36.5
2018	105.9	14.5	7.2	27.6
2019	120.4	13.7	7.6	5.6
2020	141.0	17.1	9.6	26.3

数据来源：中软财报

（二）发展策略

与大客户深度合作，夯实基石业务。中软整合与华为、汇丰等大客户长期合作积累的专业服务能力，推出集咨询诊断、流程管理、IT工具和交付服务为一体的软件工厂，全面提升IT服务质量水平，构筑长期竞争优势。2020年，中软在华为研发外包供应商中绩效排名第一，成为与华为签署"HUAWEI HiLink生态方案服务合作协议"的首家合作伙伴；平安系业务增长迅速，在银行、壹账通、保险等领域新开拓9家平安系客户，与平安医疗集团签署合作协议，实现了医保科技领域0到1的突破；汇丰业务逆势增长，快速响应疫情的需求和变化；中国移动、中国电信等业务稳健增长，政企业务中标份额持续扩大，重点客户股份份额持续第一。深耕互联网行业，加速渗透腾讯、阿里、百度等大客户，同时向字节跳动、京东等知名互联网企业拓展，推动互联网企业的业务升级和运营模式变革；与中国一汽签署战略合作协议，在转型咨询、产品推广、人才培养等方面全面合作，助力一汽集团实现研发管理数字化。

构筑"数字土壤"，推动企业数字化转型。中软加快数字化平台建设，以产业知识图谱为核心，通过工具化和服务化的应用平台，输出实践经验和专业知识，解决软件工程的供需矛盾，尽释数字化潜能。2020年，中软国际服务政府数字化全流程的最新产品——解放号"数字土壤"全球发布，产品围绕需求、供方、方案、产品、案例五大赋智要素，构建数字化转型知识库，帮助需求方通过自助式服务的方式完成自身需求的最佳比配，"数字土壤"已完成数字经济创新图谱、采购知识开放平台两款应用的商业化。此外，中软与中国软件行业协会合作共建中国软件产业大数据平台，汇聚软件企业技术、产品、信用、交易等方面的关键数据，共同推动软件产业数字化建设；与实施数字化转型的优秀代表企业和机构签署《成立"行业企业数字化联盟"的倡议书》，共建开源行业企业数字平台，解决行业企业数字化难题。

持续深耕云服务，逐步扩大业务布局。中软以"上云、管云、云原生"为定位，构建"服务+平台"的双轮驱动业务形态，通过云原生技术为企业提供一站式"上云"和"云上"服务，连续两年稳居IDC中国云管理服务市场前三名。2020年，中软成功取得了云服务相关的全部牌照，通过叠加云管理服务和解决方案，持续迭代升级自研的一站式云经济平台"华夏云网"，成功完成首个海外运营客户的交付和验收；发布云管理平台"CloudEasy"的SaaS版本，全面支持云管理、云运营、云运维、云监控、云安全等多项功能；

云原生服务向国内外市场持续拓展，在政府、零售、交通、能源能行业取得突破；云产品和云解决方案业务快速增长，已覆盖园区、金融、电信、零售、交通、教育等多个领域，并成为首家与华为联合开发5G+智慧园区服务解决方案的厂商；在大数据和人工智能领域引入DataOps、Data Hub等业界先进架构理念，帮助政企客户实现工具化、自动化和智能化的数字化转型，扩大在政务、地产、环保等战略新兴领域的布局。

第二节 神州数码

（一）总体发展情况

神州数码控股有限公司（以下简称：神州数码）是国内优秀的云服务及数字化转型服务提供商之一，始终坚持自主创新核心技术，逐步构建全栈式云服务能力，为处在不同阶段的行业客户提供数字化转型全生命周期的产品、方案和服务。2020年，神州数码"云+信创"战略业务取得突破性进展，细分领域进一步凸显先发优势，业绩逆势增长，实现营业收入920.6亿元，同比增长6.06%。其中，云计算及数字化转型业务优势明显，营业收入达26.66亿元，同比增长74.19%，四年复合增长率高达136.32%；自主品牌业务收入达7.27亿元，同比增长31.51%；信创业务收入实现从0到1的突破。此外，在基础研发能力方面，神州数码在2020年累计研发投入达1.82亿元，同比增长23.11%。神州数码2016—2020年营业收入增长情况如表45-2所示。

表45-2 神州数码2016—2020年营业收入增长情况

年　度	营业收入情况		净利润情况	
	营业收入（亿元）	增长率（%）	净利润（亿元）	增长率（%）
2016	405.30	37.00	4.00	1790.10
2017	622.16	53.50	7.23	-6.30
2018	818.58	31.57	5.12	-29.18
2019	868.03	6.04	7.01	36.89
2020	920.60	6.06	6.24	-11.02

数据来源：神州数码财报

（二）发展策略

加速释放云计算和数字化转型业务势能。2020 年，神州数码持续夯实多云、混合云管理的专业服务能力，创新打造超算中心云上服务模式，围绕自主研发的神州视讯和荟视云享产品开发整合"云""管""端"，通过聚集资源、积累技术、提升服务交付能力，积极打造覆盖多个行业头部客户的丰富实践和成功案例。在云管理服务方面，神州数码通过收购 GoPomelo 60%的股权成为国内唯一覆盖全球五大公有云的多云技术公司；与 AWS、Azure 及阿里云的合作持续深化，满分通过 AWS 管理服务能力审计并成为 AWS 中国唯一的 VAP 伙伴；通过 2020 Microsoft Azure Expert MSP 合作伙伴审核，成为当前我国唯一通过 V1.8 版本认证的云服务商；VM-Series 和 Panoram 两款安全产品成功入选阿里云最佳实践，成为阿里云核心合作伙伴之一。在数据业务方面，神州数码发布了 TDMP 数据脱敏系统 3.0 版本，通过内置 AI 算法提升捕捉数据敏感信息的精准度，顺利通过华为 TaiShan200 系列服务器、麒麟软件兼容性测试；发布客户数据平台 Bluenic2.0 版本并实现"以数据支撑营销"，推出 Bluemo 多云账单管理平台，助力企业降本增效，神州数码致力于以更为专业的服务获得更多客户的认可。

率先开展信创业务布局。2020 年，神州数码全力布局信创产业，实现了基于鲲鹏架构"从 0 到 1"的突破，构建覆盖研发、生产、销售、售后服务的完整业务体系，在生态建设方面取得了突破性进展。产品方面，神州数码发布了神州鲲泰服务器、神州鲲泰应用服务器一体机、神州鲲泰 HPDA 一体机、神州鲲泰大数据一体机等多样化产品，进一步推动核心技术产品国产化。营销方面，神州数码的信创业务实现了"从 0 到 1"的突破，中标 2020 年中国移动信息一级 IT 云资源池整机柜定制化服务器采购和 2020—2021 年中国联通通用服务器集中采购等项目，并在政企、互联网、金融、运营商等行业完成交付。生态建设方面，神州数码积极推动信创业务与国产算力产业的协同发展，在半导体芯片推广及解决方案领域与飞腾、申威、兆芯等国内厂商深度合作，开展基于龙芯、飞腾处理器的 PC 测试，推动信创算力产业生态发展；与麒麟软件、统信软件等 15 家合作伙伴分别签署合作协议，持续完善信创产业链；与合肥相关机构和企业签署投资合作协议，共同建设信创总部基地，加大研发精度，扩大信创业务规模。

第三节 东软

（一）总体发展情况

东软集团股份有限公司（以下简称：东软）作为我国第一家上市的软件企业，率先通过了 CMM5、CMMI5 认证和 PCMM Level5 评估，公司以软件技术为核心，通过结合软件与服务、软件与制造、技术与行业的能力，提供云和数据服务、行业解决方案以及平台产品等。近年来，东软以自主知识资产为核心，推动业务专业化、IP 化、互联网化发展，深耕于大医疗健康、大汽车、智慧城市等重点领域，促进技术与垂直行业的深度融合。2020 年上半年，东软自主软件、产品及服务业务实现收入 20.77 亿元，占公司营业收入的 83.80%，系统集成业务实现收入 3.36 亿元，占公司营业收入的 13.57%。东软 2016—2020 年营业收入增长情况如表 45-3 所示。

表 45-3　东软 2016－2020 年营业收入增长情况

年　度	营业收入情况		净利润情况	
	营业收入（亿元）	增长率（%）	净利润（亿元）	增长率（%）
2016	77.35	0.22	18.51	379.08
2017	71.31	-7.81	10.58	-42.81
2018	71.71	0.56	1.10	-89.60
2019（上半年）	83.66	16.67	0.37	-66.23
2020（上半年）	24.78	-15.27	0.65	152.56

数据来源：东软财报

（二）发展策略

积极推动智慧医疗信息化建设。东软加快构建一体化、专业化、智能化、平台化的平台体系，致力于为客户提供"智慧医疗"健康信息化整体解决方案。2020 年，东软助力贵州茅台医院、四川省人民医院信息化建设升级，帮助河北省人民医院、辽宁省肿瘤医院等通过五级以上电子病历评审；推进 AI 技术与医疗场景的深度融合，为广州医科大学附属医院构建基于 AI 的智能化 VTE 解决方案；承接多地区全民健康信息平台项目、医疗保障平台项目；为保障科学抗疫，推出巡检、护理、消毒、配送等方面的智能机器人，并在北京中医院、复旦大学肿瘤医院等落地应用。

持续发挥智能汽车互联领域领先优势。作为全球领先的汽车电子服务供应商，东软在智能汽车领域持续深耕，与众多国内外汽车电子厂商建立长期合作关系。2020 年，东软与中国一汽在汽车新一代整车软件平台领域达成全面合作，成立"中国一汽智能网联开发院&东软集团联合创新中心"，面向"软件定义汽车"的合作新模式，共同构建以 SOA 架构为基础的未来整车计算平台；为长城汽车独家定制开发的 5G 车载无线终端是国内首个支持 5G 并达到量产销售状态的车载无线终端，引领行业加速实现 5G 智能网联汽车落地。

以"5G+智慧运城"战略促进城市数字化产业升级。东软积极构建"以大数据为核心的新型智慧城市"业务框架，结合大数据、云计算等新一代信息技术，提供惠民、兴业、优政智慧运城市解决方案和服务。2020 年，东软承建的辽宁"互联网+监管"系统正式上新运行，在政务服务资源共享方面取得突破；面向全国推广机动车尾气遥感监测产品，积极开展机动车遥感监测；持续加强与国家电网等核心客户的合作，积极融入"能源互联网"生态圈；推出保盈保险中介云平台，提供一站式保险云平台服务。承接山东大学、清华大学信息化建设项目，通过为高校提供全面的信息化服务解决方案，助力教育体系智能化发展。

第四十六章

嵌入式软件企业

第一节 华为

（一）总体发展情况

华为技术有限公司（以下简称：华为）是中国前列、全球领先的信息通信领域龙头企业，其业务领域专注于为电信运营商、商业企业和终端消费者提供通信网络设备、云计算解决方案、个人信息终端等通信产品服务，并致力于打造一个万物互联的智能世界。据 2020 年年度报告显示，华为销售收入为 8913.68 亿元，在备受新冠肺炎疫情和地缘政治影响的情况下，仍逆势同比增长 3.79%。其中，华为云业务增速高达 168%，表现亮眼，市场份额在国内市场中占第二位。在 2020 年度软件和信息技术服务企业竞争力报告及前百家企业名单中，华为连续十九年蝉联第一，在规模效益、质量技术、研发水平和社会责任等多维指标中均处于领先地位。华为为我国提供安全可信的网络基础环境和高品质的智能终端，为 1500 多张网络和 30 多亿人口提供安全稳定的网络，通过加强与 600 多个组织联盟的联系，推动形成良性的产业发展环境，是我国新型基础设施和全球网络的中坚缔造者。

（二）发展策略

基于产业生态，推动 5G 解决方案持续领先。华为继续加强在 5G 领域的创新能力，并与全球运营商合作，创建具有最佳体验和最优性能的 5G 网络。2020 年，华为发布了最新 5G 超级刀片，将 5G 和无源天线集成融合和一体化同步部署，强化了网络覆盖效果和终端用户体验。中国电信和中国联

通率先部署了超级刀片站，通过使用业界唯一的华为超宽带，实现频率合一和投资效益倍增。华为通过其 5GtoB 生态发展战略，极速拓展了市场占有率。华为已经和全球二十多家厂商联合发布七十多款 5G 工业模组和一百四十多种商用行业终端，签署了过千的 5G 项目合同和三千多个相关项目。

借助开源生态，打造国产嵌入式操作系统。华为在嵌入式操作系统方面起步较早，基于以操作系统为核心、以智能手机为切入口的智慧生活战略，构建了以鸿蒙 OS 和 openEuler 为主的嵌入式开源操作系统组合。2021 年以来，鸿蒙 OS 顺利升级至 2.0 版本，利用分布式技术从软硬两端着手提升交互式服务水平，同时，HMS Core 5.0 的推出使 HMS 生态成为全球第三大移动应用平台。支持多处理架构、性能强劲的欧拉操作系统获得合作伙伴好评和支持，多个商业化版本应运而生。

业务需求驱动，开发全场景智能体系。华为面向城市、金融、交通、能源等领域的数字化转型需求，开发出政府和企业客户迫切需要的数字化、智能化的软硬一体解决方案。智慧城市方面，华为基于"1+1+N"整体解决方案架构，形成智慧城市模型，底层的信息通信基础设施涵盖物联网、大数据、人工智能和视频云等嵌入式场景。四十多个国家地区和七百多座海内外城市使用华为智慧城市方案，仅 2020 年第四季度，华为就和深圳、成都、福州、南昌等国内重点城市签署合作协议。智慧交通方面，华为在航空、轨道、公路、港口领域提供海陆空一体的智慧方案，全面提升交通出行效率和安全水平。智慧能源方面，华为通过智慧电厂、智慧电网、智慧管网、智能矿山等行业应用场景，赋能能源行业数字化转型。

第二节 中兴通讯

（一）总体发展情况

中兴通讯股份有限公司（以下简称：中兴通讯）成立于 1985 年，是国内最大的通信设备上市公司，其业务范围涉及无线、核心网、接入、承载、业务、终端、服务等领域。据公司发布的年报显示，2020 年中兴通讯实现收入 1014.5 亿元，营收同比增长 11.8%，但净利润出现下滑同比下降 17.3%，在工业和信息化部公布的 2020 年（第 19 届）中国软件业务收入百强企业中，中兴通讯位列第八名。2020 年，中兴通讯强调核心技术自主化，研发投入创历史新高，达 147.97 亿元，同比增长 17.92%，在营收比重中占 14.59%，研

发人员数量达 31747 名。目前，中兴通讯聚焦运营商通信主业，借助 5G 的投资周期浪潮，正朝高端化和数字化电信设备领域发展。

（二）发展策略

强化研发自主，助力智慧金融。中兴通讯在今年发布的 GoldenDB 国产金融交易型分布式数据库与数据中心全模块方案，和国内多个大型商业银行和互联网企业实现核心业务系统商用。GoldenDB 是中兴通讯自主研发的重要产品，进一步填补了我国在金融领域数据库和数据中心的国产化空白，在研发过程中申请专利两百多件，同时荣获 2020 年度我国项目管理大奖。

依靠长期投入，布局智能汽车。中兴通讯在数据库、芯片和操作系统长期的研发投入和技术储备，具备嵌入式软件定义智能汽车的深厚功力。技术方面，中兴通讯在最近六年内自主研发了自动驾驶软硬件平台、智能汽车操作系统、C-V2X、无线充电技术，智能汽车顺势成为企业重点发展的第二个重点领域。上下游企业布局方面，中兴新能源汽车负责无线充电、充电桩电源模块技术，中兴高能技术紧抓动力电池解决方案，英博超算专注于自动驾驶技术，中兴智能汽车专攻智能客车整车制造。

第三节　国电南瑞

（一）总体发展情况

国电南瑞科技股份有限公司（以下简称：国电南瑞）诞生于 2001 年，公司业务覆盖工业控制、智能电网、新能源及轨道交通等嵌入式诸多领域，主要从事电网调控技术、电网安全稳定控制技术、变电技术、配电技术、风电光伏等电气控制技术、轨道交通控制技术的研发应用，并提供各专业全方位的解决方案和产品设备。据公司年报显示，2020 年南瑞集团营业收入和净利润分别为 385 亿元、48.5 亿元，同比分别增长 18.75%和 11.71%，其中，电力信息通信业务和电网自动化控制业务分别增长 30.4%和 16.4%。在 2020 年中国软件企业百强名单中，国电南瑞位列第 17 名。

（二）发展策略

聚焦电网自动化主营业务，积极布局新产品新业务。国电南瑞顺应电力行业数字化转型需要，聚焦数字电网发展方向，形成能源互联网领域的国电

南瑞自研方案，并瞄准先进新一代信息在电力能源领域的融合创新，加速在调度、配电、用电、电力交易等领域的嵌入式技术应用。同时，国电南瑞加快推动新技术、新产品、新业态、新模式创新发展，形成了主营业务优先，新兴产业梯次推进的发展格局。国电南瑞在智慧城市、量子通信、电动汽车、无人机及机器人等新兴业务领域，成立战略新兴产业项目委员会，组建跨部门跨单位项目团队，安排专项扶持资金，分领域稳步推进。

第四十七章

云计算企业

2020年,以阿里云、腾讯云、华为云为代表的我国云服务商持续加大力度推广云计算,通过多种举措加大"AI+大数据+云计算"的深度融合应用。一方面,我国各云计算企业持续提高云服务的计算能力;另一方面,企业也在不断深化云计算应用的服务能力。

第一节 阿里云

(一) 发展情况

阿里云计算有限公司(以下简称:阿里云)成立于2009年9月10日,由阿里巴巴集团投资创办,在杭州、北京和硅谷等地设有研发中心和运营机构。阿里云依托阿里巴巴集团强大的技术实力和业务场景,集中了国内外云计算领域的顶尖专家,历时两年多的时间,研发出国内第一个拥有自主知识产权的云计算平台,该平台经过多年实际生产运行的检验和"双十一"海量业务的冲击,成为国内第一个可用、可靠、可信的云计算平台。阿里云的目标是打造互联网数据分享的第一平台,成为以数据为中心的领先云计算服务公司。阿里云致力于打造公共、开放的云计算服务平台,并将借助技术的创新,不断提升计算能力与规模效益,将云计算变成真正意义上的公共服务基础设施。阿里云将通过互联网使用户可以便捷地按需获取阿里云的云计算产品与服务。

2020年阿里云已在全球21个国家和地区开放64个可用区和250多个飞天数据中心,在全球广泛采用液冷、水冷、风能等节能技术降低能耗,累计服务超过200个国家、300万个以上的企业客户,全面经受起"双十一"、12306

春运等极限并发场景。现已成为全球第三大云计算企业（前两名分别是亚马逊的 AWS、微软的 Azure）。根据 2020 年 Gartner 发布的最新云厂商产品评估报告，阿里云首次挺进全球数据库第一阵营——领导者（LEADERS）象限，这也是中国数据库 40 年来首次进入全球顶级数据库行列。阿里云在计算大类中，以 92.3%的高得分率拿下全球第一名，并且刷新了该项目的历史最佳成绩。此外，在存储和 IaaS 基础能力大类中，阿里云也位列全球第二名。

（二）发展策略

行业与场景是云计算市场拓展的关键。钉钉是阿里云打入企业客户的重要抓手，也是其开拓中国云市场的关键。阿里云在提供标准化的基础云服务之外，还将提供更多的定制化服务和行业、生态解决方案，在零售、金融、公共服务、交通、医疗等行业形成"云+大数据+智能应用"。阿里云不断提升增值服务收入占比，降低传统 IaaS 收入占比，IaaS 收入份额从 2017 年的 57%下降到 2020 年 H1 的 45%，而同期付费客户数从 100 万人增加到了 300 万人。阿里巴巴预计阿里云将在 2021 财年内实现盈利。

推进云中台战略，助力企业实现数字化转型。为了满足中国企业完善数字化转型、智能化转型、移动化转型的需求，阿里巴巴建设云中台，并归纳成三个核心的平台：（1）数据中台；（2）业务中台；（3）IoT 平台。阿里巴巴希望通过更产品化、平台化的服务，让客户在向数字化转型的过程中更容易。在数据中台上，阿里巴巴在服务电商的过程中积累了大量的处理数据、应用数据的经验，在此基础上沉淀了一整套的技术体系。在疫情期间，阿里云为全国开发了 130 多个基于大数据的智能化应用，包括智能外呼、CT 片的分析等，通过建设数据平台，阿里巴巴的服务能力、产品能力得到了进一步的提升。在业务中台上，阿里巴巴进一步强化钉钉跟阿里云的整体合作。阿里巴巴计划将"云钉一体"打造成企业移动办公的新平台，从而解决企业协作、开发者开发，以及企业原有管理系统移动化的问题。"云钉一体"是阿里云未来的核心，也是阿里云进一步平台化的重要支撑点。

第二节　腾讯云

（一）发展情况

腾讯云是腾讯集团倾力打造的云计算品牌，面向世界各个国家和地区的

政府机构、企业组织和个人开发者，提供全球领先的云计算、大数据、人工智能等技术产品与服务，以卓越的科技能力打造丰富的行业解决方案，构建开放共赢的云端生态，推动产业互联网建设，助力各行各业实现数字化升级。腾讯云基于 QQ、微信、腾讯游戏真正业务的技术锤炼，从基础架构到精细化运营，从平台实力到生态能力建设，腾讯云将之整合并面向市场，使之能够为企业和创业者提供集云计算、云数据、云运营于一体的云端服务体验。腾讯云面向丰富的业务场景，提供整套的技术解决方案，助力客户安全高效上云，其业务范围涵盖游戏、金融、教育、大数据、智慧零售、小程序等多个领域。

目前，腾讯云全球服务器数量已超百万个，数据存储规模达 EB 级别，拥有全球加速节点 1300 多个，受到超过 400 多家权威组织机构的认证，推出超过 300 项云产品及服务。腾讯云的基础设施覆盖全球五大洲 27 个地区，运营 61 个可用区。根据 2020 年国际知名行业研究机构 Gartner 全球数据库魔力象限研究报告，腾讯云数据库正式进入 Gartner 云数据库管理系统魔力象限，被评为特定领域者，意味着腾讯云数据库的综合能力正式进入全球顶级序列。根据 Gartner 相关报告显示，腾讯云数据库市场份额增速达 123%，位居国内所有数据库厂商之首，并在全球范围内保持了连续两年增速位列前三名的迅猛势头，腾讯云数据库的全球市场份额排名已经提升到前六名。腾讯云安全隐私计算凭借"安全、稳定、弹性、高性能，解决数据孤岛问题，释放数据价值"的优势，荣获"2020 年度大数据行业创新产品"大奖。在 2020 年 12 月 31 日的"第十届中国标准和应用大会"上，腾讯云 TStack 依托扎实的技术创新能力，获得了"2020 年云计算卓越产品奖"。

（二）发展策略

着力产业互联网，推动数字化落地。2020 年疫情期间，腾讯云大量通过数字化推进新的生产、运营模式。以 5G、AI、大数据为代表的数字技术在产业场景中得到迅速验证，腾讯云与合作伙伴开放共建，为产业互联网发展注入强劲动力。腾讯产业互联网的开放生态已初步形成，目前，腾讯已经与 8000 多家合作伙伴共建，形成 300 多项联合解决方案，为 20 多个行业的 30 万家企业客户提供服务。腾讯云启产业生态平台打通腾讯的技术、产品、平台能力和 C 端场景，通过产业生态投资、产业加速器、产业共创营、产业基地等多种方式，服务合作伙伴，帮助其实现从战略到落地的全面提升。腾讯

将持续加大生态建设投入，面向合作伙伴开放五大能力，以重点领域为支点，与合作伙伴共生共赢，助力产业智慧升级，如注入产业资金与孵化资源、开放技术基础设施、开放中台研发资源、开放 C 端场景资源、共享资源、共建项目等。

创造全新机遇，构建行业影响力。产业互联网应用落地，不仅需要横向拓展，更需要纵向深入。产业互联网价值链复杂，每个环节都需要"最懂行"的伙伴来运营。2021 年，腾讯通过与不同垂直领域伙伴的深度合作，走入数字化发展的"深水区"，探索各行各业数字化转型升级的最佳路径，并在一些全新领域，实现合作模式和落地成果的突破。例如在政务领域，腾讯云携手优特云建设"数智贵阳"，联合贵阳南明区人民政府，围绕南明区新基建的布局，在提升城市数字化治理水平，以及智慧商圈、智慧园区、工业互联网建设等方面展开深入合作，助力南明区数字产业与数字经济发展。在教育领域，译泰教育与腾讯教育共同打造腾讯智脑联合产品，目前已经在云南、罗湖试点，助力相关教育主管部门提升智慧化管理能力。在出行领域，腾讯联手翌擎科技，助力车企数字化转型；在建筑领域，联想科技与腾讯微瓴深度合作，共同推动智慧建筑产业落地苏州；在医疗领域，卓健科技携手腾讯医疗上线互联网医院；在智慧社区方面，美数科技与腾讯联合打造智慧社区整体解决方案，在湖州吴兴社区项目中落地实践。2020 年，腾讯与合作伙伴建立越来越多的合作，如青藤云、苹果树、有赞、微吼等分别与腾讯在安全、金融、零售、泛互等领域合作，为各行各业数字化转型升级助力。

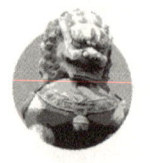

第四十八章

大数据企业

第一节 东方国信

（一）发展概况

北京东方国信科技股份有限公司（以下简称：东方国信）成立于 1997 年，是我国独立第三方、为客户加工数据的大数据上市企业。自成立以来，东方国信打造了基于大数据、云计算、移动互联，全链条、全自主知识产权的技术研发体系，服务于通信、金融、工业、智慧城市、公共安全、智慧旅游、农业、医疗、媒体、大数据运营等 10 多个行业和业务领域。

目前，东方国信在通信领域形成了企业级数据平台、数据分析平台、基于 BI 的 CRM 应用三大产品线，成为三大运营商的核心合作厂商，覆盖 19 亿个终端用户；在工业领域，其研发的工业互联网平台 Cloudiip 入选国家级工业互联网建设项目，成功服务于冶金、高铁、能源、工业锅炉等垂直行业；在智慧城市领域，参与 20 多个省市的城市智能运营中心（IOC）建设；在政府领域，积极推动公安、交通、旅游等大数据示范项目落地实践；在医疗领域，完成 1000 多家医院的数据汇集整合，服务 3 亿名患者；在农业领域，完成 3 万多个农业大棚的物联网智能改造，助力国内设施农业主要产区实现农业大数据建设。

（二）发展策略

"大数据+"打造产业链纵横布局。东方国信提出了"大数据+"的发展战略，通过推动技术产品和解决方案落地，不断升级产品结构和层次，着力打造纵向全产业链、横向跨行业的业务布局。在纵向技术方面加大研发持续投入，重点打造了高性能分布式数据库 CirroData、工业互联网平台 Cloudiip 等核心产品，支撑企业形成大数据、云计算全产业链技术研发体系。在横向市场方面快速切入行业市场，大力推动产品及解决方案在金融、工业、政府、智慧城市、农业等领域落地实践，加快促进企业核心技术与各行业的深度融合和技术成果转化。

云网融合提升大数据服务能力。东方国信云入局公有云市场，通过推出成熟的公有云计算平台，以及数据中心运维工具链，形成纵向打通的统一的云计算软件栈，全面支撑企业云服务业务。基于在 IDC 领域的持续布局，提升企业在云架构体系中 IaaS 层的行业优势地位。在技术领域，积极完善高性能分布式数据库 CirroData、工业互联网平台 Cloudiip、数据科学云平台"图灵引擎"等核心产品的全线布局，加速人工智能、5G 通信、工业互联网等前沿技术的研发，逐渐形成云网融合的产业生态。

第二节　荣联科技

（一）发展概况

荣联科技集团股份有限公司（以下简称：荣联科技）成立于 2001 年，是专业的数字化服务上市公司。公司积极布局物联网、大数据、5G+边缘计算、人工智能等技术领域，为客户提供"IT+DT+OT"全生命周期的数字化建设、生产、运营及服务。云服务业务方面，荣联科技提供私有云集成、公有云 MSP、IDC 及行业 SaaS 应用的运营服务，为中国人民银行清算总中心云计算中心、中国移动云资源池、新华通讯社 PaaS 云系统、新疆油田勘探开发云等项目提供数据中心、私有云及混合云建设和服务支撑，并服务于行业云项目。数据服务业务方面，荣联科技提供全数据业务集成服务，以及基于数据产品的专业服务，其中，四川省重点用能单位能耗在线监测系统建设项目、一汽丰田数据湖项目等项目处于业内领先地位。

（二）发展策略

聚焦新一代信息技术综合服务。荣联科技将新一代信息技术综合服务作为全新战略体系，着力形成云服务、数据服务、自有产品和服务、数据中心建设四大业务布局，并且重点在金融、政府公用、运营商、能源制造和生物

医疗五大行业布局。在云服务方面，荣联科技计划运行 3～5 朵涉及生物、能源、制造等领域的行业专有云，为客户提供建云、上云、管云、用云服务。在数据服务方面，荣联科技将在数据采集、数据存储、数据管理和数据应用四个阶段，面向用户提供自主研发数据产品和合作伙伴的数据产品，并为用户提供专业的数据服务。

开拓政务数字转型市场。荣联科技通过股东变更募集资金支持数字转型业务发展。新控股股东山东经达在作为其控股股东期间，承诺在未来三年通过提供委托贷款、提供担保、股东借款、认购定向增发股份等方式向公司提供不低于 15 亿元的资金支持，帮助公司在业务布局、人才引进、研发投入等方面进行战略优化，股权变更募集的 3.79 亿元将同时用于流动性补充及混合多云服务运营支撑平台的研发和产业化项目。此外，新控股股东的国资背景有助于荣联科技进一步开拓政务数字化转型市场。

第三节　美林数据

（一）发展概况

美林数据技术股份有限公司（以下简称：美林数据）成立于 1998 年，是国内知名的数据治理和数据分析服务提供商，重点面向企业客户提供以数据资产管理、数据分析与挖掘、数据开发应用为主的大数据产品及增值解决方案，现已形成数据资源管理平台（TempoDMP）、数据可视化平台（TempoBI）、人工智能平台（TempoAI）、数据资产图谱平台（DAGP）等大数据系列产品。美林数据聚焦智能制造、智慧能源两大核心领域，同时拓展智慧军工、汽车装配、家电制造、智慧水务、智慧金融等细分领域，致力于打造企业级大数据应用样板。2017 年，美林数据的 Tempo 大数据分析平台入选工业和信息化部大数据优秀产品和应用解决方案案例；2018 年，美林数据的领航工业互联网服务平台入选工业和信息化部制造业"双创"平台试点示范项目；2020 年，美林数据的"基于知识图谱技术的能源企业数据资产管理应用"入选工业和信息化部大数据产业发展试点示范项目。

（二）发展策略

聚焦"智能能源+智能制造"行业的大数据布局。在智慧能源领域，美林数据重点围绕电网、风电、水务等领域，集中迭代并推广数据资产图谱平台、大数据平台等多项产品。2019年9月，美林数据联合陕西省电力公司等共同成立了国内首个省级泛在电力物联网工程研究中心，强化了其在电网领域的创新应用落地。在智能制造领域，美林数据为客户提供一体化数据增值解决方案与服务。2019年，美林数据自主研发的大型回转设备健康管理系统解决方案在多个行业实现应用。

拓展区域工业互联网业务布局。积极建设领航工业互联网平台，提供"1个工业PaaS平台+4个企业数据终端+6个数字经济服务App"的核心服务，并在平台建设基础上积极拓展区域工业互联网业务布局。2019年，与合作方联合建设运营的台州工业互联网服务平台、无锡飞凤工业互联网平台正式上线运行。其中，台州工业互联网服务平台入选工业和信息化部2019年制造业"双创"平台试点示范项目和浙江省省级工业互联网平台。

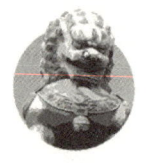

第四十九章

信息安全企业

第一节 启明星辰

（一）总体发展情况

启明星辰信息技术集团股份有限公司（以下简称：启明星辰）是国内极具实力的拥有具有完全自主知识产权及核心技术的网络安全软/硬件产品、可信安全管理平台、安全服务与解决方案的综合提供商。在技术和产品方面，启明星辰经过多年发展积累了丰富的专业知识库和资源库，在北京、上海、广州等多地建立了研发机构，拥有完善的专业产品线，覆盖数据安全、安全服务、安全工具等多个技术领域。入侵检测与防御（IDS/IPS）、安全管理平台（SOC）、统一威胁管理（UTM）等 9 个产品的市场占有率位居全国第一名，在安全运营、工业互联网安全、云安全等新兴领域处于市场领先地位。在营销方面，启明星辰在全国拥有 60 多家分支机构，销售渠道和售后服务体系覆盖全国，是政府、金融、电信、教育、能源、医疗等多行业企业级用户的首选品牌。启明星辰拥有代表国内最高水准的技术团队，是国家认定的企业级技术中心和国家规划布局内的重点软件企业，拥有最高级别的涉密计算机信息系统集成资质和国内规模最大的国家级网络安全研究基地，牵头/参与制定了近 30 项国家及行业网络安全标准。2020 年，公司实现营业收入 36.5 亿元，同比增长 18.16%，净利润为 7.93 亿元，同比增长 15.19%。启明星辰 2018—2020 年营业收入增长情况如表 49-1 所示。

表49-1 启明星辰2018—2020年营业收入增长情况

年　　度	营业收入（亿元）	增长率（%）	净利润（亿元）	增长率（%）
2018	25.22	10.66	5.69	25.88
2019	30.89	22.48	6.88	20.91
2020	36.50	18.16	7.93	15.26

数据来源：启明星辰财报

（二）发展策略

探索独立运营模式，打造完整的产品线和解决方案。启明星辰以新技术为依托与国际接轨，率先在国内信息安全行业探索实践第三方独立安全运行新模式，开拓性地建立了SECaaS/SOCaaS（安全即服务/安全运营中心即服务）国家级业务平台和城市级安全运营中心，连续为各省市客户提供安全运营服务。启明星辰在信息网络安全领域深耕，并主动向数据安全、业务/应用安全、加密/密码等多个细分领域挺进，坚持实施多品牌战略，致力于打造完整一体化产品线解决方案。

加大研发力度，提升核心竞争力。启明星辰凭借对市场发展趋势的高度敏锐性，紧跟云计算、工业互联网、大数据、人工智能、物联网、智能制造等新兴技术领域的发展趋势，及时发掘行业产品的差异化需求，在产品升级换代、新产品市场投放和业务模式创新等方面积极开展部署，加大核心技术研发力度，提升产品性能，保持核心竞争力。

聚焦重点行业，持续扩大市场份额。启明星辰进一步针对重点行业和规模化市场巩固和拓展营销渠道、扩大客户群体，不断提升市场占有率、拓展市场覆盖领域。针对信息安全领域深化行业布局、细化运营管理模式，通过提供更加符合行业用户需求的产品和服务，持续向纵深方向开拓市场，围绕公司的核心业务，通过开展战略联盟、并购重组等，构建开放合作共生的生态圈，提高公司在信息安全领域的影响力。

第二节　天融信

（一）总体发展情况

天融信科技集团（以下简称：天融信）创始于1995年，是国内首家网

络安全企业，也是领先的网络安全、大数据与云服务提供商，1996年率先推出我国第一台具有自主知识产权的防火墙，后又自主研发可编程ASIC安全芯片，在全球首发新一代可信并行计算安全平台，又推出云时代超百G机架式"擎天"安全网关，连续21年位居我国网络安全防火墙市场榜首，在整个网络安全市场（尤其是安全硬件方面）始终引领网络安全技术发展。天融信多年以来不断创新，在国内率先推出"TOPSEC"联动协议、"可信网络架构"（TNA1.0）、"可信网络世界"（TNW）、"下一代可信网络安全架构"（NGTNA），构建全局防御体系；紧跟数字经济发展热潮，陆续发布覆盖网络安全、大数据与云服务三大业务领域的业界最全产品体系；持续加大研发力度，通过深度融合国产软硬件技术，打造网络安全领域全国产化最佳应用实践天融信昆仑系列产品，助力我国信创产业发展。2020年，天融信实现营业收入57.01亿元，其中，网络安全业务实现营收28.29亿元，同比增长17.05%。天融信2018—2020年营业收入增长情况如表49-2所示。

表49-2　天融信2018—2020年营业收入增长情况

年　度	营业收入（亿元）	增长率（%）	净利润（亿元）	增长率（%）
2018	64.56	—	5.01	—
2019	71.04	10.04	3.67	−26.75
2020	57.01	−19.75	5.43	47.96

数据来源：天融信财报

（二）发展策略

加大研发投入，巩固市场优势。天融信始终坚持自主创新的理念，持续提升自主研发能力。2020年，天融信进一步加大网络安全业务领域的研发投入，研发费用同比增长31.43%，通用标准化产品和新兴产品的研发投入比例约为4.5∶5.5；大力引进技术研发人员，新增员工1000多人，同比增长20%，研发技术人员占比已达70%左右；通过技术优势不断巩固市场地位，IDC发布的2020Q3中国IT安全硬件市场数据显示，天融信防火墙产品以29.3%的市场份额蝉联冠军，IDP、VPN产品的市场份额也位居前列。

积极布局新兴安全领域。近年来，天融信重点布局云安全、工业互联网安全、数据安全等新兴领域，已拥有超过30家云服务中心，累计为超过10万个客户提供服务。2020年，天融信发布基于数据中台的安全运营解决方案、

WiFi6 无线 AP、"新一代"天融信工控防火墙、面向后工业时代的工业互联网安全解决方案等多个新产品，新增订单同比增长 47.41%，相较去年，增速提高明显。

第三节 深信服

（一）总体发展情况

深信服科技股份有限公司（以下简称：深信服）成立于 2000 年，多年来始终秉承"让用户的 IT 更简单、更安全、更有价值"的理念，专注于为政府部门、金融机构、医疗教育事业单位、电信运营商等企业级用户提供与信息安全、云计算基础网络及物联网领域相关的产品和服务。公司长期坚持创新发展驱动，紧跟全球信息技术发展趋势，加大研发力度，不断迭代与优化既有产品和解决方案，谋划新业务、孵化新产品。公司当前的信息安全业务基于涵盖智能、防御、检测、响应、运营五个维度的安全能力模型，设计开发相应安全产品、解决方案和服务，面向各行用户提供覆盖云、网、端的安全产品、人机共智的安全服务，以及云、网、端高度协同的安全解决方案。2020 年上半年，深信服实现营业收入 17.44 亿元，同比增长 11.91%，其中，信息安全业务收入为 11.17 亿元，同比增长 14.42%，占总营业收入的 64.05%。深信服 2018—2020 年营业收入增长情况如表 49-3 所示。

表 49-3 深信服 2018—2020 年营业收入增长情况

年度	营业收入（亿元）	增长率（%）	净利润（亿元）	增长率（%）
2018	32.24	30.42	6.03	5.05
2019	45.90	42.37	7.59	25.87
2020	54.58	18.92	8.03	5.50

数据来源：深信服财报

（二）发展策略

持续加大研发投入，引进和培养更多研发人才。近年来，深信服在技术研发方面持续加大投入，全面提升公司技术能力，以行业领先的技术研发优势塑造公司核心竞争力，研发投入高于同行。2020 年前三季度，公司研发投入达 10.35 亿元，同比增长 31.98%，研发投入占营业收入的比重高达 31.9%。

2020年，公司加大对研发人员，特别是高端研发人员的引进和培养力度，研发人员数量占比保持较高水平；重视员工培养，持续完善员工激励和福利制度，保持团队稳定，研发部门的员工离职率不足 5%。对研发的高度重视帮助深信服巩固在信息安全领域的领军地位。

深耕超融合市场，升级云计算战略。近年来，深信服紧随国内超融合市场发展趋势，凭借其超融合产品在安全和虚拟化方面的突出优势，稳居我国超融合厂商第一梯队，市场占有率不断提升，由 2015 年的 1%提升到 2019 年的 19%，仅排在华为（30%）及 H3C（23%）之后。2020 年，深信服入选 Gartner 发布的《服务器虚拟化市场指南》，超越 H3C，晋级为国内虚拟化和超融合领域两强之一。此外，深信服不断升级云计算业务战略，从超融合承载业务向数据中心的全面云化转变，以满足数据中心各个阶段建设的不同需求；发布 ARM 架构超融合、云计算平台和云原生平台三个创新产品，打造形成开放式平台体系，全面提升云计算整体解决方案能力和覆盖领域。

第五十章 人工智能企业

第一节 百度

（一）总体发展情况

百度公司（以下简称：百度）成立于 2000 年 1 月，是全球最大的中文搜索引擎网站。近年来，百度致力于技术创新，将人工智能作为重要的技术战略方向，建有百度研究院，致力于人工智能等前沿技术的研究与探索，着眼于提升百度的信息服务水平。2005 年 8 月 5 日，百度在 NASDAQ 成功上市，截至 2021 年 3 月底总市值约 769 亿美元。2020 年全年未经审计的财务报告显示，百度 2020 年营收 1071 亿元，净利润为 220 亿元。目前，百度与 10 家中国及全球的汽车制造商签署了战略合作伙伴关系，提供高精地图、领航辅助驾驶等汽车智能化服务。

（二）发展策略

完善端边云 AIoT 产品体系。百度以云计算为基础，以人工智能为抓手，依托对物联网、边缘计算、异构计算、安全、AI 语音、AI 视觉等核心能力的持续探索，打造了完善的端边云 AIoT 产品体系。提供了从基础设施到应用的端到端通用解决方案，以及面向能源电力、公共事业、智慧交通等众多领域的行业解决方案，借 AI 之力连接万物、唤醒万物、智慧万物。2020 年上半年，作为百度 AI 战"疫"的重要组成，基于百度大脑一系列能力研发的 AI 测温系统在全国逾百处公共场所落地部署，助力疫情防控高效开展。

AI 新基建与产业智能化。AI 新基建基础设施全面布局与升级后,人工智能如何改造和提升传统产业,诞育新兴产业成为大家最为关心的问题。在新一轮科技革命中,百度 AI 正在赋能各行各业,促进产业智能化升级,推动智能经济发展。百度 AI 的产业智能化基于百度大脑 AI 大生产平台,一方面,支撑百度业务高质量成长,另一方面,通过百度 AI toB 的重要承载者和输出者——百度智能云,为各行各业大规模输送百度的 AI 技术成果与平台能力。

第二节 科大讯飞

(一)总体发展情况

科大讯飞股份有限公司(以下简称:科大讯飞)的前身是安徽中科大讯飞信息技术有限公司,成立于 1999 年,主营业务为人工智能技术研究、软件及芯片产品开发、语音信息服务等。科大讯飞在国际上获得多项该领域人工智能大赛的冠军,先后两次荣获"国家科技进步奖"。目前,公司在国内智能语音核心技术应用方面的市场占有率超过 80%。其中,中文语音技术市场份额占比 60% 以上,语音合成产品市场份额占比 70% 以上,在主要应用行业,如电信、金融、电力、社保等的市场份额占比 80% 以上。截至 2020 年 3 月底,总市值为人民币 1079 亿元。根据 2020 上半年财报,科大讯飞实现营业收入 43.49 亿元。其中,研发投入 9.62 亿元,占总体营收的 22.12%。科大讯飞人工智能核心技术驱动的各项业务加速落地,2020 年上半年整体新增中标合同金额较 2019 年同期增长 119%。

(二)发展策略

响应政策稳步推进,战略布局新基建。疫情时期,科大讯飞核心业务稳步推进,始终保持积极态度应对挑战,并响应国家政策,战略布局新基建,以刚需应用拥抱人工智能新时代。科大讯飞在智慧教育、智慧医疗两大核心赛道分别实现了 34.53% 和 665% 的增长。科大讯飞第一时间利用智医助理电话机器人,面向已启动重大突发公共卫生事件一级响应的 30 多个省市地区,展开了相应的筛查、防控和宣教举措。据统计,通过智能外呼功能,智医助理电话机器人筛选出 4.7 万个伴有发热症状的患者,5.5 万人流行病学史阳性,在帮助医务人员分担人工排查工作量的同时,也在一定程度上提升了医务人员的工作效率。

结合"产学研一体化"模式，于源头聚拢优势资源。科大讯飞始终坚持从源头上持续聚拢优势资源，在语音合成、语音识别、图像识别、机器翻译等多项核心技术上持续保持国际优秀水平，仅2018年以来就获得了30项人工智能领域国际竞赛的第一名。

坚持"平台+赛道"的发展战略。基于拥有自主知识产权的核心技术，2010年，科大讯飞在业界发布以智能语音和人机交互为核心的人工智能开放平台——讯飞开放平台，为开发者提供一站式人工智能解决方案。从早期只有语音合成和识别这两个通用能力，到今天可以呈现334种更复杂的AI能力，提供上百项参考应用场景，应用终端数超过20亿个，超160万个开发者团队在平台上进行研发探索，诞生了超过93万个服务大众的应用。

第三节 阿里巴巴

（一）总体发展情况

阿里巴巴网络技术有限公司（以下简称：阿里巴巴）于1999年成立，经营多项业务，也从关联公司的业务和服务中取得经营商业生态系统上的支援。业务和关联公司的业务包括：淘宝网、天猫、聚划算、全球速卖通、阿里巴巴国际交易市场、1688、阿里云等。在探索人工智能的早期阶段，阿里巴巴并没有立刻着手新项目，而是从现有的核心业务盘子上寻找AI切口，然后才推动落地。紧接着，攻关语言技术成为下一个目标。阿里巴巴借建立自然语言处理（NLP）"大中台"之举，将其各业务线的NLP有机整合，使其不再各自为营。2020年，阿里巴巴上榜2019年上市公司市值500强并排名第一。

（二）发展策略

加速数字新基建，推进决策智能化。2020年6月，阿里巴巴发布城市大脑3.0。经过两年迭代，城市大脑3.0强化了感知能力，将通过城市空间基因库连接农田、建筑、公共交通等全部城市要素。通过人工智能技术，城市大脑3.0可以实现交通、医疗、应急、民生养老、公共服务等全部城市场景的智能化决策。

坚持AI+云模式，拓宽一体化布局。2020年9月，阿里巴巴发布了"无

影"云电脑,可以随时在云端扩充算力,不仅具备传统电脑的所有能力,支持扩容,单应用资源可弹性扩展至 104 核 CPU、1.5T 内存,轻松应对高性能计算需求,与阿里云数据中心享有同级别的安全防护能力。阿里巴巴借助阿里云的竞争优势,以"云 + AI + IOT"模式展开云、管、边、端、AI、物联网的全链路、一体化布局,闯出了一条自由的 AI 之路。

第四节 云从科技

(一)总体发展情况

云从科技成立于 2015 年,孵化于云从科技集团股份有限公司。业务涵盖智慧金融、智慧治理、智慧出行、智慧商业等领域,为客户提供个性化、场景化、行业化的智能服务,重点开展人脸识别技术、人群监测技术等科研成果的转化。云从科技承建了三大国家平台,并参与国家及行业标准的制定,是国家新基建发展的中坚代表。依托全球领先的人机协同操作系统,云从科技将感知、认知、决策的核心技术闭环运用于跨场景、跨行业的智慧解决方案,全面提升生产效率和品质,让 AI 真正造福于人,助推国家从数字化到智慧化转型升级。云从科技的核心技术先后 13 次斩获国际智能感知领域桂冠及 158 次行业 POC 冠军。

(二)发展策略

坚持"AI+行业应用+智能装备"三位一体的发展模式。云从科技的主要目标是通过打造人机协同、人机共融,最终实现共创良好生态。2020 年 5 月,云从科技与广州市政府达成战略合作,共建国内首个人机协同开放平台。云从科技人机协同开放平台、京东供应链科技总部等受到各方重点关注。云从科技人机协同开放平台重点围绕人工智能技术、产品和服务,构建了"人机交互—人机融合—人机共创"依次演进并集软硬件于一体的人机协同服务体系。

建立关联产业集聚基地,实现产业横纵向整合。目前,我国科技最大的隐患在于核心技术受制于人,因此需要加快核心技术的自主替代和研发,并在人工智能竞争中实现"弯道超车",成为主要的人工智能创新中心。云从科技提出,人工智能产业发展的重点在于建立关联产业集聚基地,实现产业的横向和纵向整合。充分发挥人工智能领域独角兽企业的辐射能力,以

点带面，引入横向相关及纵向相关企业，促进人工智能技术的链接和紧密合作，也为智能技术提供更多的应用实践和应用场景。2020 年 7 月，云从科技与中国工商银行广州分行签订战略框架协议，并与全国首家数字金融地方组织合作。2020 年 8 月，云从科技与招商华软信息有限公司签署战略合作框架协议。

第五十一章

开源软件企业

2020年，国内企业参加开源的热情进一步提升。老牌IT大厂，如百度、腾讯、阿里巴巴、华为等在知名开源项目与开源社区的参与度和贡献度进一步提高，在阿里巴巴内部甚至把参与开源作为一项公司发展战略来执行，因此，阿里巴巴一直也是我国参与开源项目数量最多的企业。而在开源项目贡献者方面，华为是我国拥有最多开源项目贡献者的企业。小米、美团、滴滴、中兴、小米、360等企业也不断在开源领域发力，将自身优秀技术成果与业务系统以开源方式分享，在开源届的话语权不断提升。

第一节　华为

（一）总体发展情况

华为是我国最大的民营通信科技公司，其主营业务领域为通信，具体业务则包括面向商业用户的通信设备销售、面向个人消费者的消费级硬件销售及相关行业解决方案。在2020年《财富》评选的世界500强企业榜单中，华为位列全球排名第49名。这也是华为排名首次进入前50名，相较2019年上升了12名。在2020年发布的《中国软件业务收入前百家企业发展报告》中，华为再次被评为软件业务收入百强企业之首。

（二）发展策略

近年来，随着华为自身业务的发展与战略转型调整，华为对开源的重视程度不断提升。通过积极参加开源，华为已经成为我国对全球开源贡献最多的中国企业。其参与开源具备以下特点。

基于自身在 ICT 产业的深厚影响构建开发者生态。从 2012 年开始，华为就着手构建自己的开发者生态圈。目前，华为开发者社区提供了大数据、云计算、SDN、物联网、企业移动安全、敏捷网络等 15 个热门产品的开放能力和解决方案，开发者可以基于华为的 ICT 开放能力构建属于自己的创新解决方案或应用。华为通过上述策略，将开发者紧密凝聚在依托自身 ICT 基础设施能力形成的开发者平台与技术社区中，形成了与众多开发者和合作伙伴的良性互动氛围。

加快核心技术开源软件研发。通过在开源届的合作分享，华为掌握了 Linux、OpenStack、Hadoop 等开源软件的核心技术，并实现了基于开源技术的再创新。例如，华为就瞄准桌面虚拟化及网络功能虚拟化为核心的通信虚拟化市场，发展了基于开源 Xen 虚拟机的云服务产品 FusionSphere。

将开源视为企业重大发展战略。华为目前已经确定了将发展开源、参与开源作为技术创新与企业发展的关键。通过多年的发展，华为对开源软件的研究、应用、回馈都已取得了丰硕的成果。华为已构建了开源社区建设、开源软件战略研究、开源项目推动等多个业务部门。

在 2020 年，华为在开源领域依旧取得了不俗的成绩。MindSpore 开源一周年后，已集成到华为云全流程 AI 开发平台 ModelArts 里，开发者可以非常方便地在华为云 ModelArts 里体验 MindSpore 新特性。在 2020 年度 OSC 中国开源项目 TOP30 名单中，华为方舟编译器上榜。此外，华为自研的鸿蒙编译器、GaussDB 也于 2020 年全面开源。

第二节　阿里巴巴

（一）总体发展情况

阿里巴巴是我国知名的电子商务与互联网企业，成立于 1999 年，总部位于浙江杭州。公司业务和关联公司的业务包括：聚划算、天猫、淘宝网、全球速卖通、蚂蚁金服、菜鸟网络、阿里妈妈、阿里云、阿里巴巴国际交易市场、1688 等。在成立之初，阿里巴巴就想通过互联网技术，创造一个公平的市场竞争环境，"让天下没有难做的生意"。通过提供电子商务交易平台、可信金融服务等方式，让小企业、小商家能在线上零售或参与市场竞争时位于相对公平有利的位置。2020 年，阿里巴巴继续在《财富》世界 500 强企业名单中榜上有名，并且相较 2019 年提升明显，排名第 132 名，位次提升了

50 名，全年收入达 731 亿美元。

（二）发展策略

2011 年开始，阿里巴巴在开源领域的业务布局不断加快。先是开源了一大波开源项目，再是积极参与开源社区共建。目前，阿里巴巴贡献的开源项目数量持续保持增长，已总计有 150 多个开源项目。其中，星级项目有数十个。根据 GitHub 数据显示，阿里巴巴是我国唯一一家晋入围 GitHub 顶尖贡献名单的 IT 公司。阿里巴巴参与开源的策略可概括如下。

早期积极利用开源软件发展自身业务。阿里巴巴技术体系开始涉足开源生态，可以从淘系业务的搭建追溯到阿里云向企业提供的 INS 和 Caffe 服务，阿里巴巴技术的底层系统借鉴了非常多的开源项目，从服务器到大数据，以及最新的人工智能应用。通过早期对开源项目的吸纳与借鉴，阿里巴巴快速搭建起自身的业务系统。

基于自身业务需求发展开源新项目。阿里巴巴在将开源应用与自身业务流程整合的过程中，还发现了非常多的具体项目和方案是在开源项目中尚未涉及和推出的。于是，阿里巴巴基于自身业务需求在开源项目中不断改进和设计，并将这些结果推而广之，再反哺开源社区，成为开源社区的积极贡献者，不断推动开源生态发展。

2020 年，阿里巴巴在推进软件开源方面持续发力，充分彰显了自身的技术势力与拥抱开源的积极态度。阿里巴巴正式宣布开源首个 Serverless 开发者平台 Serverless Devs，这也是业内首个支持主流 Serverless 服务/框架的云原生全生命周期管理的平台。该平台致力于为开发者提供强大的工具链体系。通过该平台，开发者可以一键体验多云 Serverless 产品，极速部署 Serverless 项目。据公开数据显示，2020 年阿里巴巴在国内企业的开源数据中，多项指标得分位列第 1 名，开发者数量更是其他公司之和。

第三节　恒拓开源

（一）总体发展情况

恒拓开源信息科技股份有限公司（以下简称：恒拓开源）成立于 2007 年，是我国首家专注于开源技术的高新技术公司。公司创始人是首位获得世界级开源技术奖的华人。恒拓开源采取互联网社区、企业服务并行的业务模式。公司致力于为企业客户提供专业的开源技术产品、IT 咨询、解决方案及外包服务。2020 年，喜获"2020 年第四届中国新三板年度风云榜——最佳公司创新奖"。

（二）发展策略

打造专业化的国产代码托管平台。码云是由恒拓开源对标国外 GitHub、GitLab 等知名代码托管平台而打造的国产代码托管平台，该平台可以为开发者提供安全、高效、稳的云端软件开发协作功能，不管是企业、团队还是个人，都能够用码云实现项目管理、代码托管、协作开发。码云与 GitHub 等国外平台不同，其私有库是完全免费的。此外，针对企业用户推出的码云企业版，不仅可以为国内中小型开发团队提供除代码托管服务，还重点强化了与代码联系最密切的项目/任务管理和文档功能（技术文档协作、知识沉淀）等便捷服务。

积极承办各类线下活动。开源中国一直不遗余力地推动国内开源软件的应用和发展，同时也为本土开源能力的提高、开源生态环境的优化提供长期推进的线下交流平台。开源中国以深圳为起点，打造了覆盖北京、上海、广州、杭州、成都等各大主流 IT 城市的源创会系列线下活动，在行业内积累了较高的影响力与知名度。2019 年 4 月，开源中国在浙江云栖小镇中发起"青年团聚"与"新生论坛"，聚集大量对开源感兴趣的年轻人，并为年轻人提供畅所欲言的聚会派对和展现自我的平台。2019 年 12 月，开源中国获得百度战略投资。

致力于拓展各类行业应用场景。作为以民航信息化为特色的软件开发及 IT 服务供应商，恒拓开源深耕民航业务领域十余年，在技术层面具有专业领先性和创新性，是保障我国民航业安全运行的核心软件供应商之一。恒拓开源也因此荣登"2020 中国 ToB 行业新增长势力榜"。除了在民航领域的深厚积累，恒拓开源还将业务拓展到政务、电信、汽车、制造业及医药健康等众多行业领域，为大量知名机构和企业客户提供服务，进一步提升企业的综合技术水平和应用实践能力。

第五十二章

区块链企业

第一节 趣链科技

（一）总体发展情况

杭州趣链科技有限公司（以下简称：趣链科技）是国际领先的区块链产品及应用解决方案供应商，致力于构建数字化时代的商业基础设施。趣链科技团队成员均毕业于海内外一流高校，其中90%以上为技术人员，10多人具有博士学位。

趣链科技是国内区块链行业最大融资纪录的保持者，并于2021年完成数亿元C轮融资（投资方为易方达资本、银宏基金），是区块链领域独角兽企业。趣链科技的核心产品包括国际领先的联盟区块链底层平台、自主研发的链原生数据协作平台BitXMesh、区块链跨链技术平台BitXHub，以及一站式区块链开放服务BaaS平台飞洛。目前，趣链科技参与制定国际标准和国家标准近百项。

（二）发展策略

充分发挥技术优势，坚持区块链核心技术的国产、自主、可控。在国家战略需求的指引下，趣链科技积极推进联盟链技术领域的科技攻关，在区块链系统的研发和部署方面充分体现中国特色并满足企业级应用在性能、权限、安全、隐私、可靠性、可扩展性与运维等多方面的商用需求。

完善产业布局，持续发力金融、政务、民生、社会治理等应用场景。目前，趣链科技已服务于住房和城乡建设部、中国人民银行、四大行总行、沪

深交易所、主流股份制商业银行、国家电网、中国电信、南方航空等上百家机构，产生了显著的社会效益。同时，趣链科技已与行业内多家知名企业联合成立了合资公司，系统布局"区块链+金融"、物联网、医疗、智慧政务、智慧城市、司法、跨境贸易等众多领域。趣链科技将继续坚持以客户需求为导向，以业务场景为驱动，砥砺践行区块链赋能数字经济。

全面落实产业生态规划，打造开放、创新、多元的区块链联盟生态圈。基于多元化的合作模式，趣链科技与多家合作伙伴达成战略合作，营造开放的行业生态。同时，趣链科技积极探索区块链和人工智能、大数据、物联网等前沿信息技术的融合发展，努力开创更大的应用场景和创新空间，助力构建具有国际一流水平的区块链全产业生态链，实现数字经济的多轮驱动发展。

第二节 复杂美科技

（一）总体发展情况

杭州复杂美科技有限公司（以下简称：复杂美科技）主营区块链底层设施的建设和区块链应用解决方案的设计与开发，是浙江省杭州市高新技术企业也是国家高新技术企业。复杂美科技目前在杭州、南京、广州设有开发团队，公司员工近130人，其中70%为技术研发人员，核心技术与管理团队已伴随公司成长3~10年。

复杂美科技目前已累计申请600多项区块链发明专利，其中超70项已经获得授权，300多项已公开，与阿里巴巴、腾讯、IBM同列全球前10名。Chain33区块链底层技术核心功能已全部开源，适宜于各行各业各系统的集成与适配。应用场景包括但不限于区块链供应链金融、供应链管理、存证溯源系统、电商等成熟产品。

（二）发展策略

推进区块链技术创新，加强与人工智能和云计算的合作。目前，区块链、人工智能、云计算等都属于信息的基础设施，在各地"智慧大脑"的发展战略下，区块链融合技术已成为新的趋势。复杂美科技作为全球顶尖区块链技术企业，定下了技术创新的决心。除了底层Chain33的模块插件化的区块链底层开发框架，复杂美科技还开发了BaaS（Blockchain-as-a-Service）平台，

依托 Chain33 区块链平台开放区块链服务。提供简单易用、一键部署的区块链服务，加速区块链业务应用开发、测试、上线，助力各行业区块链场景落地，为中国区块链技术的发展提供强大的支撑。

加速落地政务、供应链金融、溯源存证等热门赛道板块。和其他区块链存证相比，复杂美科技的存证系统既保留了区块链的安全性，无法篡改，又具有中心化系统的高效查询的优势。相关业务将推动中国数字化经济的发展，为数字经济建设提供强有力的支撑，进一步加速人工智能技术在全行业的落地。

建设区块链标准建设工程，推进经济数字化转型。随着区块链技术越来越成熟，标准化、规范化、开源化的重要性会日益凸显。区块链技术实现标准化后，应用会更广泛。从开源性来讲，复杂美科技正处在区块链标准化的先锋位置，将来也会为国家经济数字化转型继续贡献自己的力量。

第三节　江苏迪链

（一）总体发展情况

江苏迪链科技有限公司（以下简称：江苏迪链）由国内优秀的大数据和区块链团队成立。团队核心人员参与了中国软件行业协会《区块链平台基础技术要求》标准的编制工作，主持了工业和信息化部赛迪牵头的 CA 联盟可信"存证链"的研发和培训工作，是审计署《基于区块链技术的国家金融审计模式变革研究》的项目组成员。

团队在基于区块链的电子政务、供应链金融、存证、溯源上有着丰富的项目实施经验。团队自主研发的银信超级链系统入选 2019 年中国优秀区块链解决方案，并荣获 2019 年优秀网络可信服务解决方案，2020 年入选南京数字金融产业研究院有限公司金融科技示范项目并在 2020 年全球金融科技创业大赛总决赛中荣获区块链科技赛道优胜奖。

（二）发展策略

构建全球统一的可信账户系统，并在此基础之上构建基于区块链的合法合规的可信数据共享体系。可信账户是身份信息通过公安、工商、电信运营商等权威认证源认证后生成的区块链账户。可信账户基于国际主流区块链标准，为用户塑造完整、可信的"自主身份"，构建以用户为主导的数字身份管理和应用平台，可信账户支持跨链、跨应用的使用，最终实现"我的数据我做主"+"可信账户链接一切"的愿景。同时，可信账户还解决了部门间不愿意共享数据，以及不愿意把数据共享给平台方的难题。可信账户可以从政府的多个部门获取数据，并将其合法合规地分享给第三方，破解了政府部门间数据共享和价值数据流通的难题。

区块链服务走向 2C 服务模式。江苏迪链现在基本完成了"从 0 到 1"的阶段，已经建立了一些样板工程，从江苏迪链的发展来看，今年要完成从"从 0 到 1"到"从 1 到 10"的项目复制阶段，以及从现在的项目模式，转换到未来 2C 的运营模式。江苏迪链现有的解决方案，在国内处于领先的地位。江苏迪链 2021 年的核心目标有两个，一个是充实加强项目交付团队，提升整个团队的交付水平；另一个是尝试"从 1 到 10"跨越式的发展。

政　策　篇

第五十三章 《新时期促进集成电路产业和软件产业高质量发展的若干政策》

第一节 政策背景

软件驱动全球经济社会发展步入新时期。随着云计算、人工智能、大数据、5G通信等新一代信息技术的不断发展，软件技术也向着平台化、服务化、智能化、生态化快速演进，软件与其他行业的融合发展持续加快，成为推动新一轮科技革命和产业变革，引领人类社会向数字化、网络化、智能化发展的关键力量。在此形势下，建设强大的软件产业，已成为世界各国构建新一轮全球竞争新优势、抢占新工业革命制高点的必然选择。我国软件产业已迈向高质量发展新征程。改革开放以来，在党中央、国务院的高度重视下，尤其是在《国务院关于印发鼓励软件产业和集成电路产业发展若干政策的通知》(国发〔2000〕18号)、《国务院关于印发进一步鼓励软件产业和集成电路产业发展若干政策的通知》(国发〔2011〕4号)等多项重大产业利好政策的支持下，我国软件产业实现了从无到有、从小到大的重大转变，产业规模、质量、效益全面增长，软件产业整体已迈入高质量发展新阶段。软件的价值与作用得到进一步凸显，对国家信息化战略实施、制造强国与网络强国建设的支撑进一步增强，有力地促进了国民经济和社会持续健康发展。新时期我国软件产业发展亟须新思路。"十四五"时期是我国抢占全球信息技术科技创新制高点和推动自主软件系统规模化应用的重要交汇期，如何在贸易摩擦升级、地缘政治冲突加剧、新冠肺炎疫情持续的复杂外部形势下，系统地解决当前我国软件产业发展仍面临的关键技术受制于人、软件人才缺口较大、

原创性成果应用不足、软件价值评价机制缺失等一系列问题，加快构建以国内大循环为主、国内国际双循环相互促进的新发展格局，需要在推动我国软件产业实现高质量发展时采取新的促进思路。在此背景下，《新时期促进集成电路产业和软件产业高质量发展的若干政策》（国发〔2020〕8号）的出台恰逢其时。

第二节 主要内容

鼓励开展国际合作。从政策大类来看，本次国发8号文在旧国发4号文七大政策的基础之上，新增国际合作政策。国际合作政策提出，要积极为国际企业来华投资营造良好环境，与国海外高水平大学、研究机构、行业组织、国际企业在研发、国际分工、标准制定等多个领域开展交流合作，同时要推动集成电路产业和软件产业"走出去"，利用国际创新资源提升产业水平，有关部门要为企业开展合作提供良好环境。当前，我国集成电路产业和软件产业发展面临的国际阻力前所未有，在这一背景下，国际合作政策的提出无疑彰显了我国对国际社会互利共赢的明确追求与推动科技产业走向世界的坚定自信。同时，国际合作政策也为集成电路产业和软件产业指明发展方向，既要"引进来"，合作提升科研能力，又要"走出去"，提高国际市场份额与影响力。

强化长期资金支持。发展集成电路产业和软件产业需要长期的技术积累与市场摸索，具有投入周期长、收益回报慢的特点。本次国发8号文的财税政策，针对集成电路企业提出了多项十年期所得税减免优惠，对国家鼓励的重点集成电路设计企业和软件企业提供五年期免征所得税优惠及接续年度减征优惠。同时，投融资政策也提出加大对集成电路产业和软件产业的中长期贷款支持力度。相比于旧国发4号文，本次国发8号文财税优惠的时间跨度有明显提升，同时明确了对企业中长期融资的支持，贴合产业发展的长期建设需求。

引入多类社会资本。发展集成电路产业和软件产业需要大量资金投入，单纯依靠国家支持会造成巨大财政负担，同时不利于发挥产业发展对社会经济的带动作用。在旧国发4号文支持发展无形资产质押贷款融资的基础上，本次国发8号文进一步提出对股权质押融资、供应链金融等融资渠道的支持，同时支持非银行金融机构通过发起设立专门性资管产品参与产业发展。本次

第五十三章 《新时期促进集成电路产业和软件产业高质量发展的若干政策》

国发 8 号文鼓励多种类型的社会资本参与集成电路产业和软件产业发展，既有利于拓宽企业的融资来源，又有利于发展有收益的社会共享。

充分利用市场机制。集成电路产业和软件产业最终要通过市场实现自身的良好发展，发挥好市场机制的调节作用对产业发展具有深远意义。本次国发 8 号文提出，通过政策引导，以市场应用为牵引，带动技术和产业不断升级，推动产业集聚发展，支持专业化创新服务机构建设，加快制定相关行业标准。本次国发 8 号文提出的市场应用新政策有利于优化市场资源配置、丰富市场参与主体、规范市场发展秩序，对壮大集成电路产业和软件产业市场，进而实现产业良性循环有重要作用。

第五十四章

《工业互联网创新发展行动计划（2021—2023年）》

第一节 政策背景

工业和信息化部近日印发《工业互联网创新发展行动计划（2021—2023年）》（以下简称：《行动计划》），提出到2023年，我国工业互联网新型基础设施建设量质并进，新模式、新业态大范围推广，产业综合实力显著提升；新型基础设施进一步完善、融合应用成效进一步彰显、技术创新能力进一步提升、产业发展生态进一步健全、安全保障能力进一步增强。《行动计划》明确将开展网络体系强基行动、标识解析增强行动、平台体系壮大行动、数据汇聚赋能行动、新型模式培育行动、融通应用深化行动、关键标准建设行动、技术能力提升行动、产业协同发展行动、安全保障强化行动、开放合作深化行动等11项列为重点任务。

第二节 主要内容

明确了总体目标。到2023年，工业互联网新型基础设施建设量质并进，新模式、新业态大范围推广，产业综合实力显著提升。新型基础设施进一步完善。在10个重点行业打造30个5G全连接工厂。融合应用成效进一步彰显。重点企业生产效率提高20%以上，新模式应用普及率达到30%。技术创新能力进一步提升。工业互联网基础创新能力显著提升，网络、标识、平台、安全等领域一批关键技术实现产业化突破，工业芯片、工业软件、工业控制

第五十四章　《工业互联网创新发展行动计划（2021—2023年）》

系统等供给能力明显增强，产业发展生态进一步健全。培育发展 40 个以上主营业务收入超 10 亿元的创新型领军企业，形成 1~2 家具有国际影响力的龙头企业。培育 5 个国家级工业互联网产业示范基地，促进产业链、供应链现代化水平提升。安全保障能力进一步增强。工业互联网企业网络安全分类分级管理有效实施，聚焦重点工业领域打造 200 家贯标示范企业和 100 个优秀解决方案。

提出了 11 项重点任务。（1）网络体系强基行动。加快工业设备网络化改造，推进企业内网升级，开展企业外网建设，深化"5G+工业互联网"，构建工业互联网网络地图。（2）标识解析增强行动。完善标识解析体系建设，加速标识规模应用推广，强化标识生态支撑培育。（3）平台体系壮大行动。滚动遴选跨行业跨领域综合型工业互联网平台，建设面向重点行业和区域的特色型工业互联网平台，发展面向特定技术领域的专业型工业互联网平台，提升平台技术供给质量，加快工业设备和业务系统上云上平台，提升平台应用服务水平。（4）数据汇聚赋能行动。推动工业互联网大数据中心建设，打造工业互联网大数据中心综合服务能力，培育高质量工业 App，推动平台间数据互联互通，持续深化"工业互联网+安全生产"。（5）新型模式培育行动。发展智能化制造，加强网络化协同，推广个性化定制，拓展服务化延伸，实施数字化管理。（6）融通应用深化行动。加强大中小企业融通发展，加快一二三产业融通发展。（7）关键标准建设行动。强化工作机制，完善标准体系，研制关键标准，加强国际合作。（8）技术能力提升行动。强化基础技术支撑，突破新型关键技术与产品，以新技术带动工业短板提升突破。（9）产业协同发展行动。培育领先企业，强化主体协作，开展产业示范基地建设，建设平台应用创新推广中心，建设工业互联网示范区。（10）安全保障强化行动。依法落实企业网络安全主体责任，加强网络安全供给创新突破，促进网络安全产业发展壮大，强化网络安全技术保障能力。（11）开放合作深化行动。营造开放多元包容的发展环境，全面推动多领域、深层次国际合作。

第五十五章

《国家新一代人工智能标准体系建设指南》

第一节　政策背景

为落实党中央、国务院关于发展人工智能的决策部署，推动人工智能技术在开源、开放的产业生态不断自我优化，为加强人工智能领域标准化顶层设计，推动人工智能产业技术研发和标准制定，促进产业健康可持续发展，充分发挥基础共性、伦理、安全隐私等方面标准的引领作用，指导人工智能国家标准、行业标准、团体标准等的制修订和协调配套，形成标准引领人工智能产业全面规范化发展的新格局，制定《国家新一代人工智能标准体系建设指南》（以下简称：《指南》）。《指南》加快创新技术和应用向标准转化，强化标准的实施与监督，促进创新成果与产业深度融合。注重与智能制造、工业互联网、机器人、车联网等相关标准体系的协调配套。深化人工智能标准国际交流与合作，注重国际国内标准协同性，充分发挥标准对人工智能发展的支撑引领作用，为高质量发展保驾护航。

第二节　主要内容

到 2021 年，明确人工智能标准化顶层设计，研究标准体系建设和标准研制的总体规则，明确标准之间的关系，指导人工智能标准化工作的有序开展，完成关键通用技术、关键领域技术、伦理等 20 项以上重点标准的预研工作。

到 2023 年，初步建立人工智能标准体系，重点研制数据、算法、系统、服务等重点急需标准，并率先在制造、交通、金融、安防、家居、养老、环

保、教育、医疗健康、司法等重点行业和领域进行推进。建设人工智能标准试验验证平台，提供公共服务能力。

在建设内容方面，《指南》基于标准体系结构共分八大部分标准，在支撑技术与产品标准中主要包括大数据、物联网、云计算、边缘计算、智能传感器、数据存储及传输设备等。在行业应用标准方面，主要对国务院《新一代人工智能发展规划》提出的重点行业应用领域如智能交通、智能医疗、智能教育、智能物流、智能家居、智能政务、智慧城市、公共安全、智能法庭等提出要求。

第五十六章

《"工业互联网+安全生产"行动计划（2021—2023年）》

第一节 政策背景

"安全生产"是实现工业高质量发展的重要保障。要实现工业高质量发展，就必须把安全生产问题放在首要位置，不断提升安全监管能力，消除安全生产隐患，防范化解安全生产风险，杜绝重特大事故的发生。工业互联网通过实现全要素的全面深度互联，打通产品设计、生产、管理、服务等制造活动各个环节的信息流，实现资源动态调配，增强工业安全生产的感知、监测、预警、处置和评估能力，从而加速安全生产从静态分析向动态感知、从事后应急向事前预防、从单点防控向全局联防的转变，提升工业生产本质安全水平。党中央、国务院高度重视"工业互联网"和"安全生产"，2020年6月30日，中央深改委第十四次会议审议通过了《关于深化新一代信息技术与制造业融合发展的指导意见》，要求充分利用工业互联网等新一代信息技术提高重点行业安全生产水平。工业互联网与安全生产的有机结合，既有利于加快制造业数字化转型过程，推动提质增效降本，又有利于提升重点行业企业的安全水平，优化生产环境，降低生产风险。两措并举，合力助推制造业高质量发展，着力解决突出问题。

第二节 主要内容

明确总体思路。一是坚持安全发展。坚持以习近平新时代中国特色社会主义思想为指导，牢固树立安全生产理念、贯彻新发展理念，坚持生命至上、安全第一，切实把安全发展理念落实到工业发展的全领域、全阶段、全过程。

二是坚持融合创新。坚持以"深入实施工业互联网创新发展战略"和"提升应急管理体系和能力现代化"为主线，着力打造"工业互联网+安全生产"新型能力，推动"工业互联网+安全生产"融合创新应用，提升本质安全水平和安全监管效率，促进工业互联网服务于经济运行和工业基础能力监测。三是坚持源头防范。坚持工业互联网与安全生产同规划、同部署、同发展，将安全生产作为工业互联网建设和应用的重要任务，并围绕化工、钢铁等重点行业，制定"工业互联网+安全生产"行业实施指南，全面提升企业安全生产监管能力。四是坚持系统联动。坚持管行业必须管安全、管业务必须管安全、管生产经营必须管安全，以创新安全生产监管方式和工业互联网与安全生产融合度为引导，明确各方主体责任，建设跨部门、跨行业、跨层级的多层联动能力和配套机制。

建设"工业互联网+安全生产"新型基础设施。通过建设新型基础设施，支撑安全生产全过程、全要素、全产业链的连接和融合，提升安全生产管理能力。为保障工业互联网与安全生产融合发展落地推广，需构建新型基础设施，具体包含"两个平台、一个中心"。两个平台是指工业互联网安全生产监管平台和数据支撑平台。中国安全生产科学研究院负责整合已有平台和系统，建设行业级工业互联网安全生产监管平台，应用工业互联网技术对安全生产进行全方位、全过程监察管理。中国工业互联网研究院负责汇聚安全生产数据，建设和运行数据支撑平台，建立安全生产信息目录，开发标准化数据交换接口、分析建模和可视化等工具集，为行业级监管平台提供技术支撑。一个中心指的是"工业互联网+安全生产"行业分中心，由中国安全生产科学研究院具体负责建设与运维，通过分中心加速两个平台之间数据资源的在线汇聚、有序流动和价值挖掘。

打造基于工业互联网的安全生产新型能力。安全生产新型能力是提升工业企业安全生产水平的关键，依托新型基础设施，建设安全生产快速感知、实时监测、超前预警、应急处置、系统评估五大新型能力，推动安全生产全过程中风险可感知、可分析、可预测、可管控。快速感知能力主要面向安全生产全要素进行信息采集，通过制定智能传感器、测量仪器和边缘计算设备的功能、性能标准并开展选型测评，推动设备协议和数据格式的进一步统一，为企业快速感知能力提供落地保障。实时监测能力主要面向生产过程，通过制定工业设备、工业视频和业务系统上云实施指南，推动高风险、高能耗、高价值设备和 ERP、MES、SCM 及安全生产相关系统上云上平台，为全面

性监测提供保障。超前预警能力主要面向风险检测和预警，通过制定风险特征库和失效数据库标准，分析各类采集的数据，形成零部件失效特征模型。依托边缘云建设，将上述特征模型分发到边缘端，加速对安全生产风险等的分析预判，从而实现精准预测、智能预警和超前预警。

深化工业互联网和安全生产的融合应用。为保障工业互联网向安全生产场景纵深发展，提升工业企业数字化、网络化、智能化水平，需通过深入实施基于工业互联网的安全生产管理，推动生产、仓储、物流、环境等各环节各方面的管理模式升级，促进跨企业、跨部门、跨层级的生产管理协同联动，提升数字化管理、网络化协同、智能化管控水平。在企业层面，要在推进工业互联网安全生产监管平台建设中，将数字孪生技术融合到安全生产管理中，实现对关键生产设备全生命周期、生产工艺全流程进行数字化管理，把一线人员从危险作业现场解放出来，实现少人、无人作业。在园区层面，要建设全要素网络化连接、敏捷化响应和自动化调配的能力，实现不同企业、不同部门与不同层级之间的协同联动，全面开展安全生产风险仿真、应急演练和隐患排查，推动应急处置向事前预防转变。

构建"工业互联网+安全生产"支撑体系。为推动工业互联网和安全生产深度融合，提高推广应用效率，需构建坚持协同部署、聚焦本质安全、完善标准体系、培育解决方案、强化综合保障五位一体的全面支撑体系，培育工业互联网和安全生产协同创新模式。一是以工业互联网和安全生产协同部署为先导，通过建立激励约束机制、加大资金投入力度等多种保障措施，引导行业主管部门、地方政府、企业等建设工业互联网安全生产监管平台。二是以聚焦本质安全、加速相关产品海量应用迭代优化为抓手，通过组织应用试点，促进信创产品、生产工艺、测试工具等在安全生产各重要环节中的验证应用、迭代优化和推广，提升企业本质安全水平。三是以完善标准体系贯标推广新技术、新应用为驱动，鼓励加快制修订国家标准、行业标准和团体标准，同步配合开展自动化贯标工具设计开发、选型测评，支撑标准的推广应用。四是以培育行业解决方案、开发模型库、工具集和工业 App 为依托，面向化工、钢铁、有色等重点行业组织制定"工业互联网+安全生产"行业实施指南，引导解决方案提供商和服务团队建设基于工业互联网的安全生产监管平台。五是以完善工控安全监测网络为保障，强化落实企业网络安全主体责任，引导企业开发和应用工业互联网、工控安全产品和解决方案，避免通过工业互联网引入工控安全新风险，提升企业安全防护水平。

第五十七章

《特色化示范性软件学院建设指南（试行）》

第一节　政策背景

　　软件是信息技术之魂、网络安全之盾、经济转型之擎、数字社会之基。在党中央、国务院高度重视下，软件上升为国家战略，产业走上高质量发展的新征程。我国软件产业增加值增速连续多年位居国民经济前列，实现了规模、效益同步提升。与此同时，短板明显、价值失衡、产用脱节、生态脆弱等问题依然突出，亟须加强产教合作，建设特色化高素质人才队伍，支撑产业高质量发展。为深入贯彻国家软件发展战略，落实全国教育大会精神和《中国教育现代化2035》要求，扎实推进《教育部　工业和信息化部　中国工程院关于加快建设发展新工科　实施卓越工程师教育培养计划2.0的意见》（教高〔2018〕3号），推动新工科建设再深化、再拓展、再突破、再出发，指导高校主动服务国家软件发展战略，引导企业深度融入人才培养体系，教育部、工业和信息化部联合印发《特色化示范性软件学院建设指南（试行）》，聚焦国家软件产业发展重点，培养满足产业发展需求的特色化软件人才，推动关键软件技术突破、软件产业生态构建、国民软件素养提升，形成具有示范性的高质量软件人才培养新模式。

第二节　主要内容

　　指导思想与建设原则。以习近平新时代中国特色社会主义思想为指导，深入贯彻党的十九大和十九届二中、三中、四中全会精神，深入贯彻全国教育大会精神和《中国教育现代化2035》，紧紧围绕教育强国、制造强国、网络强国战略部署，牢固树立新发展理念，以立德树人为根本任务，以特色化

软件人才培养为目标，以深化产教融合为途径，以改革创新为驱动，以特色发展为重点，深化软件人才培养模式改革，大力开展关键核心软件技术攻关，促进软件生态体系建设，充分发挥软件人才培养对产业发展的支撑引领作用，推动我国软件产业实现由大到强的历史跨越。特色化示范性软件学院坚持育人为本、坚持突出特色、坚持统筹规划、坚持改革创新、坚持开放合作，聚焦国家软件产业发展重点，在关键基础软件、大型工业软件、行业应用软件、新型平台软件、嵌入式软件等产业战略方向，培育建设一批特色化示范性软件学院，探索具有中国特色的软件人才产教融合培养路径。

十大建设任务。一是强化使命驱动。引导学生充分认识软件自主可控工作的重要性，把推动产业发展和技术创新作为使命追求，着力培养学生的实践能力、创新精神和社会责任感。二是突出专业特色。围绕关键基础软件、大型工业软件、行业应用软件、新兴平台软件和嵌入式软件对人才的特色化需求，建设完善针对软件新技术、新模式、新业态的课程和实践能力教学体系。三是创新培养模式。开发针对新技术、新模式、新业态的课程体系和新形态教学课程资源，创新教学质量评价机制，推进专业认证与行业认证的有机衔接。四是注重产业导向。在建设思路上紧贴产业发展需求，强化行业企业的参与和管理，推进行业企业深度参与教学体系与课程设计、教材编制、师资队伍、实训基地与实验平台建设，推进公共教学资源和实训资源的共建共享，推动高校与产业深度融合，促进人才培养与人才需求无缝对接。五是加强队伍建设。创新高校师资队伍聘用与考核机制，推进导师双向评价和认定工作，打通校企教师队伍互通互聘渠道，支持学校和企业之间人才的双向流动，积极支持教师到重点行业的对口企业兼职、挂职。六是深化产教融合。主动对接产业需求，搭建校企协同创新育人平台，建设一批由高校、行业企业等共同开发的特色课程、特色教材、特色工具，推进多专业学生协同培养，推动构建良性产业生态。七是严格教学管理。完善过程性考核与结果性考核有机结合的学业考评制度，探索并建立学生实习实践成效转化为学分的相关机制，严肃处理各类学术不端行为。八是促进国际交流。促进软件学院整体与软件发达国家高水平大学和科研院所的合作与交流，通过共研共享促进双方发展，不断提高软件学院的办学国际化水平。九是推进质量建设。树立以学生为中心、以产出为导向的教学理念，推进软件人才培养全过程质量管理，健全人才培养质量监控、质量预警和质量评价标准体系。十是加强组织保障。强化党的政治建设和基层组织建设，选好并配齐软件学院党政领导班子，完善软件学院的内部组织体系，加大人员、经费、政策等资源的倾斜力度。

第五十八章 《工业和信息化部关于工业大数据发展的指导意见》

第一节 政策背景

工业大数据是工业领域产品和服务全生命周期数据的总称,包括工业企业在研发设计、生产制造、经营管理、运维服务等环节中生成和使用的数据,以及工业互联网平台中的数据等。随着第四次工业革命的深入展开,工业大数据日渐成为工业发展最宝贵的战略资源,是推动制造业数字化、网络化、智能化发展的关键生产要素。全球主要国家和领军企业向工业大数据聚力发力,积极发展数据驱动的新型工业发展模式。党中央、国务院高度重视大数据发展,强调推动大数据在工业中的应用。我国是全球制造大国,工业大数据资源极为丰富。未来三到五年,随着 5G、工业互联网、人工智能等的发展,工业大数据将从探索起步阶段迈入纵深发展阶段,迎来快速发展的机遇期,全球工业大数据的竞争也将变得更为激烈。立足当前、着眼未来,制定出台《工业和信息化部关于工业大数据发展的指导意见》意义重大。一是贯彻落实党中央、国务院工作部署的重要举措;二是有利于加快工业数字化转型进程;三是有利于凝聚各方共识,构建协同推进的工作体系,形成发展合力,着力解决突出问题,共建共创工业大数据生态。

第二节 主要内容

加快数据汇聚。一是推动工业数据全面采集。支持工业企业实施设备数字化改造,升级各类信息系统,推动研发、生产、经营、运维等全流程的数

据采集。支持重点企业研制工业数控系统，引导工业设备企业开放数据接口，实现数据全面采集。二是加快工业设备互联互通。持续推进工业互联网建设，实现工业设备的全连接。加快推动工业通信协议兼容统一，打破技术壁垒，形成完整贯通的数据链。三是推动工业数据高质量汇聚。组织开展工业数据资源调查，引导企业加强数据资源管理，实现数据的可视、可管、可用、可信。整合重点领域统计数据和监测数据，在原材料、装备、消费品、电子信息等行业建设国家级数据库。支持企业建设数据汇聚平台，实现多源异构数据的融合和汇聚。四是统筹建设国家工业大数据平台。建设国家工业互联网大数据中心，汇聚工业数据，支撑产业监测分析，赋能企业创新发展，提升行业安全运行水平。建立多级联动的国家工业基础大数据库，研制产业链图谱和供应链地图，服务制造业高质量发展。

推动数据共享。一是推动工业数据开放共享。支持优势产业上下游企业开放数据，加强合作，共建安全可信的工业数据空间，建立互利共赢的共享机制。引导和规范公共数据资源开放流动，鼓励相关单位通过共享、交换、交易等方式，提高数据资源价值创造的水平。二是激发工业数据市场活力。支持开展数据流动关键技术攻关，建设可信的工业数据流通环境。构建工业大数据资产价值评估体系，研究制定公平、开放、透明的数据交易规则，加强市场监管和行业自律，开展数据资产交易试点，培育工业数据市场。

深化数据应用。一是推动工业数据深度应用。加快数据全过程应用，发展数据驱动的制造新模式新业态，引导企业用好各业务环节的数据。二是开展工业数据应用示范。组织开展工业大数据应用试点示范，总结推广工业大数据应用方法，制定工业大数据应用水平评估标准，加强对地方和企业应用现状的评估。三是提升数据平台支撑作用。发挥工业互联网平台优势，提升平台的数据处理能力。面向中小企业开放数据服务资源，提升企业数据应用能力。加快推动工业知识、技术、经验的软件化，培育发展一批面向不同场景的工业 App。四是打造工业数据应用生态。面向重点行业培育一批工业大数据解决方案供应商。鼓励通过开展工业大数据竞赛，助力行业创新应用。加大宣传推广力度，开展线上线下数据应用培训活动。

完善数据治理。一是开展数据管理能力评估贯标。二是推动标准研制和应用。三是加强工业数据分类分级管理。

强化数据安全。一是构建工业数据安全管理体系。二是加强工业数据安全产品研发。

热 点 篇

第五十九章

从印度封杀 App 事件看我国移动互联网企业出海应对策略

第一节 事件回顾

2020年6月，印度宣布对我国59款移动App进行封杀，引发业界的高度关注。尽管公告没有明确指出此次行动是针对我国企业的，但遭到禁止的应用绝大部分为我国移动互联网企业所开发，事件无疑对我国互联网企业出海敲响了警钟。在移动互联网出海已是大势所趋的背景下，如何妥善处理好他国法律、文化、用户带来的差异化挑战，将是我国移动互联网企业及行业管理部门必须高度关注的问题。

第二节 事件评析

（一）印度"App封杀令"的事实与真相

印度"App封杀令"的三个特点。一是倾向性强。在59款封禁应用中，仅有4款应用是非中国应用，其余55款应用皆为中国应用且在印度市场占有率极高，覆盖领域为游戏、社交、工具、文创、电商领域，大致可以分为三类：第一类是在中国有市场基础的复制型应用，如微博、微信；第二类为中国企业在海外推出的孪生型应用，如Tik Tok；第三类则为中国投资或管理的印度本土型应用，如Club Factory。二是事先未警告。印度以"影响国家安全"为由下达封杀令，但是在类似案例判决的具体执行中印度通常先行警告违规企业，要求其配合政府调查。我国相关遭封禁企业在没有收到任何事

第五十九章　从印度封杀App事件看我国移动互联网企业出海应对策略

前通知的前提下，印度政府突然就以该理由宣布违法，封禁执行的过于"急迫"。三是证据未公开。封杀令没有公布我国应用实质违法证据，依据仅为印度单方面总结的间接投诉和建议，如信息技术部收到未授权方式传输数据相关投诉，以及印度内政部下属的印度网络犯罪协调中心收到隐私风险管控建议。

印度"App封杀令"的战略意图。一是有助于转移国内矛盾。封杀名单中绝大部分应用为中国应用，对中国的针对性过于显著。同时，结合新冠肺炎疫情在印度态势依旧严峻，近期中印边境冲突等相关背景，此次封杀事件可初步判断为中印摩擦在商业领域的延续。二是有助于强化数据监管。我国部分移动互联网企业在开发应用时对用户数据安全与隐私保护的重视程度不够，且在印度投放应用后也忽视了这方面的改进和优化工作，因而遭到了印度政府的封禁处罚。根据印度官方表示，印度信息技术部收到多份投诉，其内容包括部分中国应用窃取和秘密传输用户信息，以未经授权的方式将数据存储到印度以外的服务器。三是有助于扶持本土企业。本次封禁的App绝大多数是由我国移动互联网企业在印度直接投放、直接运营的，而我国企业通过投资印度本土企业开发的、带有"中国背景"的应用则不在此名单当中，如阿里的Paytm。因此，印度出台此禁令不能排除有通过行政管制变相"驱逐"国外互联网头部企业，从而实现对本国移动互联网市场保护的目的。

印度"App封杀令"对我国的影响。一是从短期看，将造成我国相关企业较大的商业损失。据相关报告显示，当前我国移动互联网应用在印度市场占据了30%~40%的商业份额，印度下载量最高的前10个应用中，就有6个来自我国。以字节跳动公司旗下的TikTok（抖音海外版）为例，该应用有三分之一的用户来自印度，印度市场也贡献了该款应用近10%的运营收入。本次印度封杀了TikTok、Helo等多款字节跳动公司旗下应用，预计将对其造成超过60亿美元的巨额业务损失。二是从长期看，这将倒逼我国企业完善出海策略。印度作为人口数仅次于我国的第二大发展中国家，拥有着庞大的移动互联网用户群体，一直以来是我国企业最重要的海外市场之一，封杀名单中高达55款应用为中国应用正是我国互联网集体出海印度的侧面反映。考虑到印度市场的巨大潜力，本次封禁将促使我国企业以更加迎合当地市场特点和监管要求的方式进行发展战略调整，后续印方或因我国移动互联网应用在印度市场难以被完全替代而放宽禁令。

231

（二）启示与借鉴

我国企业需适应海外市场监管相关法律法规。海外众多不同国家和地区的监管差异较大。以印度市场为例，中央政府的政令在地方邦（省）的执行力度存在较大差异。一个应用程序或者 IT 类企业级产品就需统筹兼顾 28 个邦之间存在的劳工政策差异、商务审批差异、知识产权保护力度差异以及本地保护主义的障碍，这些天然的多重壁垒引起的潜在法律纠纷需要我国企业引起重视。此外，2019 年 2 月印度政府宣布所有在印电商都必须在印度建立数据中心、运行业务流程，该项政策旨在将企业发展的税收、就业以及数据掌控权尽可能地为印度所用。我国在印企业只有真正符合了印度官方监管标准，才能从法律层面上规避选择性执法风险。如何在产品高速推广的同时统筹兼顾做好差异化的法律法规适应性，我国企业在海外国家推广应用的合规性审核方面应如何处理，是我国企业在海外深耕发展的关注重点。

我国企业需积极应对文化差异的挑战。我国移动互联网企业出海推广不仅面临当地竞争者的挑战，也面临当地国家文化、习俗和语言等因素的挑战。一是来自文化习俗与意识形态的挑战。受地理位置、历史传承、宗教信仰等多方面因素的影响，我国与一些国家在文化习俗与意识形态方面存在较大差异，而内容型、服务型的应用本身带有较强文化属性，在推广出海时可能存在触碰当地文化习俗禁忌的风险。以印度为例，服务型内容推送应用应考虑到宗教忌讳，尽量避免出现与牛相关的内容。二是来自多语言变种给本地化工作带来的挑战。同样以印度为例，印度国内语言超过 150 多种，多种彼此相差悬殊的语言变种和地区性主流方言给本地化工作带来的复杂程度远超预期。三是来自不同文化背景下民众传统思维方式的挑战。以影视为例，根据第三方调研机构相关报告，国产电影出海效果不佳，票房收入"内热外冷"的主要原因是部分海外民众难以理解"中国式"叙事方式和逻辑。

我国企业需增强海外用户信任与口碑。我国企业开发的应用权限透明度不高，尤其是在海外推广的安卓应用对系统调用的权限说明较为模糊，海外安卓用户对权限调用透明度不高的应用难以信任。此次印度信息技术部依据《信息技术法》第 69A 条的规定，援引了《2009 年信息技术（阻止公众访问信息的程序和保障措施）规则》中有关规定，将不少我国互联网企业开发的应用列入封禁名单，其依据是有印度民众举报这些应用存在侵犯印度用户的隐私并挖掘他们的数据。尽管这只是单方面之词，并无公开证据，但部分我

国应用此前确实存在"犯规"新闻,这对增强印度用户信任我国应用及树立良好的中国企业形象带来了不小的挑战。我国企业出海推广如何增强信用、树立品牌,破除海外市场用户的信任坚冰是我国企业调整出海战略的思考重点。

破除企业对海外法律纠纷的后顾之忧。一是加快推进我国企业合规管理的相关立法,加强海外业务合规体系建设,逐步形成权责明确的风险控制体系。二是建议有关政府主管部门牵头成立企业合规审查委员会,以有效应对我国企业在海外遇到的诸多被调查执法、被罚巨款等问题。三是相关政府主管部门及附属机构应搭建海外移动互联网领域的法律服务平台,重点针对海外国家法律涉及的知识产权、用户因素与数据安全等方面进行深入研究,并与当地商业法律诉讼机构主动对接与合作,为我国企业提供海外法律援助。同时,积极推动我国相关行业组织开展海外国家数据隐私安全和知识产权保护法务交流会议,深入理解海外国家相关的立法原则和执法尺度,为我国企业出海推广提供可靠的法务信息。

灵活推进在海外国家的本地化战略。一是有关主管部门基于"进博会",搭建出海企业与海外国家营销推广机构的交流合作平台,最大限度避免因文化差异带来的负面影响。二是推动企业加强海外国家市场调研和本地化工作。加深对目标地区主流方言及其变种的研究和优化工作,深入了解目标地区市场特点和消费者偏好,推广更符合本地用户使用习惯的应用。三是建议我国企业寻找海外本地优质合作伙伴,以与国内总部更加切割分离的姿态进行合作,进行资本、技术、标准的输出,建立并完善与本地运营企业的利益分享制度,完成跨国企业的本地化运营,推进出海战略的转型升级。

推动企业与国际权威组织和商业机构的合作。一是把握"一带一路"倡议推进机遇,利用"软博会"等高端会议活动,为我国软件企业提供宣传与展示的国际性平台,增进世界对中国品牌的认识度。二是推动部属智库机构加大对海外移动互联网市场的研究力度,深入开展提升企业品牌形象、增加国际商业交流与合作机会等课题的研究,为我国企业的出海战略布局提供精准导航。三是鼓励我国有条件的企业效仿腾讯与联合国的合作方式,积极开展与知名国际组织的商业交流、公益项目、冠名合作等活动,增强企业在全球的宣传力度。四是推动我国企业积极与国际红十字会、比尔及梅琳达·盖茨基金会等知名慈善基金会开展合作,提升企业的正面形象,赢得海外国家民众的口碑。

第六十章

从欧盟《数字服务法》和《数字市场法》看平台经济反垄断

第一节 事件回顾

数字经济蓬勃发展，各国愈发关注数字市场规则，抢占标准化"制高点"，以提高数字经济的国际话语权。2020年12月15日，欧盟委员会出台了《数字服务法》和《数字市场法》两部草案，旨在打破互联网企业的垄断，推动欧洲数字经济健康可持续发展。《数字服务法》界定了数字服务的范畴，从内容、商品和服务等维度明确在线平台的责任和义务，意在构建用户的基本权利保护机制。该法案对数字服务内容进行了法律界定，主要包括在欧盟运营的在线平台，如线上交易市场和社交媒体网络，意在平等保护欧盟所有用户，使用户能免受非法商品、内容或服务的侵害。该法案正式通过后，将直接适用于欧盟的在线中介服务提供者，主要涉及三类网络服务。一是提供网络基础结构的中介服务，即互联网访问提供商和域名注册商提供的服务；二是托管服务，包括云服务和网络托管服务；三是网上平台，包括在线市场、应用商店、协作经济平台和社交媒体平台等。其中，特别针对用户数量超过欧盟4.5亿消费者10%的大型线上平台出台了特殊规则，中国互联网和科技公司若在欧盟区域内提供服务，也适用于该法案。

《数字市场法》界定了"守门人"概念和义务，强调要加强对"守门人"的规制与监管，以防止科技巨头差异化对待企业和消费者，造成不公平的竞争环境。基于业务规模（营收或市值）、用户数量、预期地位三大标准，该法案判断大型在线平台企业是否为"守门人"。具体条件如下：一是企业

过去三个财政年度在欧洲经济区（EEA）实现的年营业额不少于 65 亿欧元，或在上个财政年度其平均市值或等值公平市价至少达 650 亿欧元，并在至少三个成员国提供核心平台服务；二是在上一财政年度，企业核心服务平台在欧盟建立或位于欧盟的月活跃终端用户超过 4500 万人，在欧盟建立的年活跃商业用户超过 1 万人；三是享有或预期享有稳固而持久的地位，在过去三个财政年度，企业每个年度都符合其他两个标准。如果上述条件没能满足，还可通过市场调查方法认定"守门人"。"守门人"的义务包括：允许用户在守门人平台之外推广其服务，并与客户签订合同，履行用户可以访问守门人平台活动所生成的数据等规定性义务，以及不得阻止用户卸载任何预装软件或应用程序、不得限制用户获得守门人平台之外的服务等限制性义务。

第二节 事件评析

当前，我国互联网平台经过多年快速发展，已具有一定的垄断优势。针对规制互联网巨头"二选一"，有效解决"大数据杀熟"问题，利用海量平台数据谋取不正当竞争优势等侵害消费者及平台商家合法权益的难题，我国已制定出台《关于平台经济领域的反垄断指南》，但由于可能与现行的反垄断法存在一定差异，所以仍存在争议。欧盟制定出台的《数字服务法》和《数字市场法》，挣脱了反垄断法的限制，为我国如何从数字服务的法律视角制定规则提供了可借鉴的思路。

完善互联网平台经济法律治理体系，为数字经济良性竞争制定新的游戏规则。多年来，欧盟各成员国的法律监管不统一，致使数字经济企业发展存在障碍。《数字服务法》和《数字市场法》制定了统一、明确的数据规则，在法律层面与竞争法和反垄断法相辅相成，为数字经济企业减轻了不必要的法律负担，优化了公平竞争的市场环境。为确保大型互联网平台完成合规义务，两个法案提出了严格的约束性要求，包括对大型互联网平台实施更严的内容审核规范和监管，在一定程度上创新了互联网平台的运营模式，有助于数字经济健康可持续发展。

为互联网平台经济封禁行为提供了法律依据，可防止互联网巨头企业进一步加剧垄断。微软、谷歌、脸书、亚马逊和苹果等大型互联网平台曾被各国反垄断执法机构调查或处罚。例如，2020 年 12 月，因脸书利用社交平台

支配地位限制和屏蔽开放平台接口、妨碍第三方 App 参与竞争，美国联邦贸易委员会向法院提起诉讼。针对上述行为，《数字市场法》提出，守门人在特定情况下应该允许第三方与自己的服务进行交互，实际上奠定了大型互联网平台经济封禁行为的法律基础，可约束大型科技巨头的不正当竞争行为，进而打破市场垄断，为中小企业的发展营造良好的竞争环境。

第六十一章

平台经济领域反垄断面临五大难点

第一节 事件回顾

当前,我国平台经济快速发展,如电商平台、音乐平台、搜索平台、社交媒体平台等,各种类型的平台涵盖了社会经济各个领域,成为我国数字经济发展中最为重要的市场主体和组织形式。然而,随着平台规模的不断扩张,资源逐渐向头部平台集中,频频爆出"二选一"、利用算法实施共谋等垄断现象。赛迪研究院产业政策研究所认为,相较于传统领域,平台经济领域反垄断面临的困难更大更多,应加强对平台经济领域的反垄断研究,引导平台经营者更加注重创新,促进平台企业规范健康发展。

加大对互联网巨头的监管力度是全球大趋势。近年来,美国、欧盟等国家和地区在平台经济领域不断开展并加大反垄断审查力度。例如,2020年10月美国众议院反垄断小组结束了对亚马逊、苹果、谷歌和脸书长达16个月的调查,认定这四家企业存在垄断,需更严格的监管,若有必要甚至将可能对这些企业进行拆分。此外,欧盟委员会也因垄断问题对谷歌开出80多亿欧元的罚单。我国也充分意识到互联网领域反垄断的重要性,在《反垄断法》修订草案征求意见稿中,特别增加了对互联网领域市场支配地位认定的规定;国家市场监管总局起草了《关于平台经济领域的反垄断指南(征求意见稿)》;12月11日召开的中央政治局会议强调要强化反垄断和防止资本无序扩张。显然,我国平台经济领域的反垄断时代已经到来。

"二选一""大数据杀熟"等现象频发,我国平台企业存在滥用市场支配地位、达成垄断协议等行为。平台经济领域的一些经营者利用锁定效应、用户黏性等特点,引发限定交易、差别待遇等现象,致使商家和消费者的自由

选择权、知情权等合法权益受到侵犯。"二选一"就是具有优势地位的电商平台为维持或扩大竞争优势，以各种明示或暗示手段要求合作商家只能与其独家交易，不能入驻其竞争对手的平台，客观上损害了中小企业商家和消费者的利益。例如，京东诉讼阿里巴巴"二选一"垄断案，美团和饿了么强制商家进行"二选一"。"大数据杀熟"是指同样的商品或服务，老客户的价格反而比新客户要高，淘宝、滴滴、携程、飞猪旅行等都出现过类似问题，花样多、套路深，让消费者防不胜防。例如，2021年3月，很多商家举报美团外卖，投诉其存在突然提高佣金、垄断经营及不正当竞争等行为。在大数据时代，平台更容易利用算法共谋等手段达成垄断协议。欧盟委员会2017年10月发布的报告显示，有超过2/3的电子商务经营者用定价算法跟踪竞争对手。

第二节 事件评析

继续坚持包容审慎的监管原则，构建多元化监管格局。对于互联网平台的规制，总体上要遵循包容审慎的态度，在尊重和促进创新的基础上，保护平台相关市场主体公平参与竞争。科学合理地界定政府监管、平台运营和平台内经营者责任。明确平台在经营者信息核验、产品和服务质量、消费者权益保护、网络安全、数据安全等方面的相应责任，强化政府部门的监督执法职责。政府、企业、消费者、第三方等共同参与构建多元共治的监管格局，形成协同监管新体系。完善相关政策细则，引导企业合规发展。积极推动《关于平台经济领域的反垄断指南》的出台及落实，加强对典型案例的研究，配合该指南，完善相关细则。如"二选一"问题，相关法律虽有规定，但还存在一定争议，需要进一步明确其内涵和外延；针对相关概念术语、表述，如差别待遇、相关市场、市场支配地位等，需进行专门的解读和培训。对于各类平台经营者，尤其是头部企业，要加强合规引导：一是在如何权衡最大化资源利用效率和反垄断的规模红线、范围红线之间的关系方面，需要企业进行重点考量，这也是反垄断关注的重点；二是达成垄断协议的方式包括利用数据和算法实现协调一致的行为、对价格进行直接或间接限定等，各类平台经营者要加强责任落实和自我监管。

构建算法设计伦理准则，加强与专家的沟通合作，提升风险防控能力。算法在设计之初就应遵循一定的规则，禁止其对默示共谋等情况做出反应，例如，算法应具备可解释性，代码可以进行追溯，应明确将算法使用者作为

责任主体。通过技术进行规制，如黑匣子补漏器，这是一种方向工程技术，可自动检查平台是否公平使用算法，制约算法的隐蔽活动。由于算法具有一定的技术性，反垄断执法者、消费者保护机构、数据保护机构必须与在深度学习方面配备专业的计算机科学技术相关领域的规制者和组织进行密切的沟通与合作。

通过不断完善反垄断执法体系，提升执法能力。探索反垄断执法新思路和新防范意识，加强日常监督和行政指导，为平台企业提供更清晰的行为指引，积极探索反垄断执法机关的权责统一。增强对数字监管技术的运用能力，强化对数字技术的理解、识别，以及对监管技术的应用能力。反垄断执法机构应主动进行干预调查，在合法授权下，提前预防风险。加强执法队伍建设，在实践中加强对执法人员素质和业务能力的培养。

第六十二章

后疫情时代加速数字经济发展的若干思考

第一节 事件回顾

新冠肺炎疫情给世界经济带来了强烈冲击,但同时也成为数字经济发展的催化剂,发展数字经济成为有效对冲新冠肺炎疫情影响的重要选项。通过产业数字化来维持宏观经济存量,以数字产业化来扩大宏观经济增量,利用数字经济可提升公共部门效能、助力经济复苏。为此,赛迪研究院政策法规研究所认为,我们必须加速发展"新基建",进一步推进制造业数字化、网络化、智能化,大力发展新模式、新业态,构建可靠的数据安全治理体系。

产业数字化:有效维持宏观经济存量。在通信网络广泛发展的前提下,充分利用数字技术和数字算力,与传统产业进行全方位嫁接,达成人、机、物的智能融合,促进业态转变,可有效对冲疫情对传统产业的负面影响,成为宏观经济存量的稳定器。一是可强化生产组织的完整性。通过生产过程的数字化改造,实现生产自动化,如富士康的"熄灯工厂",正是采用了人工智能设备自动维护系统、自我优化系统和实时监控系统,以及机器学习技术,实现生产过程的全自动化,减少现场作业人员接触,实现了非接触式代替接触式生产组织。二是可催生生产方式的多样性。远程协同办公有效突破了疫情的制约,如钉钉、WELINK、飞书、金山办公等,都免费提供远程办公系统、视频会议等服务。三是可进一步提高生产力和生产效率。"机器换人"的数字化、自动化生产,可突破人对生产场所的限制,极大地拓展生产范围,可突破人的体能技能制约,有效增加生产时间和强度,可改善生产精细化程度,提高产品质量和精度。如富士康的数字化改造使生产效率提高了 30%,库存周期降低了 15%,实现了提质增效,降本减存。

数字产业化：有效扩大宏观经济增量。随着数字经济的不断发展，数字化会在传统产业的深度和广度方面进一步渗透，而数字技术自身也会向产业化趋势发展，从而构成宏观经济的重要增量部分。一是带动新型数字基础设施建设。发展数字产业化的重要条件之一就是发展新基建，尤其是通信网络基础设施、新技术基础设施、算力基础设施等，对这些新基建的长期、持续、大量投入，必将有效拉动宏观经济增量。相关研究表明，到 2025 年，5G 网络建设将带动超过 3.5 万亿元的投资，同时带来约 300 万个就业岗位。二是提高数字经济的规模收益。推动数字产业化发展，培育数字企业及其产品、服务品牌、商标等达到相应的成熟度，形成结构合理的数字企业群落。随着数字产业的进一步发展，数字产业的规模化、集群化也会不断深化和推进，将提高数字经济的规模收益，构成宏观经济增量的重要组成部分。提升公共部门效能。公共部门效能是公共部门经济学研究的核心内容之一，通过深化公共部门的数字化改造，可有效提升公共部门效率，减少财税、货币和产业政策发挥作用的时滞，也可提升政府监管效能。例如，在本次疫情中，"健康码""疫情直通车"等数字防疫手段已经成为维护社会稳定运行、缓解经济下行压力的重要突破口。

第二节　事件评析

加速"新基建"布局，为数字化转型夯实基础。立足提升数字基础设施的支撑能力，为企业转型奠定基础，赋能产业转型升级。一是加强统筹规划和战略部署。建议将"新基建"列入"十四五"规划重点任务，统筹规划行业和区域布局，对各领域、各区域精准施策，形成部署"新基建"发展的顶层设计。出台"新基建"建设、运营、管理、监督的规范性文件。二是加强政策支持，探索运行机制。一方面，释放政策红利，出台扶持"新基建"发展的财税金融政策，对相关产业进行税收减免、提供专项贷款、专向债以及低息贷款。在产业政策方面，创新投融资机制，鼓励社会资本参与新型基础设施建设，探索 PPP、BOT 等多种形式；加大对"新基建"在用电、用地等方面的支持力度。在运行机制方面，加强安全监管，探讨建立统一的"新基建"项目全生命周期管理平台，提升精准化管理能力，在"新基建"项目融资、规划、建设、运营，以及风险识别、分析、控制、预警各阶段，进行高质量管理和公开透明监督。另一方面，遴选创新应用示范项目，举办创新应

用竞选大赛，对基于"新基建"的创新示范应用进行大力推广。

推进制造业数字化、网络化、智能化发展，带动其他产业的数字化进程。以制造业数字化转型为起点，实现企业降本增效，激发其数字化转型的积极性，并推动制造业数字化向农业、第三产业等外延性领域持续扩张。一是树标杆立典型。树立制造业数字化转型标杆企业，聚焦共性问题，强化系统性、通用型数字化转型解决方案的供给，并加大对成效及方案的宣传力度，强化企业数字化转型意识，依靠可借鉴的方案提升其数字化转型的信心。二是政策支持引导。在完善公共服务建设的同时加强平台企业赋能，完善服务机构和设施，建立平台企业和中小企业互助合作机制，在能力层面解决转型难题。通过采取技改贷款贴息、政府购买平台企业服务补贴中小企业，或在技改资金中指定一定比例用于数字化改造等措施，在资金层面支持转型。三是促进数据共享。数据已成为重要的生产要素，必须促进集成共享。规范数据开放以促进数据共享，开放是共享的前提，明确哪些数据可以独享，哪些必须共享，规范数据采集。此外，还可制定并运用数据标准以促进共享，在整理现有国家标准的同时将成熟的企业标准、行业标准上升为国家标准；将标准体系与认证体系、检测体系有机衔接，在运用中发挥其价值。

大力发展新模式、新业态，释放经济发展新动能。以工业互联网、大数据、物联网、人工智能等数字经济的基础设施为依托，大力推动新模式、新业态等新经济发展，不断提高数字经济的质量和发展的成熟度。一是制定包容审慎的政策措施。制定和出台以包容为主、配合审慎原则的产业、财税和金融政策，明确容错政策措施，完善容错管理机制，形成和完善与新模式、新业态、新经济相适应的体制机制环境，为各类市场主体提供广阔的探索、创新和发展空间。二是积极鼓励探索和扩大试点。一方面，根据不同区域经济发展的内容和程度差异，提供具有样本意义的数字化"试验田"，形成有区域特色的数字化"试验区"。另一方面，加快培育试点主体，有序组织落实试点。试点成熟后，在"试验区"加快推广和复制，并不断完善相关政策措施，最终推向全国。加强协同联动。有关职能部门可联合金融机构、研究机构、行业协会、试点区域政府、平台企业和试点企业单位等，形成数字化转型共同体，实现供给方、需求方、线上与线下，以及产业链上下游等多方协同创新，共同转型。

构建数据安全治理体系，为数字化转型提供保障。数据安全治理体系架构由管理体系、防护体系、控制体系、保障体系组成。一是构建主体多元的

管理体系。数据安全治理具有准公共产品属性，而对于准公共产品的供给，理论上应采取政府和市场共同分担原则，由政府部门、数据安全服务提供商和公民协同共治。在政府层面，可组建数据安全治理委员会。二是构建动态安全的防护体系。根据数据生命周期整个动态过程的各个阶段，包括数据采集、存储、处理、传输、交换、销毁，分别在访问层、防控层、威胁层实施精准到位的预判与防范。三是构建分类处置的控制体系。数据安全事件的处置可分为数据权益受到侵害的应对和对数据泄露的处理。针对数据权益受到侵害问题，在法律层面需明确界定数据权益的归属，构建数据权益保护制度；针对数据泄露问题，采取分级响应、协同联动、溯源分析等应对方法。四是构建坚实有力的保障体系。加快建设数据安全治理的政策法规体系、技术支撑体系及人才培养体系。

展望篇

第六十三章
主要研究机构预测性观点综述

第一节　Gartner 的预测

（一）2021 年十大数据与分析技术趋势

新冠肺炎疫情对全球机构产生严重而长远的影响，使得工具与流程成为数据与分析人士青睐的对象，能最大幅度提升机构竞争力，实现对关键技术趋势的预判。越来越多的机构对关键技术予以优先采纳和部署。2021 年 3 月 16 日，信息技术咨询公司 Gartner 发布 2021 年十大数据与分析技术趋势，以期助力机构在新的一年能迅速应对相关变化、不确定性和机遇。

趋势一：更智能、负责任、可扩展的人工智能

人工智能和机器学习已对人类产生深刻影响，促使企业应用新技术来开发出更智能、需要更少数据、符合伦理规范和更具弹性的人工智能解决方案。在应用更智能、更负责、可扩展的人工智能时，机构将能够利用学习算法和可解释系统在更短的时间内实现价值目标和更高的业务影响。

趋势二：可组合的数据与分析法

开放的且容器化的分析体系架构使分析功能更加可组合。可组合的数据与分析法利用多源数据、分析方法和人工智能解决方案的部分，来迅速构建灵活、友好的智能应用程序，以帮助数据与分析专业人员将其见解与行动联系起来。

随着数据中心向云端迁移，可组合的数据与分析法将通过云端市场、低码和无码解决方案等，以更灵活的方式构建分析应用程序。

趋势三：数据结构成为数据管理的基础

随着数字化程度的提高和消费者的"解放"，数据与分析专业人员将越

来越多地利用数据结构来帮助解决其"机构数据资产中更高层级的多样性、分布性、规模和复杂性"。数据结构使用分析来不断监控数据管道。数据结构通过对数据资产的连续分析，来支持各类型数据的设计、部署和利用，从而将集成时间减少30%，部署时间减少30%，维护时间减少70%。

趋势四：从大数据到小而宽的数据

新冠肺炎疫情带来的极端业务变化导致基于大量历史数据的机器学习和人工智能模型变得不那么相关。人类与人工智能相结合的决策制定变得越来越复杂且苛刻，需要数据与分析专业人员选择有效的数据分析技术、利用更多种类的数据来提升情景态势感知。他们应依靠更宽泛的数据，实现针对小数据和大数据、结构化和非结构化数据源的协同分析。小数据模型虽然使用的数据量较少，但通过有效的分析方法也能提供深刻的见解。

趋势五：多样化运维（XOps）

多样化运维（XOps）包括数据运维（DataOps）、机器学习运维（MLOps）、模型运维（ModelOps）和平台运维（PlatformOps），它通过开发运维（DevOps）最佳实践来实现高效和规模经济，并确保可靠性和可复用性。它能减少技术和流程的彼此消耗，并实现自动化。

大多数分析和人工智能项目失败的原因是没能事先考虑运维。如果数据与分析专业人员能利用XOps开展规模运维，他们将实现分析和人工智能资产的可再现性、可追溯性、完整性和可集成性。

趋势六：工程决策智能

这里的工程决策智能是一门包含人工智能、复杂自适应系统和传统分析应用等广泛决策技术的学科。工程决策智能不仅适用于单项决策，还适用于序列决策。随着决策变得更加自动化和增强，工程决策智能将赋能数据与分析专业人员以做出更加准确、可重复、透明且可追溯的决策。

趋势七：数据与分析成为核心业务职能

数据与分析工作已经不再是次要业务职能，而转变为一项核心业务职能。数据与分析已成为可与业务成果相提并论的共享业务资产。由于中央型和分散型数据与分析团队之间更好的协作，数据与分析孤岛已被打破。

趋势八：图谱技术关联万物

图谱构成了大多数现代数据与分析能力的基础，从而有助于发现各类型数据资产之间人物、地点、事物、事件和位置的关系。数据与分析专业人员依赖图谱来快速解答复杂的业务问题，这需要上下文意识，以及对跨多个实体之间的联系和优势性质的理解。

Gartner 预测，到 2025 年，80% 的数据与分析创新中都将用到图谱技术，这个比例远高于 2021 年的 10%，促进实现整个组织内的快速决策。

趋势九：日益增多的信息增强型消费者

如今，大多数业务用户使用预先定义的仪表盘和手动数据探索分析，但这可能导致错误的结论以及有缺陷的决策和操作。花在预先定义的仪表盘上的时间将逐渐被自动式、会话式、移动式和动态生成式的见解所取代，并根据用户需求进行定制。

Gartner 研究副总裁 Rita Sallam 表示，这将把分析能力转移给信息消费者（即增强型消费者），赋予他们以前只有分析人员和公民数据科学家才有的能力。

趋势十：边缘的数据与分析

数据、分析及其支撑技术越来越多地存在于边缘计算环境中，更接近物理世界中的资产而超出了信息技术人员的权限。Gartner 预测，到 2023 年，数据与分析专业人员超过 50% 的主要职责将涉及在边缘环境中创建、管理和分析的数据。

Gartner 总结说："数据与分析专业人员可以利用这一趋势来提高数据管理的灵活性、速度、治理和恢复能力。从支持实时事件分析到实现'万物'自主行为，各种各样的用例正催生人们对边缘数据与分析的兴趣。"

（二）2021 年重要科技趋势

2021 年重要科技趋势包括分布式云、人工智能工程化、组装式智能企业、行为互联网、隐私增强计算、随处运营、全面体验策略、网络安全网格和超级自动化。其中，超级自动化在 2020 年、2021 年连续成为 Gartner 重要技术趋势。

趋势一：超级自动化

超级自动化是一项可用于快速审查、识别和自动执行大量业务和 IT 流程的严格的业务驱动型方法。近几年，超级自动化技术持续不断发展。因为疫情带来的持续广泛影响，数字化成为很多工作的首要要求，大大增加了对超级自动化市场的需求。目前，70% 以上的相关商业机构已实施了十多种超级自动化相关计划，以逐步满足市场被积压的大量需求。

趋势二：分布式云

分布式云将公有云分布到不同的物理位置，公有云服务商提供统一的服务运营、治理和发展。分布式云为相关客户的低延迟、低成本、本地保留等需求提供了灵活可伸展的环境，同时为客户的云计算资源与业务开展提供匹配。

Gartner 预测，到 2025 年分布式云将取代私有云，同时提供边缘云和其他创新应用案例。同时，大多数云服务平台和云服务商至少都能提供一种或多种根据云资源需求进行调配的分布式云服务。

趋势三：人工智能工程化

Gartner 的研究表明，只有 53%的人工智能（AI）项目能够从人工智能原型转化为实际生产。造成这种人工智能项目拓展难的原因，是当前缺乏在生产执行层面进行创建和管理的人工智能管道的工具。

为此，对人工智能原型进行工程化将成为未来生产执行层面的重要推动力。通过机器学习或知识图谱等技术，对数据、模型和开发进行运维，专注于各种人工智能操作和决策模型的治理，并进行全生命周期的管理，才能促进人工智能模型的性能提升、可扩展性增加、可靠性加强，完全实现人工智能在操作层面的投资价值。

趋势四：组装式智能企业

企业的智能组合型业务通过丰富的数据及算法，对信息的获取更加准确、对响应更加敏锐，从而推进机器做出更好的决策，使得企业承担更少的试错成本。

Gartner 预测，智能组合型业务将重构企业数字化业务、模式和产品，并将为各类渠道的建立和服务的提供起到地基作用。

趋势五：行为互联网

行为互联网（IoB）通过人脸识别、卫星定位及大数据获取等技术，捕获人在日常生活中的细节性行为，并通过联网、算法等过程将计算结果与相关行为使用进行关联，相关机构可通过此技术来影响甚至限制人的行为。如在疫情期间，企业可以通过购买 IoB 计算机来代替人员进行检查出入人员是否配戴口罩，或者通过热成像技术来识别发热患者。

Gartner 预测，到 2025 年末，IoB 技术参与者将覆盖全球一半以上的人口。虽然 IoB 技术不断成熟，但隐私保护、行为限制等方面将成为社会讨论的重点话题。

趋势六：隐私增强计算

随着全球隐私数据保护法律法规的不断成熟，各地区提供信息服务的企业或机构面临前所未有的隐私和违规风险。而隐私增强计算不同于常见的静态数据安全控制，可在保证保密性或隐私性的同时，保护正在使用的数据案例。

Gartner 预测，到 2025 年将有大量的大型企业机构使用隐私增强计算，并在不受信任的环境中分析多方数据。企业机构将会积极使用隐私增强计算技术，来评估数字化货币、个人隐私数据、诈骗分析及其他高度敏感数据的使用。

趋势七：随处运营

随处运营是一种不受地理位置限制，为全球各地的客户提供 IT 支持、协助管理各类分布式基础设施及业务的 IT 运营模式。除了能够在疫情期间实现居家办公、线上会议等场景，还能在协作生产、远程访问、云和边缘基础设计、远程运营及数字化体验等场景提供运营服务。

Gartner 预测，到 2023 年末，40%的企业将通过随处运营模式提供优化的、虚拟的、虚拟现实结合的场景体验。

趋势八：全面体验策略

为了应对新冠肺炎疫情带来的持续影响，各方对移动、虚拟和分布式互动的需求日益旺盛，企业机构通过制定全面体验战略和改善各环节体验，实现原有业务的成功转型，以满足各方的需求。这是实现企业差异化竞争的关键驱动力。

Gartner 预测，在未来三年中，提供全面体验服务的企业在关键满意度指标方面将表现优异。同时也会进一步促进全面体验的发展，将多重的体验与客户、员工等之间建立良性循环。

趋势九：网络安全网格

网络安全网格是指通过云交付模型，使得身份验证成为新的安全保障技术，解除了执行、决策的多轮流程，使得无论资产或人员在何地，任何人均可安全地访问任何数字资产。它通过云交付模型解除策略执行与策略决策之间的关联，使身份验证成为新的安全边界。

Gartner 预测，到 2025 年，网络安全网格技术将支持超过一半的数字访问请求。

第二节　IDC 的预测

2021 年全球 IT 行业预测

趋势一：向以云为中心的转变正在加速

从以往的经验教训来看，到 2021 年底，80%的企业将以一种比新冠肺炎疫情前快一倍的速度转向建立以云为中心的基础架构和应用程序的机制。首席信息官（CIO）必须加快向以云为中心的信息技术模式的过渡，以保持竞争优势，并使组织更具数字弹性。

趋势二：边缘成为重中之重

到 2023 年，对疫情期间劳动力和运营实践变化的反应，将成为 80%行业的边缘驱动投资和商业模式变化的主要加速器。向边缘位置交付基础架构、应用程序和数据资源的需求将推动采用新的、以云为中心的边缘和网络解决方案，这些解决方案能够更快地响应当前的业务需求，同时作为增强长期数字弹性、实现业务扩展和确保更大业务运营灵活性的基础。

趋势三：智能数字工作空间

到 2023 年，75%的 2000 强企业将致力于为混合劳动力提供技术平等，使他们能够独立、实时地共同工作。其目的是将其打造为更具协作性、知识性和生产力的劳动力。

趋势四：疫情期间的信息技术"遗产"

到 2023 年，应对疫情期间积累的技术债务将影响 70%的 CIO，应对财务压力、对信息技术敏捷性的惯性拖累以及向云的"强制迁移"。明智的 CIO 将寻找机会设计下一代数字平台，实现基础设施和应用的现代化和合理化，为员工和客户创造和交付新产品、新服务和新体验。

趋势五：弹性是下一个常态的核心

2022 年，专注于数字弹性的企业将适应业务中断并持续扩展业务，以比专注于恢复现有业务/信息技术弹性级别的企业提高了 50%的速度来响应新的状况。领先企业必须快速适应业务中断，利用数字能力来维持业务运营，并快速调整以利用变化来获得竞争优势。

趋势六：向自主信息技术运营的转变

到 2023 年，一个用于扩展资源控制和实时分析的新兴云生态系统将成为任何地方所有信息技术和业务自动化计划的基础平台。要实现这些目标，

需要积极主动的集成 AI/ML 分析，采用策略驱动的自动化，并更多地使用低代码、无服务器的工作流来实现一致的自驱动基础架构。

趋势七：机会主义的 AI 扩张

到 2023 年，在将智能嵌入产品和服务的目标推动下，2000 家公司中有四分之一将收购至少一家人工智能软件初创公司，以确保拥有差异化功能和知识产权。成功的组织最终会将内部开发的行业特定软件和数据服务作为产品进行销售，利用深厚的领域知识来开辟新的利润来源。

趋势八：关系评估及重塑

到 2024 年，80%的企业将彻底改变与供应商、提供商和合作伙伴的关系，以更好地执行数字战略，实现无处不在的资源部署和自主信息技术运营。在现有的信息技术生态系统正在经历重大转型的环境下，重新评估技术、服务和服务提供商之间的关系对长期成功至关重要。

趋势九：可持续性（环保）成为关键因素

到 2025 年，90%的 2000 强公司将在信息技术硬件供应链中强制使用可重复使用的材料，为供应商的设施设定碳中和目标，并降低能源使用量，以此作为开展业务的先决条件。随着信息技术在推动组织内部积极变革方面承担越来越多的责任，确保信息技术供应商和数据中心合作伙伴拥有相似的目标并帮助加快进展将变得更加重要。

趋势十：人才依旧是至关重要的

到 2023 年，一半的企业混合劳动力和业务自动化工作将被推迟或彻底失败，原因是在用正确的工具、技能建立信息技术、安全、开发团队方面的投资不足。为了解决开发人员和数据分析人才短缺的问题，企业将转向灵活的人才来源、众包和内部员工，以满足其对开发、自动化和高级分析的需求，并加快创新。

第六十四章

2021年中国软件产业形势展望

2020年,在新冠肺炎疫情进入常态化防控、经济下行压力增大的背景下,我国软件和信息技术服务业持续平稳发展,前三季度软件业务收入达到58387亿元,同比增长11.3%。软件产业作为构建国内国际经济双循环发展格局的数字基础设施,面临着产业基础高级化、产业结构高质量发展的压力和挑战。预计2021年我国软件和信息技术服务业增速将小幅提升,进入产业结构优化的关键期。

第一节 整体发展展望

(一)竞争形势复杂多变,软件将成为带动经济复苏的主要力量

2020年,以软件为重点领域的科技革命和产业革命持续发展,全球软件产业进入到竞争与合作共存的变革期。伴随全球供应链收缩进程加速,大国博弈日趋激烈,特别是美国政府对我国的遏制和封锁持续加码,包括高等院校在内的多家企业、研究机构被列入实体清单,学术科研软件Matlab被禁用,TikTok、微信等相关产品和服务受到打压或限制。除美国外,印度、澳大利亚等国家也采取措施,力图封锁我国部分软件及相关产品、服务输出。受新冠肺炎疫情影响,全球主要经济体发展受到严重冲击,而以软件为代表的数字经济受疫情影响较小,体现出较强的发展韧性和潜力。

展望2021年,全球软件领域的技术、产品、模式等创新仍将持续,软件在带动全球经济复苏中将发挥越来越重要的作用和价值。从主要大国竞争态势来看,中美科技战仍将持续,软件仍将是大国博弈的重要领域,但对抗频度、方式可能伴随美国政府的换届而发生变化,带来更多的不确定性。全

球化的供应链收紧将导致软件技术、产品和服务的创新合作及市场拓展难度加大。预计 2021 年，我国软件产品及服务出口将面临更加严峻的挑战，"一带一路"沿线国家的市场和科技创新面临机遇。国外软件企业在我国的业务发展也将进入低潮期，我国在继续推动软件核心技术创新研发的同时，也需更好地利用市场优势，加快对全球先进技术的吸收与融合。

（二）内外双循环发展构建新格局，软件产业发展进入新时期

软件和信息技术服务业作为拉动国内经济增长的重要引擎，在稳就业、促发展方面持续发挥着重要作用，为打造以国内循环为主的新发展格局奠定了坚实基础。经历新冠肺炎疫情不利影响后，我国软件和信息技术服务业率先复苏，业务收入、利润总额、从业人员工资总额增速已逐步回升，从业人员数量稳步增加。2020 年前三季度，我国软件业务收入达到 58387 亿元，同比增长 11.3%。分季度来看，一、二、三季度全行业软件业务收入增速分别为 -6.2%、17.1%、19.3%，已呈现反弹上升态势。全行业实现利润总额 7066 亿元，同比增长 7.0%。软件业从业平均人数 687 万人，同比增长 1.6%，从业人员工资总额同比增长 6.4%。

展望 2021 年，随着软件和信息技术服务业"十四五"发展规划的布局启动以及《新时期促进集成电路产业和软件产业高质量发展的若干政策》等重要政策的陆续颁布，我国软件产业的产品形态、服务模式、竞争格局势必加速演进，软件在数字经济发展、社会运行保障方面的作用将愈发显著，对"新基建"发展的支撑作用将进一步增强。预计 2021 年，在区域全面经济伙伴关系协定（RCEP）的正式签署、服务贸易新业态新模式发展不断加快的背景下，我国软件和信息技术服务将进入自主创新、融合应用、协同突破的新时期，国际化拓展迎来崭新蓝图，"双循环"发展新格局将进一步清晰。

（三）信息技术应用创新（信创）产业发展将进入快车道，关键软件迎来重大机遇期

2020 年，信创产业发展进入快速增长期。信创产业作为我国重点战略布局方向，产业发展思路进一步明晰，从过去零散不成体系，变成了系统的、长期的，以产业链合作的模式。信创方面，多家核心供应商的收入和净利润均超上年全年水平，重点领域行业应用创新工作稳步推进，金融、交通、能

源等行业应用得到初步展开，工程项目和人才梯队建设均取得可观进展。工业软件方面，2020 前三季度工业软件产品收入达到 1363 亿元，同比增长 9.1%。基础软件方面，中国电子、武汉深度、南京诚迈科技、中兴新支点等操作系统厂商联合成立统信软件，中国软件旗下两大"麒麟"也完成了合并，两大核心力量共同打造中国操作系统创新生态。此外，针对关键问题采取的重点研发攻关、示范项目建设初见成效。

展望 2021 年，我国信创产业规模和产业结构将进入发力期，信创市场空间显著扩大，基础软件和工业软件短板环节的集中突破将取得有效进展。高国产化率的产业需求不断推动关键核心技术的自主创新，一大批短板环节得到集中突破，重点行业应用创新工作深入推进，创新应用工作逐步完善，信创产业链和供应链进一步提质增效。

（四）产业发展面临新挑战新压力，突出问题亟须积极应对

一是软件价值评估体系有待健全。随着信息技术领域的中美冲突加剧，加快软件产业发展已逐步成为社会共识，但软件价值评估体系尚不健全。市场上缺少具有公信力的软件价值评估机构，现有机构的评估结果的公正性很难得到广泛认可。一方面，缺乏统一的软件价值评估标准，导致难以对多类型软件产品形成共识性的评判尺度与估值手段。另一方面，在过去比较长一段时间里，我国对软件产业知识产权保护力度偏低，普通消费者软件素养不足，缺少对软件价值的认知和购买正版软件的消费意愿。此外，消费者对国产软件的信任程度偏低，更青睐国外产品，国产软件产品价格普遍低于国外同类产品。

二是信创对供应服务能力提出新挑战。信息技术应用创新对我国软件产业发展带来难得的稳定市场空间，也对产业供给能力和创新水平提出新的要求。一方面，大规模应用对软件产品的功能、性能、稳定性都带来新的挑战，要求我国软件企业必须加快产品创新研发能力，提升服务保障水平。另一方面，信创软件的应用也无法脱离整个信息系统，信创软件与硬件要实现协同创新，二者的适配不容忽视。此外，信创软件的创新发展也不宜脱离全球软件主流技术路线和公共标准，既要把握自主创新的主动权，掌握核心技术，也要注重与全球先进技术的对接，避免闭门造车。

三是面向关键领域软件供给能力不足。我国基础软件、工业软件等关键领域市场长期被国外产品占据，对国外产品的依赖较强，国内相关企业研发

实力和投入与国外企业有较大差距，自主化程度偏弱，产业影响力有限。在基础软件领域，国产操作系统国内市场的占有率不足9%，国产传统数据库市场份额仍未超过15%。在工业软件领域，我国设计软件、制造软件、服务软件需要依赖国外产品，多个关键环节存在自主软件的缺失。面向关键领域软件供给短板的攻关工程仍需加大资金、人力资源的投入，提升研发实力和软件产品的综合质量。

四是开源软件的广泛使用潜藏风险。近年来随着政府重视程度、企业参与热情的不断提升，以及开放原子开源基金会在2020年的正式成立，我国开源发展环境持续向好，大量开源软件产品与服务得到了广泛部署与使用。大量软件企业通过借助国内外优秀的开源成果，迅速弥补了自身在核心技术与基础产品供给方面的空白。然而，受限于价值观念与法律意识薄弱等方面因素，部分企业在利用开源时不重视开源许可证的约束，代码抄袭、未按要求开放源码、将面向个人用户开源的软件产品用于商业用途等行为时有发生，给企业自身带来了大量法律风险。此外，由于中小初创软件企业普遍缺乏专业的开源法务人才，存在因选错许可证而导致原创性代码或设计思路被迫公开的风险。

五是关键领域人才供给短缺问题亟须解决。关键领域人才供给短缺主要包括人才分布结构性失衡和人才供给需求脱节两方面问题。一方面，我国软件产业人才结构呈"D字"型分布，本科学历人才居多，硕博人才较少。同时，高端技术人才和基础开发人才较少，人才结构存在一定的失衡现象。我国高层次、高质量软件研发人员不足，特别是在基础软件及大型工业软件方向，掌握核心技术和底层软件开发能力的人员欠缺。另一方面，现有人才储备无法直接匹配产业需求。企业缺乏在高校专业规划、教材开发、课程设置方面的深度参与，新学科设置和人才培养无法匹配新技术新业态发展需求。此外，我国具有国际执业资格的软件人才短缺，参与国际认证的软件企业与人才较少，严重制约了软件企业的国际化竞争力。

（五）政府与行业需紧密联手，多措并举共促产业发展

一是要提升全民软件价值素养。加快制定软件价值评估标准，梳理价值评估手段，积极培育软件价值评估机构。面向全社会积极组织软件版权、软件价值宣传教育活动，引导形成支持正版软件、认可软件价值的社会风尚。同时，依托应用商店、线上软件商城等软件分发平台开展正版软件优惠推广

活动，降低正版软件使用成本。加大对侵害知识产权违法行为的惩处力度，畅通知识产权违法举报渠道，定期遴选代表性司法案例讲解开展软件知识产权保护宣传。

二是推动重点行业应用创新发展。继续推动软件领域协同攻关与体验推广中心建设，促进自主软硬件深度适配，引导重点行业用户熟悉自主软件产品，加快自主软件产品的应用推广。紧密跟踪全球软件技术和产品主流的技术创新路线，通过开源等模式加快对全球先进技术的吸收和应用，借鉴国际相关标准、协议，加快编制我国信创软件标准。借鉴党政、金融等领域信创应用推广经验，加快在工业、通信业等领域部署实施信创应用试点示范，为信创软件的创新发展和应用实践提供更多场景和市场空间。

三是重点攻关关键领域软件。面向工业互联网发展需求，加快打造一批高端工业软件研发平台，实施短板环节的集中攻关任务，持续填补工业软件关键环节国产产品的空缺。加快国产操作系统、数据库、中间件等软件产品的迭代优化，结合信创产业发展战略需求，稳步提升基础软件市场占有率。组织第三方测评机构对基础软件、工业软件进行安全和性能测试，加快优质软件产品市场化推广。加大对关键领域软件研发项目的扶持力度，持续攻关突破重点短板环节。

四是推动国内开源事业健康可持续发展。继续支持我国主导的开放原子开源基金会发展，通过借鉴 Apache、Linux 等成熟的开源基金会的发展与运营经验，不断强化我国开源基金会的国际化拓展与交流。设立开源法务组织，为国内企业尤其是广大中小微初创企业快速融入开源生态提供专业的法务指导。不断加强开源人才培养，鼓励科研院校教师、学生在日常的学习与科研过程中开发、使用自主开源成果，从而有效提升我国开源人才供给水平与原创性开源软件的业界知名度。深化开源软件应用价值，鼓励将国产开源成果纳入首版次软件支持名录，力争在关键领域形成一批具有竞争力的自主成果与创新应用。

五是加快软件人才体系建设。完善以软件技术攻关项目为核心的产学研协同培养机制，建设校企共同参与的软件相关课程编制体系和产学研协同实习基地建设。完善软件紧缺人才培训布局，依托特色化示范性软件学院创新软件人才培养模式，加强面向特定领域的人才培养，并不断强化培训质量评估。加大国际化人才引培力度，建立柔性软件人才共享机制，积极参与国际软件企业和人才的认证体系建设，加快建立符合我国实际的软

件人才评估标准。

第二节　重点行业发展展望

（一）基础软件

操作系统领域：国产操作系统未来发展将呈现出三大趋势。一是优势资源集中加强，国产操作系统向少数精品化方向发展；二是生态建设加速，国产软硬件配套体系加速完善；三是市场化应用拓宽，消费市场扩大刺激国产操作系统壮大。

数据库领域：AI 加持的智能化数据管理成为发展方向。智能化的数据库管理系统（DBMS）可以处理海量数据并高效调节数据负载，可以提供数百个配置选项，能够控制用于缓存的内存量并将数据写入存储器，降低了数据库的运维门槛，节约了管理成本。

中间件领域：中间件与云计算、区块链等技术融合发展。云计算的飞速发展为中间件奠定了牢固的数字基础设施，国家也发布相关政策鼓励企业上云，传统中间件厂商也积极布局云中间件。区块链的高效共识协议将会影响底层操作系统的革新，并进一步使中间件的功能形态发生转变。

办公软件领域：云办公将成为办公软件发展趋势。此前新冠肺炎疫情刺激了云办公应用需求，展现了多人在线协同、移动办公等模式的应用潜力，使云办公受关注度持续走高，消费者付费意识正逐渐增强。互联网厂商及传统办公软件厂商积极布局云办公产品，并进一步带动电子签章、CRM、ERP 等领域发展。

（二）工业软件

在国家间技术竞争日趋紧张、供应链强调对内循环的全球产业格局下，工业软件的关键问题已经严重影响到我国下游关键产业和工业的高质量发展。今年以来，促使产业基础高级化、尽早启动产业基础再造工程已经成为学界、业界、政界的共识，工业软件作为五大产业基础之一，将重新迎来重大发展机遇期。

一是政策扶持将愈加细化深入和强化执行。在"十四五"规划和国务院八号文等顶层宏观设计出台的前提下，科学技术部将从新型举国体制的战略高度，基于工业软件相关重点专项启动底层共性化核心技术研发，工业和信

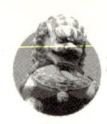

息化部将从产业生态、产业集群、智能制造等重点年度工作中合力发展工业软件产品。财政部将细化执行"两免三减半"优惠政策。国务院国有资产监督管理委员会下属央企将基于国有企业数字化转型工作指导,推出具体转型方案。

二是工业软件研发企业将依托资本市场提速发展。一批符合条件的集成电路设计和工业软件企业将借由上市审核流程便利,加速上市进程,从资本市场直接融资获得可持续性的研发资金。中望软件、华大九天、盈建科、芯愿景等一批本土原创性研发企业将登陆国内资本市场,我国工业软件行业的兼并重组将明显增多,产业链整合进一步集聚。

三是工业软件人才短缺问题将得到一定程度的缓解。特色化示范性软件学院将在长远上解决我国工业软件人才的供给问题。

(三)信息技术服务

产业恢复平稳向好发展态势。2021 年是"十四五"开局之年,数字经济进入快速发展新阶段,随着新一代信息技术与制造业充分融合、制造业与服务业深度融合,信息技术服务在助力产业数字化、智能化转型升级、推动传统产业高质量发展方面的作用将更加凸显,预计 2021 年,我国信息技术服务业收入将保持 16%以上的平稳增长。

数据服务与实体经济融合深化。信息技术与实体经济的加速融合导致数据成倍增长,数据已经成为国家基础性、战略性资源,对国家治理能力、经济运行机制、社会服务保障等方面的影响不断加大,数据价值的重要性显著提升。随着国家数据政策的密集出台以及信息技术赋能产业转型升级需求的不断深化,数据服务与实体经济的融合将向各领域全面展开,融合范围、深度、强度将不断提升,数据服务载体和生态也将加速构建完善。

IT 基础架构加速云化发展。通过信息技术服务"上云"实现资源的最大化利用已成为传统企业数字化转型的重要路径。随着企业"按需使用""轻量化"需求的不断提升,IT 基础架构供应商将针对云计算推出更多的产品和服务,加速传统架构的优化升级,并加强与云服务商的合作,发挥各自优势,针对 IT 基础架构"上云"全面开展合作,共同拓展传统领域市场。

(四)嵌入式软件

嵌入式软件在传统工业控制和信息通信等领域依然保持低功耗、高稳定

性和低延时性等传统特征，但是在 5G 信息通信、物联网、人工智能、智能汽车等新业态新模式中，嵌入式软件将促使嵌入式系统朝着小型化、轻量化、低功耗、智能化的方向融合发展。

5G 融合领域：伴随着华为、中兴通讯等我国通信设备龙头企业逐步筑高技术壁垒，同时保持软件百强企业竞争力前十的软件优势，国内厂商将有望在 5G 通信设备和智能终端领域大幅提升全球市场占有率。我国将保持 5G 规模建设第一梯队，5G 产业链将围绕通信设备厂商集聚于我国和本土企业中。

物联网融合领域：物联网嵌入式操作系统和物联网感知器件将进入加速发展的新阶段。物联网操作系统由于应用领域广泛多元，相关国家标准体系将开展前期研究。阿里 AliOS Things 和华为 LiteOS 等物联网操作系统在可穿戴设备、智能家居、智慧城市等重点应用领域发展愈加成熟。物联网感知器件将在产品数字化、智能化的更新换代发展周期中持续扩大市场规模。

人工智能融合领域：边缘计算和嵌入式人工智能将持续提高嵌入式节点的智能计算比例，在边缘层就满足实时需求和智能决策。在智能汽车融合领域，随着新能源汽车和无人驾驶技术的能力提升，智能汽车的环境感知、信息处理和人车路协同决策能力将逐步达到商业化级别。

（五）云计算

2020 年的新冠肺炎疫情虽然对实体经济造成了重创，却也给新基建政策的落地按下了加速键。在疫情期间，华为 WeLink、阿里云钉钉、腾讯会议等在线会议平台在汹涌的线上流量冲击下，纷纷扩容，加速了服务器的大规模部署，也开启了超大型数据中心的进一步规划，给了云计算以更广阔的施展天地。新冠肺炎疫情从根本上改变了商业模式，工作流向线上迁移的速度比以往任何时候都要快，越来越多的企业和消费者依赖电子商务（B2B、B2C）和网上银行，推动着商业创新以满足日益增长的客户需求。云原生技术在其中发挥了重要作用，同时也加速了云原生技术的普及，越来越多的企业将成为云原生企业。在软硬件协同发展的大背景下，对底层多架构算力与上层软件之间的适配、调优带来了更高要求。国内各大云巨头也看到了这个趋势，开始在芯片、服务器的底层硬件与操作系统、数据库到云服务的全栈打通战略中投入。

展望 2021 年，"十四五"规划掀起了传统企业数字化转型浪潮，建设数字化经济、提升 GDP 占比更需要云计算的全面加持，再加上云计算天然的

降本增效、弹性伸缩的特性，与时代的需求交织在一起，掀起了这场全面云化的浪潮。市场对云计算的需求更加喷涌，自主可控、本土开源的如火如荼让行业变得更加规范化、透明化、标准化。

（六）大数据

一是工业大数据应用加速理念变革。展望 2021 年，大数据在工业领域的应用将从产品级、设备级向产业链级深入拓展，通过工业知识、业务、流程的数据化、算法化、模型化，为整个制造体系装上"智脑"系统，使之具有动态感知、敏捷分析、全局优化、智能决策的强大能力。这一过程，也是工业企业数据管理意识树立、数据管理能力加快构建的过程，企业将更加重视数据战略与未来发展战略的统筹规划，设立专职数据管理机构，围绕数据治理、数据架构、数据标准、数据质量、数据安全、数据应用、数据生存周期等循序建设，筑牢工业数据创新应用根基。

二是大数据技术加速底层自研。展望 2021 年，以大数据为代表的新一代信息技术主导权竞争日益激烈，我国拥有技术能力的企业在大量创造数据应用新场景和新服务的同时，将更加注重基础平台、数据存储、数据分析等产业链关键环节的自主研发，并有望在混合计算、基于 AI 的边缘计算、大规模数据处理等领域实现率先突破，在数据库、大数据平台等领域逐步推进自主能力建设。

三是大数据企业创新创业势能持续增强。展望 2021 年，在海量数据供给、活跃创新生态和巨大市场需求的多重推动下，以龙头企业为引领、专业化服务企业和融合性应用企业联动、独角兽企业兴起的大数据行业竞争格局将进一步明晰，大数据企业创新创业势能将持续增强。

（七）信息安全

信息安全数据资源将加速汇聚整合。信息技术的应用导致数据成倍增长，数据资源对信息安全的领域的重要性也日渐凸显。构建信息安全数据资源库，完善安全数据整合共享标准体系建设，加大对信息安全数据资源的开发利用，提升基础数据对安全事件研判分析的支撑能力，将成为产业发展的重要趋势之一。

动态安全需求推动安全架构向零信任发展。全面普及的互联网发展趋势促使网络接入终端与接入方式愈发多样化，面临的安全形势和威胁程度也在

不断变化，基于网络边界的传统防护模型难以满足新的安全防护需求，基于用户身份和应用进行细粒度授权、实行动态监测分析管控的零信任模式将逐渐取代传统模式，国内企业也将加快针对"零信任框架"的研究布局。

解决方案由单一建设向整网部署发展。信息技术应用范围不断扩大，信息安全的复杂度也随之提升，以单一安全设备独立运行为特点的传统模式势必难以满足安全防护的新要求。用户更加倾向于选择面向整网的体系化解决方案，通过整合网络设备和安全设备，协同实现整网安全防护成为必然发展趋势，同时拥有网络设备和安全产品的"网络+安全"综合型厂商将更具市场竞争优势。

（八）人工智能

1. 层级高级化：技术创新向认知智能加速演进

从人工智能创新层级来看，当下的人工智能应用仍处于感知智能的阶段，机器尚不能像人类一样去理解、认知并产生判断和决策。未来，随着认知心理学、人脑接口、人类发展史等多学科交叉领域研究的突破，人工智能有望建立起稳定的自主获取知识的认知机制，基于海量数据快速形成可靠的决策判断，为社会大众生活以及各行各业生产带来颠覆性的改变。以自动驾驶为例，借助车联网、车载传感器汇聚的海量交通信息，车辆将在无驾驶员的情况下完成物理空间转移，同时实现最优路线、最少拥堵和驾驶安全，进而大大改变现在城市交通的面貌。同时，认知智能的创新应用将推进人机协同、机器换人技术的极大发展，将人类从重复性、机械性的劳动生产中解放出来，从事更具创造性的研发、艺术类的工作，促进人类社会的全面发展。

2. 服务边缘化：边缘智能部署模式将得到广泛应用

随着物联网、车联网、5G 等新兴领域的快速发展，移动数据流量呈现爆发式增长，人工智能场景应用对网络吞吐量、实效性、算力承载力等方面提出了更高要求。基于此，在靠近数据源的设备节点或网络边缘就近提供智能服务，满足低延迟计算和智能服务需求的边缘智能载体成为人工智能应用的重要方向。以计算存储一体化、边缘端 AI 芯片、轻量级算法、面向物联网的智能缓存技术为代表的边缘智能部署模式成为人工智能产业发展的新蓝海。以智能缓存技术为例，通过实现强相关内容的并发缓存，将在提高智能存储利用率的基础上，大大降低边缘端用户的数据访问延迟，提升 AI 产品的服务性能。此外，加速边缘智能技术研发、构建云网边端的全链条布局成为AI企业抢占下一轮革命性技术红利的战略共识。

3. 产品定制化：个性定制解决方案将成为主流模式

随着产业智能化进程的快速演进，当前通用型人工智能产品的易用性、功能性、可靠性已无法满足各领域、各场景应用的个性化需求，人工智能产品及服务将转入专用性更强、精细度更高、功能迭代更快、能耗性能更优的定制化发展模式。以AI芯片为例，集成电路相较通用的GPU和半定制的FPGA，在能耗、性能、可靠性上更具优势，而在灵活性和研发成本方面的劣势也将随着产品规模化、功能模块化、研发经验富集化而快速降低，从而具备更强的用户黏性和更广阔的市场空间。

4. 生态开源化：基于开源的技术创新和生态构建体系趋于成熟

随着"上云用数赋智"的走深拓广，智能化的新业态新模式不断涌现，市场对人工智能产品的需求和期待空前高涨，人工智能技术的创新发展却受到产品研发成本高、复合型人才短缺的双重制约。在信息化技术领域中，开放平台在技术创新等过程中扮演着越来越重要的角色。开源生态以软件源代码为核心，会集了产业链条中最专业、最广泛的开发人员，共同开发维护，成为了技术交流、共赢合作、成果转化、成本压缩、上下游协同的创新生态体系。以谷歌、脸书、华为、百度为代表的龙头企业均在AI框架、AI开放平台等核心技术领域进行开源生态的构建，以期获取最大化的创新、人力、资本、技术红利，抢占更多的行业话语权。

（九）开源软件

开源将成为越来越多IT企业的共同战略选择。如今，开源也逐渐从单一对技术发展产生影响，到现在越来越深刻地影响着企业的战略制定。大量高科技企业已经将开源开放纳入核心发展战略当中，以便企业自身能更好地赢得市场竞争的胜利。与此同时，企业在开源领域的并购进一步加快，也充分反映了开源的影响逐渐从技术圈扩散到了产业圈。在微软收购代码托管平台Github、IBM收购红帽后，全球的开源发展格局进一步加速演进。微软宣布开源微软图灵模型——现在世界开源史上最大语言模型，通过提高规模、速度、可用性并降低成本，可以在当前一代的GPU集群上训练具有超过1000亿个参数的深度学习模型，极大促进了大型模型的训练。华为也积极加大了对开源世界的反馈，陆续推出了GauseDB、鸿蒙操作系统等一系列项目。相信在未来，以IT企业为主的投资方将更加活跃，并带动风险资本等投资机

构入局，开源领域的投融资、并购模式将更加多样。

开源模式将成为我国信息技术应用创新的主要途径。回顾近年来每一种新兴信息技术的发展历程，其背后都可以看到开源的影子，越来越多的开源项目与开源技术深刻影响着前沿领域的技术演进方向。在人工智能领域，TensorFlow、Caffe、PaddlePaddle 等开源的深度学习算法框架对技术发展起到了极大的推动作用；在区块链领域，各种主流的公有链也都是开源的。究其原因，是开源软件所倡导的合作、开放、共治的开发模式，使得软件可以随技术的需求得到快速更新，反过来更好地推动技术发展。我国在信息技术产业由于历史客观原因起步较晚、根基较为薄弱，但得益于开源软件所塑造的开放、协作、共赢的良好生态，我国有望在充分借鉴优秀成果的基础上进一步推陈出新，实现在产业链基础端的"换道超车"，从而全面推动信创产业体系现代化发展。

（十）区块链

"新基建"背景下区块链基础设施建设加快。国内目前区块链公共服务平台主要有腾讯区块链 TBaaS 平台、阿里云 BaaS 平台、华为云 BCS 平台、百度智能云 BaaS 平台、京东智臻链 BaaS 平台等。2020 年 4 月，工业和信息化部准备开始建设区块链公共服务平台，计划筹建面向区块链创新应用的工业互链网公共服务平台。未来区块链将赋能产业发展，新场景新模式加快落地。各地将重点建设一批区块链融合应用平台，如区块链在供应链管理、工业零部件和农产品溯源、政府审计与监管、合同管理、政务民生等领域应用，搭建基于区块链等新一代信息技术的融合应用"新基建"。

区块链应用更加成熟。随着"新基建"的谋划布局与国家产业结构调整，区块链对传统制造业、软件及信息化业、金融业等支柱型产业的变革和升级作用将进一步凸显，应用领域将不断扩大，逐步实现技术与产业的深度融合与创新发展。同时，区块链也将在物联网、工业互联网等领域深度融合应用，将成为未来工业、制造业领域的重要应用模式。当前，国内知名企业，包括阿里巴巴、京东、中兴、中国联通、万向以及其他初创企业，正在积极探索区块链在该领域应用。工业互联网结合人工智能、区块链、云计算和大数据等前沿技术，通过人机物实时互联，拓展"区块链+工业互联网"在装备制造、航空航天、生物医药、钢铁化工等行业的应用与推广，为全球消费者提供优质解决方案。

区块链监管体系进一步完善。国家及各级政府政策扶持力度加大，各地专项政策逐渐完善。通过区块链专项政策和相关扶持政策，能够看到各省市均根据本地实际情况大力发展"区块链+"应用场景和应用工程的探索和建设，预计未来各省市将进一步完善区块链专项政策，使区块链生态建设更加规范。除此之外，我国监管体系更加健全，监管沙盒持续扩容，预计未来将有更多的城市开展监管沙盒试点。我国监管将及时跟上金融科技的发展脚步，通过建立监管规范、提高监管水平使对金融科技的有效管理更具规范化、有序化。

后　　记

《2020—2021年中国软件产业发展蓝皮书》由赛迪智库信息化与软件产业研究所编撰完成，力求为中央及各级地方政府、相关企业和研究人员把握软件和信息技术服务业的发展脉络、研判其前沿趋势提供参考。

本书由张小燕担任主编，蒲松涛和贾子君担任副主编。全书共计39.76万字，主要分为综合篇、行业篇、区域篇、城市篇、园区篇、企业篇、政策篇、热点篇和展望篇9个部分，各篇章主要撰写人员如下：前言由蒲松涛编写；综合篇由李文轩编写；行业篇和企业篇由蒲松涛、李文轩、黄文鸿、钟新龙、杨辰凌、王越、王琼洁、刘丽超编写；区域篇由郭丽君、王菲、孙悦、钟新龙、黄文鸿编写；城市篇由郭丽君、王菲、孙悦、黄文鸿、钟新龙编写；园区篇由边大成、肖莹、许潇、黄晶晶、刘梦冉、栗媛、陈明达、黄鹏、贺倩怡、裴京、王越（苏州赛迪）编写；政策篇由孙悦、黄文鸿编写；热点篇由钟新龙编写；展望篇由蒲松涛、王菲、李文轩、黄文鸿、钟新龙、杨辰凌、王越、王琼洁、刘丽超编写。参与本书撰写的实习人员有贾君欢、葛源溢、李一繁、李昕跃。在研究和编写过程中，本书得到了工业和信息化部信息技术发展司领导及行业协会专家的大力支持和指导，在此一并表示诚挚的感谢。

本书虽经过研究人员和专家的严谨研究与思考，但由于能力和水平所限，疏漏和不足之处在所难免，敬请广大读者和专家批评指正。同时，希望本书的出版，能为我国软件服务业管理工作及软件和信息技术服务业的健康、高质量发展提供有效支撑。

赛迪智库
面向政府　服务决策

思想，还是思想
才使我们与众不同

《赛迪专报》	《安全产业研究》	《产业政策研究》
《赛迪前瞻》	《工业经济研究》	《军民结合研究》
《赛迪智库·案例》	《财经研究》	《工业和信息化研究》
《赛迪智库·数据》	《信息化与软件产业研究》	《科技与标准研究》
《赛迪智库·软科学》	《电子信息研究》	《无线电管理研究》
《赛迪译丛》	《网络安全研究》	《节能与环保研究》
《工业新词话》	《材料工业研究》	《世界工业研究》
《政策法规研究》	《消费品工业"三品"战略专刊》	《中小企业研究》
		《集成电路研究》

通信地址：北京市海淀区万寿路27号院8号楼12层
邮政编码：100846
联 系 人：王　乐
联系电话：010-68200552　13701083941
传　　真：010-68209616
网　　址：www.ccidwise.com
电子邮件：wangle@ccidgroup.com

赛迪智库
面向政府　服务决策

研究，还是研究
　　才使我们见微知著

规划研究所	知识产权研究所	安全产业研究所
工业经济研究所	世界工业研究所	网络安全研究所
电子信息研究所	无线电管理研究所	中小企业研究所
集成电路研究所	信息化与软件产业研究所	节能与环保研究所
产业政策研究所	军民融合研究所	材料工业研究所
科技与标准研究所	政策法规研究所	消费品工业研究所

通信地址：北京市海淀区万寿路27号院8号楼12层
邮政编码：100846
联 系 人：王　乐
联系电话：010-68200552　13701083941
传　　真：010-68209616
网　　址：www.ccidwise.com
电子邮件：wangle@ccidgroup.com